इंडिया स्किल कैपिटल

पैसा कमाने की मशीन बनिए

मनी = स्किल X टाइम

70 करोड़ भारतीय युवा अवश्य पढ़ें

इंडिया स्किल कैपिटल

पैसा कमाने की मशीन बनिए

मनी = स्किल X टाइम

70 करोड़ भारतीय युवा अवश्य पढ़ें

अनुराग अग्रवाल

Worldwide Published by

Pendown Press

PENDOWN PRESS

An ISO 9001 & ISO 14001 Certified Co.,

Regd. Office: 2525/193, 1st Floor, Onkar Nagar-A,
Tri Nagar, Delhi-110035

Ph.: 09350849407, 09312235086

E-mail: info@pendownpress.com

Branch Office: 1A/2A, 20, Hari Sadan, Ansari Road,
Daryaganj, New Delhi-110002

Ph.: 011-45794768

Website: PendownPress.com

First Edition: 2021
Price: ₹289/-
ISBN: 978-93-90557-78-3

विषय-सूची

लेखक के बारे में

भारत की राष्ट्रीय राजधानी क्षेत्र में जन्मे और पले-बढ़े अनुराग अग्रवाल एक उच्च शिक्षित मध्यमवर्गीय परिवार से आते हैं। उनके पिता श्री आनंद प्रकाश जी ने केंद्र सरकार के वरिष्ठ अधिकारी के तौर पर कार्य किया। उन्होंने अपने कार्यकाल का अधिकांश समय कानून एवं न्याय मंत्रालय, शास्त्री भवन, नई दिल्ली में बिताया। उनकी स्वप्नद्रष्टा माताजी श्रीमती माला देवी एक बहुत ही सशक्त महिला थीं।

अनुराग अपनी सफलता और दूरदर्शिता का सारा श्रेय अपनी माँ को ही देते हैं। हालाँकि वे अब स्वर्ग सिधार चुकी हैं, परंतु पुत्र अनुराग को अभी भी हर जागते क्षण में उनका आशीर्वाद महसूस होता है। लेखक का मानना है कि जो आपके दिल के सबसे करीब है, वो कभी दूर नहीं होते। हाँ, शारीरिक रूप से वो आपसे दूर हो सकते हैं, किंतु आत्मिक रूप से वो हमेशा आपसे जुड़े हुए होते हैं। वे सदा आपके साथ रहते हैं, ढाल बनकर आपकी रक्षा करते हैं और आपको सही रास्ते पर चलने के लिए प्रेरित करते रहते हैं।

उनकी पत्नी निधि अग्रवाल एक उद्यमी महिला हैं। अनुराग के जीवन की सबसे बड़ी ताकत और प्रेरणा उनकी पत्नी और उनके दो बच्चे ऋत्विक अग्रवाल और श्रवि अग्रवाल हैं। एम.बी.ए. में स्नातकोत्तर करने के बाद, अनुराग ने महज 20 साल की उम्र में ही अपना व्यवसाय शुरू कर लिया था।

उन्हें अपनी व्यावसायिक यात्रा के पहले ही वर्ष से सफलता मिलनी शुरू हो गई और एक के बाद एक कई महत्त्वपूर्ण उपलब्धियाँ हासिल कीं। अनुराग ने कभी नौकरी नहीं की। ये उद्यमी-मानसिकता के पुरजोर समर्थक हैं।

अनुराग एक बहुत ही मस्ती-पसंद और उत्कट उत्साही यात्री हैं। इन्होंने कई बार विश्व भ्रमण किया है, अत: वैश्विक स्तर पर चीजों को जानने और परखने का अनुभव प्राप्त हुआ है। अनुराग लोकप्रिय एवं लोक-प्रेमी हैं। इन्हें लोगों से मिलना जुलना पसंद है। ये कई ऐसे संगठनों के संस्थापक हैं, जहाँ ये लाखों लोगों को बेहतर जीवन जीने के गुण सिखाते हैं। आज अनुराग एक बेहद सफल एंटरप्रेन्योर, एजुकेटर, नेटवर्किंग और लाइफ स्किल्स कोच, पब्लिक फिगर और लेखक हैं।

अपनी 20 साल की उद्यमिता यात्रा के दौरान, उन्होंने वैश्विक स्तर पर 25 लाख से भी अधिक लोगों को प्रशिक्षित किया है। एक शिक्षक के रूप में उन्होंने (इस पुस्तक को लिखने के दिन तक) 3000 से अधिक सेमिनार आयोजित किए हैं, जिनमें प्रतिभागियों की औसत संख्या 2500 से भी अधिक थी। निस्संदेह, आज अनुराग अग्रवाल सार्वजनिक जीवन एक प्रसिद्ध के व्यक्ति हैं। ये भारत के प्रसिद्ध नेटवर्किंग और लाइफ-स्किल प्रशिक्षकों में से एक हैं। अनुराग को भारत के प्राचीन विज्ञान, कौशल और दर्शन में अटूट विश्वास है। साथ ही, उनका यह भी मानना है कि सदियों पुरानी शिक्षा पद्धति और दशकों पुरानी नौकरी की मानसिकता भारतीय युवाओं की बेरोजगारी का सबसे बड़ा कारण है। कौशल-आधारित शिक्षा प्रणाली और उद्यमी मानसिकता की कमी भारतीयों में युवा बेरोजगारी का दूसरा सबसे बड़ा कारण है। और लेखक देश से ऐसी लकवाग्रस्त व्यवस्था और सोच को खत्म करने के मिशन पर हैं।

अनुराग अपने साथी उद्यमियों के बीच एक युवा आइकन हैं क्योंकि उन्होंने अपनी युवावस्था के आरंभ में ही एक स्वतंत्र व्यापार साम्राज्य का निर्माण कर लिया था। उन्होंने कभी किसी और के लिए काम नहीं किया और महज 21 साल की उम्र में ही जीवन के रैट रेस (जीवन का एक तरीका जिसमें लोग धन या शक्ति के लिए एक भयंकर प्रतिस्पर्धी संघर्ष में फंस जाते हैं) से अपने आपको अलग कर लिया। पिछले 20 वर्षों से, ये हर वैश्विक युवाओं के साथ 'फ्री एंटरप्राइज' के अपने ज्ञान का प्रसार और साझा कर रहे हैं। इन्होंने हाल ही में एक "यूथ हेल्पलाइन" शुरू की है, जहाँ कोई भी करियर, नौकरी, स्टार्ट अप आदि के बारे में मदद और परामर्श लेने के लिए संपर्क कर सकता है।

आप उनके विभिन्न सोशल मीडिया चैनलों पर उनको फॉलो कर सकते हैं। सबसे अच्छा तरीका है कि आप नियमित रूप से उनकी वेबसाइट/मोबाइल ऐप देखिए ताकि आप उनका कोई भी अपडेट मिस न करें। उनके बारे में ज्यादा जानकारी के लिए www.AnuragAggarwal.online visit करें।

अनुराग एक मास्टर "ड्रीम बिल्डर" हैं। उनकी प्रसिद्ध उक्ति है–

"सपना है तो संभव है।"

यदि आप भी अपने देश को रहने के लिए "विश्व की सबसे अच्छी जगह" बनाना चाहते हैं तो उनके साथ आइए और उनके सपनों का भारत बनाने के लिए मिलजुल कर प्रयास कीजिए।

❑❑❑

प्रस्तावना

जीवन एक अनोखी यात्रा है–यह आश्चर्य से भरा है, कभी सकारात्मक, तो कभी नकारात्मक। और हाँ, कभी चौंकाने वाला भी। अपने संपूर्ण बचपन में मैंने एक सामान्य मध्यमवर्गीय जीवन जीया है। मेरा व्यावसायिक जीवन महज 20 साल की उम्र में ही शुरू हो चुका था। ईश्वर की कृपा से सिर्फ एक साल में ही मेरा नाम सफल व्यवसायियों में शुमार होने लगा था। जो कभी हमारे परिवार की वार्षिक आय हुआ करती थी, वो अब करीब-करीब हमारी मासिक लाभ थी। हमारी जिंदगी अब उड़ान भर चुकी थी। परंतु इसका अर्थ यह कतई नहीं है कि मैंने मध्यमवर्गीय परिवार के समक्ष मौजूद चुनौतियों को देखा न हो, इसे महसूस न किया हो, या यूँ कहें कि इसे जीया न हो। बल्कि मैंने तो इन चुनौतियों को बेहद ही करीब से देखा है।

मुझे पता है (महज) 1 किलो दूध में 7 सदस्यों का परिवार कैसे काम चलाता है। एक छोटे से कमरे में एक धीमी गति से चल रहे पंखे के नीचे सात लोगों का समावेश कितना चुनौतीपूर्ण होता है। संक्षेप में कहूँ तो यह बेहद मध्यम वर्गीय जिंदगी से अधिक न था। परंतु फिर भी, मेरे परिवार ने शिक्षा पर ध्यान केंद्रित किया और रोजगारोन्मुख सोच रखी। आप इसे एक नौकरी-पेशे वाले परिवार का आदर्श रूप समझ सकते हैं।

मेरे पिता एक सरकारी कर्मचारी थे। अपने कार्यकाल के दौरान उनकी एक आदर्श कर्मी की छवि बनी थी और वे अपने जीवन की उपलब्धियों से लगभग संतुष्ट थे। वे हमेशा सभी को सरकारी नौकरी हासिल करने का सुझाव देते थे। उनका मानना था कि एक सरकारी नौकरी जीवन की सुरक्षा की गारंटी होती है।

परंतु मेरी माँ हमेशा से महत्त्वाकांक्षी थीं। उन्होंने मेरे युवा कानों में कहा,

"चाहे तुम सरकारी क्षेत्र में काम करो या निजी क्षेत्र में, लेकिन बस इतना ध्यान रखना, किसी के लिए काम मत करना।" उन्होंने हमेशा मुझे खुद के लिए काम करने के लिए प्रेरित किया। उनके अनुसार, यह जीवन जीने का सबसे अच्छा तरीका है। अधिकांश लोगों की तरह मुझे भी अपने पिता की तुलना में अपनी माँ के विचारों ने गहराई से छुआ और मैं मानता हूँ कि नौकरी से मेरी दूरी व उद्यमिता मेरी माँ के विचारों का ही प्रभाव था।

मैंने अपने माता-पिता को हमेशा मामूली खर्चे के लिए भी संघर्ष करते देखा था। वे अपने 5 बच्चों की जरूरतों के खातिर हमेशा अपनी छोटी-बड़ी इच्छाओं का त्याग कर दिया करते थे, या शायद उन्हें ऐसा करने के लिए मजबूर होना पड़ता था। सौभाग्य से मैं और मेरी चारों बहनें मधु (सबसे बड़ी), लतेश (दूसरी), अंजू (तीसरी) और अर्चना (चौथी) अपने माँ-बाप के इस असहज त्याग को भली-भाँति समझते थे और पढ़ाई में हमेशा अव्वल आते रहे।

परिवार का एकमात्र बेटा और सबसे छोटा होने के नाते, मुझे हमेशा सभी का भरपूर प्यार और स्नेह मिलता था। लेकिन भारतीय समुदाय में, एकमात्र बेटा हमेशा कुछ अतिरिक्त जिम्मेदारी भी निभाता है। सौभाग्य से व्यावहारिक बुद्धि मेरे अंदर बचपन से ही थी। परंतु, मुझे कई तरह के सामाजिक और पारिवारिक दबावों का सामना करना पड़ा। लेकिन मैंने इन सामाजिक एवं पारिवारिक समस्याओं को कभी अपने सपनों की सीमा रेखा को पार करने और कुचलने की इजाजत नहीं दी, मेरे वो सपने जो मैंने अपने जीवन के लिए देखे थे।

मेरे पिता ने हमेशा मुझे सपने न देखने की सलाह दी। "सपने कभी सच नहीं होते" ऐसा वे अक्सर कहा करते थे। उन्होंने हमेशा मुझे जीवन की व्यावहारिकता पर विश्वास करना सिखाया। उनकी प्रसिद्ध उक्ति थी, "तेते पाँव पसारिए जेती लंबी सौर" मतलब अपनी आर्थिक स्थिति को देखते हुए ही कुछ योजना बनाओ, किसी चीज की इच्छा करो, अपने आर्थिक दायरे को समझो, उससे बाहर जाने की जुर्रत मत करो। मैं ऊपर वाले का शुक्रगुजार हूँ कि उनकी बातें कभी भी मेरे पल्ले नहीं पड़ी।

शायद मेरी बुनियादी समझ और कॉमन सेन्स ने मुझे उन शब्दों पर विश्वास करने की अनुमति नहीं दी। हालाँकि मेरे पिता जी के प्रति मेरा प्रेम अक्षुण्ण है। और यह इतना गहरा है कि किसी बात पर सहमति-असहमति का कोई मायने नहीं है। मेरी असहमति

एक पुत्र की असहमति न होकर, एक विभिन्न विचार का प्रतिनिधित्व करता मेरा मन मस्तिष्क था। मैं बस अपने सपनों का जीवन जीना चाहता था, जो विकल्पों से भरा हो।

जब मैंने 20 साल की उम्र में एक व्यवसायी के रूप में अपना पेशेवर जीवन शुरू किया और बहुत कम उम्र में ही सफल हो गया, तो फलस्वरूप मेरी दुनिया बिल्कुल ही बदल गई। यह विकल्पों, चुनौतियों और उत्साह से भरी दुनिया थी। उस दुनिया में भी, मैं सुरक्षित किंतु उबाऊ जीवन के लिए तरसता नहीं था। इसके बजाय, मैं संभावनाओं और उत्साह से भरे जीवन की तलाश में था। और आज मैं वह जीवन जी रहा हूँ जिसके लिए मैं वर्षों से प्रयत्नशील रहा था। पिछले 20 वर्ष सीखने की दृष्टि से मेरे जीवन के सर्वश्रेष्ठ वर्ष रहे हैं। मुझे अपनी व्यावसायिक परियोजनाओं और बोलने व प्रशिक्षण के क्षेत्र में होने के कारण विश्व स्तर पर लाखों लोगों से मिलने का मौका मिला है। मैंने अपनी उद्यमी पत्नी निधि, जो महिला उद्यमिता की ब्रांड एंबेसडर हैं, के साथ विश्व स्तर पर शानदार प्रदर्शन और विपुल अनुभव अर्जित किया है।

पिछले 20 साल मेरे लिए सफलता के साथ-साथ संतुष्टि भी लाए हैं, क्योंकि मैं अपने माता-पिता को जीवन की हर सुविधा और खुशी (करीब-करीब) दे पाया हूँ। वे पिछले 20 वर्षों से एक अमीर की जिंदगी जी रहे हैं और इससे मुझे बहुत ही अधिक खुशी और संतुष्टि मिलती है। उन्हें अब परिवार के किसी सदस्य की छोटी-मोटी जरूरतों को पूरा करने के लिए अपनी जरूरतों की तिलांजलि नहीं देनी पड़ती है। या अब उन्हें किसी जरूरत को पूरा करने के लिए किसी और जरूरत की तिलांजलि नहीं देनी पड़ती है।

जैसा कि मैंने शुरुआत में ही उल्लेख किया है जीवन आश्चर्य से भरा हुआ होता है; अच्छा, बुरा और साथ ही कभी-कभी चौंकाने वाला भी और मैं इन तरह के सभी आश्चर्यों से गुजर चुका हूँ।

मैं अपने आपको भाग्यशाली समझता हूँ क्योंकि भगवान ने मुझे जीवन में लगभग सभी संबंध दिए और साथ ही उन सभी संबंधों का प्यार भी। इन सबसे बढ़कर, ईश्वर ने मुझे अपनी माँ के साथ एक बहुत ही अलग तरह की बॉन्डिंग गिफ्ट की। मेरे लिए, मेरी माँ का मतलब मेरी पूरी दुनिया है और मेरी माँ के लिए मैं उनके जीवन भर की कमाई।

मेरी माँ को जून, 2015 में एक बड़ी स्वास्थ्य चुनौती का सामना करना पड़ा। वो मेदांता अस्पताल, गुड़गाँव में एक बड़े दिल के ऑपरेशन से गुजरीं। हमने, एक परिवार के रूप में, इस बुरे दौर में उनका समर्थन करने के लिए अपना हर संभव प्रयास और योगदान किया। मैं उनके साथ लगभग 3 महीने अस्पताल में ही रहा। मैंने कभी नहीं सोचा था कि कोई इतने लंबे समय तक अस्पताल में रह सकता है। वे दिन मेरी जिंदगी के सबसे काले दिन थे। हर पल माँ को खो देने के डर के साथ बीत रहा था।

यकीन मानिए, मैंने कभी अपनी माँ के बिना अपने जीवन की कल्पना नहीं की थी। उन दिनों मेरे लिए एकमात्र आत्मसंतोष की बात यह थी कि मुझे पैसे के बारे में चिंता करने की जरूरत नहीं थी। रोज का खर्च लगभग 1.5 लाख था। मैं अपनी माँ के साथ 24 घंटे रहा करता था। मेरा मानना है कि अपने व्यवसाय और पैसिव इनकम (वह इनकम जिसके लिए एक्टिव रूप से काम नहीं करना पड़ता है) के चलते ही मैं अपनी माँ के साथ इतना समय बिताने में सक्षम हो पाया।

पूरे दिन अस्पताल में रहने के दौरान, मेरे पास करने के लिए बहुत कुछ था नहीं। इसलिए, मैं अन्य परिचारकों (अटेंडेंट्स) से बातें किया करता था जो अपने परिवार के सदस्य के इलाज के लिए आए थे। कई परिचारक 4 महीने से भी अधिक समय से वहाँ थे। और उनमें से कईयों के सामने पैसों की गम्भीर चुनौतियाँ थीं। पैसों के चलते चेहरे पर उदासी, हताशा, लाचारी और मजबूरी स्पष्ट रूप से दृष्टिगोचर हो रही थी। उन तीन महीनों में मैंने कई महत्त्वपूर्ण जीवनोपयोगी सबक सीखे। उदाहरण के लिए—

"पैसा हमारा सबसे बड़ा दोस्त है।" जब कोई मदद नहीं करता है, तो पैसा ही मदद करता है। बिना पैसे के यह दुनिया आपके अस्तित्व को नकार देगी, वगैरह, वगैरह।

"पैसिव आय (passive income) बहुत जरूरी है।" क्योंकि आप जीवनपर्यन्त कार्य करने की स्थिति में नहीं रह सकते। मैंने अपनी बीसवीं सालगिरह तक एक बेहद बुनियादी जीवन जीया और इसके बाद एक सफल व्यापारी का जीवन जिया। निष्क्रिय आय का महत्त्व तब तक मैं भली-भाँति समझ चुका था।

मैं **"अपने सबसे अजीज की मृत्यु और उससे उपजी दर्द की दास्तान"** के बारे में सुन रखा था, हालाँकि इसे कभी महसूस नहीं किया था।

जून, 2015 से 23 मई, 2016 मेरी माँ और मेरे लिए बेहद दर्दनाक यात्रा थी। हम दोनों धीरे-धीरे अलग हो रहे थे, हम इसे जानते थे लेकिन कभी एक-दूसरे के साथ इसकी चर्चा नहीं की। हम दोनों ही किसी तरह उस लड़ाई को जीतना चाहते थे। वे एक बेहद सकारात्मक सोच वाली महिला थीं और जीना चाहती थीं, उन्हें यकीन भी था। लेकिन भगवान की कुछ अलग ही योजना थी।

23 मई, 2016 का दिन, मेरे जीवन का सबसे काला दिन था। उसी दिन 6:20 बजे सायं काल में, मैंने अपनी माँ को खो दिया। उन्होंने मेरी गोद में ही अपनी अंतिम साँसें लीं। मैंने अपने जीवन का सबसे महत्त्वपूर्ण उपहार "अपनी माँ" को खो दिया।

यहाँ तक कि इन पंक्तियों को लिखते समय, दुख और भावुकता से मेरा गला भर आया है। माँ की विदाई के दृश्यों को याद कर मेरी आँखें डबडबा गई हैं, और ये मेरे गालों तक जा पहुँची हैं। इस समय मेरा मन अपनी माँ, अपने संसार से सिर्फ एक बात कर रहा है। "यदि संभव हो तो लौट आओ, लौट आओ माँ।"

मैं यह सब इसलिए लिख रहा हूँ क्योंकि इस दर्दनाक प्रकरण ने मुझे पूरी तरह से बदल कर रख दिया है। अब यह अनुराग (पूरी तरह से बदल चुका) केवल पैसे के लिए नहीं भाग सकता। मैं समझता हूँ कि हम सभी के पास सीमित समय होता है और जीवनपर्यन्त सिर्फ पैसे की तरफ भागना इस बहुमूल्य जीवन की निरर्थकता है।

इस घटना के बाद मैंने अपना पूरा ध्यान अपने बिजनेस पर लगाया, एक जीवनपर्यन्त लक्ष्य के साथ और वह लक्ष्य था "समाज सेवा।" अपने देश के लिए कुछ कर गुजरने की चाहत।

मुझे याद आ रहा है, मैंने कहीं पढ़ा था। फ्रिडम एट मिड नाइट के को-ऑथर डोमिनिक लैपियर अपने देश फ्रांस में किसी अपने को एयरपोर्ट छोड़कर वापस अपनी कार में अकेले आ रहे थे। वापस लौटते समय वे सोच

रहे थे, "जितना फ्रांस ने मुझे दिया, उतना मैं फ्रांस को नहीं दे पाया।" बस इसी सोच से मैं भी बढ़ रहा था। मैंने भी अपने हिंदुस्तान से बहुत कुछ लिया था, अब कुछ देने के बारे में गम्भीरतापूर्वक सोच रहा था, बल्कि इसे अपना लक्ष्य बना लिया था।

अपने लक्ष्य को प्राप्त करने के लिए बहुत सारे तरीके नजर आ रहे थे, पर मैंने जिसको चुना वो था-कौशल विकास और सही शिक्षा। "लोग एक खास तरह से क्यों सोचते हैं", "लोग एक खास तरह से क्यों जीते हैं", इन सब चीजों को मैंने बड़े ही नजदीक से देखा है। "इन सबके अलावा बड़े कॉरपोरेट की सफलता सुनिश्चित करने वाले नियम और सिद्धांत को भी मैंने गौर से देखा है।" साथ ही लोगों को भीड़ से निकलकर विशिष्ट बनते हुए भी देखा है। अपने 20 वर्षों के अनुभव में, मैंने बहुत ही सामान्य लड़के/लड़कियों को "करोड़पति" बनते देखा है। वहीं मैंने बुद्धिमान लोगों को औसत जीवन जीते देखा है।

मैंने लोगों को "मुझे लगता है" वाक्यांश का उपयोग बहुतायत में करते हुए देखा है, अक्सर सफलता के सूत्र को जाने बिना। मैंने कॉमनसेन्स को कॉमन नहीं पाया है।

मैंने लोगों को जीवन भर पैसे के पीछे भागते देखा है परंतु फिर भी, उनके पास पैसे नहीं होते हैं। इतना ही नहीं, मैंने लोगों को मनी एक्सपर्ट और कन्सल्टेंट की तरह व्यवहार करते देखा है, लेकिन विडम्बना देखिए कि वे खुद पैसे के लिए संघर्ष कर रहे होते हैं।

मेरे बहुत सारे भारतीय मित्र जुनून, कौशल, धन और पैसिव इनकम से बिल्कुल ही अनजान हैं और उन्हें शिक्षित करने के लिए आस-पास कोई स्रोत उपलब्ध नहीं है।

शिक्षा आज सबसे बड़ा व्यवसाय उद्योग बन गया है। हमारे देश का युवा सफलता के मूल सिद्धांतों के बीच भ्रमित है। यूट्यूब धन विशेषज्ञों और प्रेरक वक्ताओं से भरा पड़ा है, जिनकी आय का मुख्य स्रोत प्रशिक्षण है। मेरा मतलब है कि वे किसी भी बड़े व्यवसाय का निर्माण नहीं करते हैं या उनके पास कोई व्यक्तिगत सफलता की कहानी नहीं है, लेकिन वे इन विषयों को विषय-विशेषज्ञ के रूप में सिखा रहे हैं और इनका प्रशिक्षण दे रहे हैं।

मैं बचपन में एन.सी.आर. में स्थित गाजियाबाद नामक शहर में रहा करता

था। यहाँ कई छात्र जो वर्षों तक तैयारी करने के बाद भी किसी इंजीनियरिंग/ मेडिकल परीक्षा में उत्तीर्ण नहीं हो पाए, उन्होंने अपनी कोचिंग कक्षाएँ शुरू करने के लिए उसी प्रतियोगी परीक्षाओं (मेडिकल/इंजीनियरिंग) के लिए कोचिंग देनी शुरू कर दी। और यह वहाँ एक चलन सा हो गया। सबसे खराब उदाहरण हमारे एम.बी.ए. स्कूल हैं जहाँ पूर्णकालिक कर्मचारी व्यवसाय की दुनिया के बारे में पढ़ा रहे हैं। अगर आपको क्रिकेट का शौक है और आपको क्रिकेट सीखने के लिए किसी एक व्यक्ति को चुनने के लिए कहा जाता है; टिप्पणीकार या सचिन तेंदुलकर, तो आप किसे चुनेंगे? आप जवाब जानते हैं।

इसलिए, ऐसे माहौल में, मैंने अपने भारतीय युवाओं को शिक्षित करने के लिए हर दिन कुछ घंटों का समय देने का फैसला किया। मैं उन्हें सफलता के सिद्धांतों पर प्रशिक्षण दे रहा हूँ जो अभी तक बड़े कॉर्पोरेट घरानों या व्यावसायिक परिवारों की बपौती मानी जाती है।

मैं उन्हें शिक्षा और कौशल के बारे में सच्चाई, पैसे और पैसिव कमाई के बारे में सच्चाई, एसेट्स और लाइबिलिटी के बारे में सच्चाई, जनसंख्या के बारे में सच्चाई और उनकी आंतरिक क्षमता के बारे में सच्चाई के बारे में शिक्षित कर रहा हूँ। मैंने कुशल और अकुशल के बीच की खाई को पाटने के लिए एक ऑनलाइन पाठ्यक्रम पोर्टल भी शुरू किया है। यहाँ कुशल लोग अपने ज्ञान को सीधे अकुशल के साथ इस ऑनलाइन मार्केटप्लेस से साझा कर सकते हैं।

पोर्टल हैं: www.indiaskillcapital.com or www. ISC1.in

मुझे स्किलिंग और स्केलिंग के भारत सरकार के एजेंडे के प्रति अपना उत्साह दिखाने में किसी तरह के संकोच का अनुभव नहीं हो रहा है। मेरा प्रयास इस सागर में एक बूँद की तरह हो सकता है। लेकिन मुझे यकीन है कि इस बूँद के बिना, यह सागर नहीं बनेगा।

मैं आप सभी को इस मिशन को पूरा करने और उसे समर्थन देने के लिए आमंत्रित करता हूँ। आइए, हम भारत को कौशल की **"विश्व राजधानी"** बनाएँ।

◻◻◻

अध्याय 1

शिक्षा और रोजगार

आज सत्ता पर काबिज होने वाली हर एक सरकार के सामने भारतीय युवाओं का रोजगार सबसे बड़ी चुनौती है। माफ कीजिए, परंतु मुझे नहीं लगता है कि अभी भी हमारे होनहार, विश्व प्रसिद्ध, नोबल पुरस्कार विजेता भारतीय अर्थशास्त्रियों के पास पूरे देश में फैल चुकी इस समस्या का पूर्ण समाधान मौजूद है। अगर उनके पास इस समस्या का समाधान सही में होता, तो क्या वे अभी तक चुप बैठे रहते? यकीनन नहीं।

इसे विडंबना ही कहेंगे कि पूरे विश्व में अर्थव्यवस्था के क्षेत्र में अपने ज्ञान का लोहा मनवाने वाले से तो हमें कोई शिकायत या उम्मीद नहीं होती, परंतु अपने प्रदेश की नव-निर्वाचित सरकार से यह उम्मीद कर बैठते हैं कि नई सरकार के शपथ ग्रहण के 24 घंटे के भीतर-भीतर बेरोजगारी की समस्या छू-मंतर हो जाए, मानो जादू की छड़ी लेकर वो सरकार में आये हों।

ऐसी उम्मीद करने में बेचारे वोटरों का भी उतना दोष नहीं है। सरकारें आती हैं, जाती हैं। सरकार में आने की मंशा विरोधी दलों को कुछ इस कदर होती है कि वे बड़े-बड़े वादे अपने घोषणापत्र में कर डालते हैं (जैसे सबको नौकरी, सबको रोजगार, नहीं रहेगा अब कोई बेकार)। परंतु ऐसे लोक-लुभावने वायदे के दम पर सत्ता में आने वाली पार्टियों के शासनकाल में भी बेरोजगार युवकों की संख्या घटने के बजाय बढ़ती ही जाती है और वो भी बेतहाशा।

बढ़े भी कैसे नहीं, उद्योगों में इंसान की नहीं, टेक्नोलॉजी का वर्चस्व हो चला है। नई-नई टेक्नोलॉजी आ रही है, इंडस्ट्रीज एवं ऑफिस में लोगों की कम जरूरत पड़ती है। जहाँ एक ओर आर्टिफिशियल इंटेलिजेंस एवं रोबॉटिक्स

भविष्य के लिए जरूरी है, वहीं दूसरी तरफ भारत की बढ़ती हुई आबादी और इसकी जरूरतों की पूर्ति के लिए आय की व्यवस्था होना भी उतना ही जरूरी है।

आज का दौर भारत के लिए बेहद महत्त्वपूर्ण है। पूरी दुनिया भारत को सबसे तेजी से बढ़ती अर्थव्यवस्थाओं में से एक मान रही है। विश्व की कई आर्थिक महाशक्तियाँ भारत को वैश्विक अर्थव्यवस्था में एक महत्त्वपूर्ण योगदानकर्ता और प्रतिस्पर्धी मानती हैं।

भारत की विकसित हो रही अर्थव्यवस्था का एक महत्त्वपूर्ण कारण यहाँ की युवा शक्ति है। आज इस देश की 65 प्रतिशत से अधिक की आबादी 35 वर्ष से कम आयु की है। 136 करोड़ की जनसंख्या वाले इस देश के 88 करोड़ से भी अधिक नागरिक 35 वर्ष से कम आयु के हैं। आर्थिक महाशक्तियों के नागरिकों की बढ़ती उम्र के आकलन के समय यह आंकड़ा काफी उत्साहवर्धक है। जापान जैसा देश जो दशकों से आर्थिक महाशक्ति है, अपने देश में बढ़ रहे बुजुर्गों की संख्या से हतप्रभ है। वहाँ सत्ता के शीर्ष पर बैठे लोगों के लिए यह एक बहुत बड़ी चुनौती है। इटली, पुर्तगाल और जर्मनी जैसे देश भी बुजुर्गों की बहुलता की टीस झेल रहे हैं।

अगर चीन आज मैन्युफैक्चरिंग हब के रूप में अपना दावा पेश कर रहा है, तो भारत के पास भी दुनिया की स्किल कैपिटल बनने की क्षमता है। हम दुनिया को हर क्षेत्र में सर्वश्रेष्ठ प्रशिक्षित लोग दे सकते हैं।

यदि हम केवल यूरोप, अमेरिका, कनाडा और ऑस्ट्रेलिया की कुल जनसंख्या की गणना करें, तो यह लगभग 113 करोड़ है, जिसमें सभी उम्र के लोग शामिल हैं। इसका मतलब है कि हमारे 88 करोड़ युवा बल के साथ हम विश्व की इन चारों जानी मानी अर्थव्यवस्थाओं के बराबर का योगदान कर सकते हैं।

उपरोक्त सभी बाजार पुराने हैं और उन्हें सहारा देने के लिए निश्चित रूप से भारत के युवाओं की आवश्यकता है। यह भारतीय युवाओं के लिए वास्तव में एक बहुत बड़ा अवसर है।

मुझे लगता है कि इस देश के हर युवा को इस डेटाबेस को समझने की जरूरत है। इस तरह भारतीय युवा अंतर्राष्ट्रीय बाजार में अपनी योग्यता के महत्त्व को समझ सकते हैं। इसमें कोई दो राय नहीं कि आज भारतीय युवाओं को न

केवल भारत बल्कि पूरे विश्व में अपने सपनों को पूरा करने की क्षमता और संभावनाएँ मौजूद हैं।

यह तथ्य कि विश्व को हमारे युवाओं की आवश्यकता है, एक महत्त्वपूर्ण जानकारी है, जिसे हमारे युवाओं को ध्यान में रखना चाहिए। इस तरह वे अंतर्राष्ट्रीय और वैश्विक स्तर पर अपने महत्त्व और संभावनाओं को समझ सकेंगे।

> *"अगर चीन आज खुद को मैन्युफैक्चरिंग हब के रूप में अपना दावा पेश कर रहा है, तो भारत के पास भी दुनिया की स्किल कैपिटल बनने की क्षमता है।"*

लेकिन भारतीय युवा की स्किल और उसकी कुशलता कैसी है, यह एक बड़ा सवाल है। दुनिया को आज के समय में कुशल स्किल वाले ऐसे युवाओं की सख़्त जरूरत है जो उनकी अर्थव्यवस्था को आगे बढ़ाने में मददगार साबित हों। आज दुनिया के सभी देशों को ऐसे युवाओं की जरूरत है जो उनके देश की अर्थव्यवस्था में योगदान कर सकें, उनके लिए महत्त्वपूर्ण व्यक्ति बन सकें। प्रशिक्षित शेफ, पायलट, बढ़ई, इलेक्ट्रीशियन, शिल्पकार, दर्जी, डॉक्टर, इंजीनियर, आईटी पेशेवर, कलाकार, चित्रकार और कई अन्य व्यवसायों के लिए विशेष प्रशिक्षण की आवश्यकता होती है। इस सूची का कोई अंत नहीं है।

इसलिए, यदि हम **भारत का एक SWOT विश्लेषण** करते हैं, तो इस विश्लेषण का प्रारूप कुछ ऐसा उभर कर आता है—

भारत का SWOT विश्लेषण

Strength
ताकत
भारत की 65 प्रतिशत से भी अधिक आबादी 35 वर्ष से काम आयु की है।

Weakness
कमजोरी
अकुशल युवाओं की संख्या बहुत अधिक है।

SWOT

Opportunity
अवसर
प्रशिक्षित युवाओं की वैश्विक स्तर पर माँग

Threat
आशंका
अकुशल युवाओं की बढ़ती संख्या भारत जैसे विकासशील देश के लिए एक चुनौती

यहाँ चार प्रश्न हैं जिनका उत्तर खोजना इस देश के हर नागरिक की नैतिक जिम्मेदारी है। इन प्रश्नों ने इस देश की तरक्की एवं रोजगार के लिए बहुत सारी आशंकाओं को जन्म दिया है–

यहाँ चार प्रश्न हैं जिनका उत्तर खोजना इस देश के हर नागरिक की नैतिक जिम्मेदारी है। इन प्रश्नों ने इस देश की तरक्की एवं रोजगार के लिए बहुत सारी आशंकाओं को जन्म दिया है–

1. शिक्षा सदियों से हमारे देश की पहली प्राथमिकता रही है, फिर भी आबादी का इतना बड़ा हिस्सा अभी भी नौकरी खोजने के लिए इधर-उधर क्यों भटक रहा है?

2. हमारा शिक्षित समाज एक कुशल समाज क्यों नहीं है?

3. शिक्षा से जीवन में स्पष्टता और उद्देश्य आना चाहिए। शिक्षा द्वारा हमें निर्भीक बनना चाहिए। फिर कैसे भारतीय शिक्षा प्रणाली युवाओं को

पंगु मानसिकता के साथ पैदा कर रही है? आबादी का एक बड़ा हिस्सा ऐसा क्यों सोचता है कि जीवन में कमाई करने के लिए नौकरी ही एकमात्र उपाय है?

4. हमारा देश वैश्विक जरूरतों को पूरा क्यों नहीं कर पा रहा है?

आइए, अब इन प्रश्नों के उत्तर ढूँढने की कोशिश करते हैं। उपरोक्त सभी चार प्रश्नों के 2 प्रमुख उत्तर हैं।

1. पारंपरिक शिक्षा प्रणाली

2. प्रमाणपत्र मानसिकता

जब अंग्रेज भारत छोड़कर गए, तो वे कई पंगु प्रणाली की विरासत भी यहाँ छोड़ गए। और ऐसी ही एक प्रणाली हमारी वर्तमान शिक्षा प्रणाली है। दुर्भाग्य से, हम अभी भी इस जर्जर शिक्षा प्रणाली से चिपके हुए हैं। हम इस तथ्य को भूल जाते हैं कि अंग्रेजों ने जो शिक्षा का ढाँचा तैयार किया था, वह केवल उनकी जरूरतों को पूरा करने के लिए था। ब्रिटिश नहीं चाहते थे कि भारत पेशेवर और नवप्रवर्तक (इन्नोवेटर्स) पैदा करे। वे केवल मजदूर चाहते थे जो उनकी आज्ञा का पालन कर सकें। इससे हमारे दिमाग की ऐसी कंडीशनिंग हो गई है कि अच्छी तरह से अध्ययन करना है और एक सुरक्षित नौकरी ढूँढनी है।

हमारे अंदर झुंड के साथ चलने की मानसिकता विकसित हो चुकी है। हमारी मानसिकता एक सुनी सुनाई बातों पर चलने वाली मानसिकता बन गयी है। हमें नए-नए कौशल सीखने की रत्ती भर भी चिंता नहीं है। यहाँ पर मुझे टॉनी गैस्किन्स की एक उक्ति याद आ रही है–

"यदि आप अपने सपनों को साकार करने की कोशिश नहीं करेंगे, तो याद रखिए, कोई दूसरा आपकी मदद लेकर अपना सपना साकार कर लेगा।"

–टोनी गैसकिन्स

विडंबना देखिए, हम अपने महत्त्वपूर्ण 17 साल उस शिक्षा व्यवस्था के तहत, एक अनुकूल नौकरी के लिए अपनी अर्हता के नाम पर, शिक्षा ग्रहण

करने में लगा देते हैं, जिस नौकरी में कोई स्थायित्व नहीं है, कोई भविष्य नहीं है। यदि यही समय हम उच्च श्रेणी के कौशल विकसित करने में लगाएँ, तो संभव है, पूरे विश्व में अपनी प्रतिभा और काबिलियत का डंका बज जाए।

नि:संदेह हमारे युवाओं को समय और आज की वैश्विक कौशल आवश्यकताओं के महत्त्व को समझने की आवश्यकता है।

> *"भारत में शिक्षा एक बड़ा व्यवसाय है और प्रमाण पत्र इसके अंतिम उत्पाद हैं।"*

बस स्कूल जाना, फिर कॉलेज, और उसके बाद डिग्री या प्रमाणपत्रों का ढेर लगाना आज की दुनिया में कारगर नहीं है। प्रसिद्ध भारतीय शिक्षा शैली जैसे विज्ञान, वाणिज्य या कला स्ट्रीम अब एक पुराना पैटर्न बन चुका है। अनावश्यक प्रमाण पत्र के लिए मेहनत करना और फिर नौकरी की उम्मीद करना अज्ञानता की चरम सीमा है। कॉलेजों और पेशेवर संस्थानों में छात्रों को अपने संस्थानों से उन पाठ्यक्रमों और प्रमाणपत्रों की मार्केट में माँग और क्षमता के बारे में पूछने की जरूरत है, जो ये संस्थान दे रहे हैं। वहाँ छात्र/छात्राओं को दो टूक शब्दों में यह कहने की आवश्यकता है कि आप हमें जो शिक्षा दे रहे हैं, उसका इस संस्थान के बाहर कोई उपयोग नहीं है तो क्या आप हमें ऐसा पाठ्यक्रम और उससे संबंधित प्रमाण पत्र देंगे, जिनकी आज माँग है और अगर आप ये सब हमें नहीं देते, तो हम अपना समय यहाँ व्यर्थ क्यों गवाएँ?

भारत के युवाओं को आज यह समझने की आवश्यकता है कि **"भारत में शिक्षा एक बड़ा व्यवसाय है और प्रमाण पत्र इसके अंतिम उत्पाद हैं।"** प्रत्येक छात्र इन उत्पादों (प्रमाण पत्र) को खरीदने के लिए पूरे वर्ष कड़ी मेहनत करता है। एक छात्र वह सब कुछ करता है जो ये संस्थान सिर्फ इन प्रमाणपत्रों को अर्जित करने के लिए माँगते हैं। या यूँ कहें कि छात्र (रैट रेस) के लिए खुद को नामांकित करते हैं और इस तथ्य से अनजान होते हैं कि इन संस्थानों के लिए शिक्षा एक धन खनन का साधन अधिक है ना कि शिक्षा की गुणवत्ता। इन सबके लिए हम स्वयं भी जिम्मेदार हैं। हमें गर्व महसूस होता है कि हमारा बच्चा एक उच्च कीमत वाले विद्यालय/महाविद्यालय/विश्वविद्यालय में जा रहा है, ये संस्थान स्तरीय शिक्षा दे रहे हैं की नहीं, हमारे बच्चों का भविष्य बनाने

में शक्षम हैं की नहीं, इन सबसे बेखबर।

स्कूल की फीस, ट्यूशन फीस, किताबें और अन्य बड़े बजट वाली गतिविधियाँ आज बटुए में सेंध से अधिक कुछ नहीं हैं। परंतु फिर भी, हम अपने बच्चे को पालने के लिए अपनी आय का एक बड़ा हिस्सा गिरवी रखने से गुरेज नहीं करते। हर साल लाखों ऐसे बच्चे स्नातक होते हैं, और फिर नौकरी के लिए लंबी कतारों में लग जाते हैं। हम अपने बच्चों के कोमल कानों में वही सब भरते रहते हैं, जो हमारे माता-पिता ने, यहाँ तक की हमारे माता-पिता पिता के माता-पिता ने हमें सिखाया था। इस तरह से हम कहीं न कहीं आज के समय के साथ खुद को अपग्रेड करने में विफल रहे हैं।

मुझे अपना छात्र जीवन याद आ रहा है। हम वो सब करने को विवश थे, जिनमें हमारी कभी कोई दिलचस्पी रही ही नहीं। लेकिन करते गए सिर्फ इसलिए ताकि हमें अगली कक्षा में पदोन्नति मिल जाय और हमारी फोल्डर में एक और प्रमाण पत्र आ जाये। यदि अपनी 10+2 तक की कक्षाओं की बात करूँ तो अधिकांश विषय जो मैंने पढ़े, वो सभी मुझे मजबूरन पढ़ने पड़े। मेरी उन विषयों में कोई दिलचस्पी नहीं रही। आज भी मैं अपनी सफलता का लेशमात्र भी श्रेय उन (नीरस और उबाऊ) विषयों को नहीं देता।

मुझे इतिहास की तारीखों और एल्गोरिथ्म के सूत्रों को रटने के लिए मजबूर किया गया, जिन्होंने मेरे जीवन में कभी कोई मदद नहीं की। मैं हमेशा सोचता था कि मैं इस तरह के ज्ञान के साथ पैसे कैसे कमा पाऊँगा? शिक्षा प्रणाली केवल नौकरी चाहने वालों को पैदा करती है, न कि उद्यमियों, स्वरोजगार या कुशल पेशेवरों को। बड़े सवाल जो हमें खुद से पूछने की जरूरत है, वे हैं–

- क्या इस तरह की शिक्षा प्रणाली वास्तव में बेरोजगारी को खत्म करने में मदद कर रही है?

- क्या यह शिक्षा प्रणाली वैश्विक आवश्यकताओं को पूरा करती है?

- क्या यह शिक्षा प्रणाली फ़ालोअर्स (अनुयायियों) के बजाय लीडर्स (नेता) पैदा करने में सक्षम है?

मुझे नहीं लगता कि हमारी शिक्षा प्रणाली की कमियों को किसी प्रमाण की ज़रूरत है। बढ़ती बेरोजगारी की मौजूदा समस्या अपने आप में पर्याप्त

> *"वर्तमान भारतीय शिक्षा प्रणाली आधुनिक माँग के लिए एक अनफिट स्वरूप है।"*

प्रमाण है। आज हमारे युवाओं के पास डिग्रियों के फोल्डर हैं, लेकिन वे वास्तविक जीवन में प्रदर्शन करने में असमर्थ हैं। यहाँ कुछ सफल लोग मुझसे असहमत हो सकते हैं क्योंकि वर्तमान व्यवस्था उनके लिए काम करती है। यहाँ तक कि मेरा भी यह मानना है कि 4-5% आबादी के लिए वर्तमान शिक्षा प्रणाली ठीक है। परंतु यहाँ एक बड़ा सवाल यह है कि सिर्फ 4-5% से क्या होगा? जरूरत तो सबके लिए या अधिक से अधिक लोगों को रोजगारोन्मुख शिक्षा व्यवस्था मुहैया कराना है।

"वर्तमान भारतीय शिक्षा प्रणाली आधुनिक माँग के लिए एक अनफिट स्वरूप है।"

तो फिर समाधान क्या है...?

संभावित व्यावहारिक समाधान

कोई भी सर्वमान्य समाधान नहीं दे सकता है, लेकिन हमें पहले खुद को सही दिशा में चलाने की आवश्यकता है।

स्मार्ट लोग दौड़ जीतेंगे। संस्थान प्रमाण पत्र बेचना बंद नहीं करेंगे। निश्चय ही पाठ्यक्रमों की संख्या बढ़ रही है, अत: उसी अनुपात में प्रमाण पत्र की टोकरी भी बड़ी होती जा रही है।

पाठ्यक्रमों की एक विस्तृत श्रृंखला के कारण आने वाले समय में छात्र और भी अधिक भ्रमित होंगे। चूँकि अधिकांश लोग वही करते हैं जो अन्य कर रहे होते हैं, इसलिए राष्ट्रीय और वैश्विक प्लेटफॉर्मों की माँग स्पष्ट नहीं होगी। चूँकि परामर्शदाता भी व्यापार के पहिये का एक हिस्सा हैं, इसलिए सही सलाह की कमी से स्थिति और खराब हो जाएगी। आखिरकार, उद्योगों की माँग बनाम पाठ्यक्रमों के बीच बेमेल कायम रहेगा।

तो फिर संभावित समाधान क्या है?

बहु-आयामी कौशल शिक्षा में बड़ा परिवर्तन करने का समय

संभव समाधानों में से एक समानांतर शिक्षा वातावरण बनाना है, जो कौशल-आधारित शिक्षा प्रणाली है। यह एक ऐसी प्रणाली है जहाँ कौशल **प्राप्त** करना सबसे महत्त्वपूर्ण है। शिक्षाविदों को ध्यान से मूल्यांकन करना चाहिए कि पाठ्यक्रम पूरा होने पर छात्र को किस तरह का **कौशल** प्राप्त होगा। कौशल विकास एक वास्तविक प्रमाण पत्र होना चाहिए, न कि काले और सफेद रंग में लिखा हुआ कागज का सिर्फ एक टुकड़ा (सर्टिफिकेट)। इसलिए किसी भी पाठ्यक्रम के मॉडल को डिजाइन करने से पहले, हमारे शिक्षाविदों को उस पाठ्यक्रम से संभावित कौशल विकास की योजना अवश्य ही बनानी चाहिए।

मेरा मतलब है कि अगर मैं अपने होटल के लिए एक शेफ की तलाश कर रहा हूँ और कोई मुझे केवल अपने प्रमाण पत्र दिखाता है तो क्या यह काम करेगा? यार! बल्कि मेरे लिए तो जो ज्यादा महत्त्वपूर्ण यह है कि वह कितना स्वादिष्ट खाना बना सकता है। प्रमाणपत्र तो उसके बाद की बात है।

सभी को प्रमाणपत्रों के बजाय किसी विशेष क्षेत्र में कौशल स्तर की जाँच करने की आवश्यकता है। हम लगभग हर बार इस चुनौती का सामना करते हैं। मेरी कंपनी में, आवश्यक कौशल के लिए हमेशा अधिक लोगों को नियुक्त करने की आवश्यकता होती है। जब भी मैं किसी ऐसे व्यक्ति का साक्षात्कार करता हूँ, पहले मैं खुद अपना दिमाग टटोलता हूँ, और खुद से पूछता हूँ कि वास्तव में हम क्या देख रहे हैं और जब उस चीज में मैं स्पष्टता हासिल कर लेता हूँ, तो फिर वही चीज साक्षात्कार के लिए आए हुए उम्मीदवारों में खोजता हूँ, न कि प्रमाण पत्रों का पिटारा।

बड़ी संख्या में नए उम्मीदवार नौकरियों और प्रमुख कौशल क्षेत्र में अपनी पसंद के बारे में बताने में असमर्थ होते हैं। वे यह बताने में असमर्थ होते हैं कि वे संगठन के लिए क्या कर सकते हैं। कभी-कभी यह मुझ पर बम की तरह गिरता है, जब मैं सोचता हूं कि 20 साल की अनवरत शिक्षा और पेशेवर डिग्री के बाद भी, हमारे युवा कोई उल्लेखनीय कौशल नहीं सीख पाए।

विश्वास कीजिए, प्रमाण पत्र आखिरी चीज होती है जिसकी तलाश किसी संगठन को होती है। प्रत्येक संगठन को विशेष कौशल के साथ मेल खाने वाले

उपयुक्त उम्मीदवारों की आवश्यकता होती है। यदि उम्मीदवार सही कौशल से लैस है, तो प्रमाण पत्र केवल औपचारिकता है।

इसमें तनिक भी संदेह नहीं की हम एक क्रिएटिव माइंड के साथ पैदा हुए हैं लेकिन हमारा एजुकेशन सिस्टम इसे रोबोट.सदृश बनाता है।

फिनलैंड की शिक्षा प्रणाली विश्व में सर्वश्रेष्ठ है। यह सभी स्ट्रीम पर समान रूप से ध्यान केंद्रित करती है।

फिनलैंड में एक बच्चे की 7 साल की उम्र से पहले शिक्षा की शुरुआत नहीं की जाती। इतनी उम्र तक बच्चा रचनात्मकता के साथ सीखने की कला जान चुका होता है। बच्चा शिक्षा के मायने और उसे दैनिक जीवन में किस तरह उपयोगी और प्रभावी बनाया जाए, उसका गुर सीख चुका होता है। परंतु हमारे देश में तो 4 साल की उम्र हुई नहीं, कि स्कूल और होमवर्क का बोझ बच्चे पर डाल दिया जाता है। उनके साफ-सुथरे दिमाग में वर्णमाला और तालिकाओं को रटने का बोझ दे दिया जाता है, ये जाने बिना ही कि उसका बाल्यपन अभी इतना कुछ सहने के लिए तैयार है भी या नहीं, उसकी सोच प्रक्रिया इसे सहजता से समझ भी पा रही है कि नहीं। एक दिन बच्चा स्कूल नहीं जाने की जिद कर दे तो माँ-बाप उसके और अपने भविष्य को लेकर चिंतित हो जाते हैं। माता-पिता के लिए बच्चों की शिक्षा का अर्थ है उनके बच्चों का उनके पड़ोसियों के बच्चे से बेहतर अंक आना और उनका महँगे से महँगे स्कूल में पढ़ना।

> **"मैं भारतीय युवाओं से जुनून और कौशल-केंद्रित बनने की अपील करता हूँ, न कि प्रमाण-पत्र केंद्रित।"**

फिनलैंड में 16 साल की उम्र में ही बच्चे 9 साल की अनिवार्य शिक्षा पूरी कर चुके होते हैं। 10वीं कक्षा में ही वहाँ के बच्चे यह निर्णय लेने की स्थिति में होते हैं कि उन्हें उच्च माध्यमिक विद्यालय का चयन करना है या फिर व्यावसायिक विषय चुनना है। माध्यमिक शिक्षा पूरी होने के बाद, 3 साल का स्नातक पाठ्यक्रम होता है, जहाँ बच्चे तय करते हैं कि वे किस स्ट्रीम को चुनना चाहते हैं। यह कभी भी प्राप्त अंकों के आधार पर नहीं होता है, परंतु यह छात्र के हित में होता है। फिनलैंड के छात्र किसी भी व्यावसायिक विषय को चुन सकते हैं और अगले 3 वर्षों में इसमें विशेषज्ञता प्राप्त कर सकते हैं। इस मामले में आपको स्नातक होने की भी आवश्यकता नहीं है। ये व्यावसायिक

डिग्री धारक इलेक्ट्रीशियन या प्लंबर भी बन सकते हैं। लेकिन सभी पेशों को सम्मान की नजर से देखा जाता है, चाहे आप डॉक्टर हो या प्लंबर।

यहाँ पर मेरा मतलब यह कतई नहीं है कि भारत को फिनलैंड के शिक्षा मॉडल की नकल करनी चाहिए। लेकिन निश्चित रूप से हमारी शिक्षा प्रणाली को आधुनिक और लचीला होना चाहिए ताकि आज की दुनिया की जरूरत पूरी हो सके। इसलिए हमें मौजूदा लाचार शिक्षा व्यवस्था की समस्या को इंगित करने के लिए कई स्तरों पर काम करने की आवश्यकता है। आइए, इन स्तरों को जानने का प्रयत्न करें।

1. **सूक्ष्म-स्तर** (Micro-level): इस स्तर पर भारत के प्रत्येक युवा से व्यक्तिगत रूप से संपर्क और परामर्श शामिल हैं। काउंसलिंग आज एक व्यक्ति के जुनून क्षेत्र और उद्योग की माँग पर आधारित होनी चाहिए। एक छात्र को अपने जुनून और आज के समय में उद्योग की आवश्यकता के आधार पर कौशल या पाठ्यक्रम का चयन करना चाहिए।

> "**यदि आपके पास कौशल है, तो आपके लिए पैसा बनाना और अपनी शर्तों पर जिंदगी जीना आसान होगा।**"

व्यक्तिगत मानसिकता को केवल कौशल-आधारित शिक्षा प्रणाली से परिचित कराना होगा और उन्हें प्रमाण पत्र आधारित शिक्षा प्रणाली को नकारना सीखना होगा। यह अत्यंत ही दुखद है कि आज के युवाओं के लिए किसी भी कोर्स को चुनने का निर्णय उनके मित्र या मित्रों के समूह या अपने माता-पिता की पसंद या शायद सामाजिक दायित्वों पर आधारित है। इस तरह, छात्र सामाजिक दायित्वों या दोस्तों के समूह से प्रभावित होते हैं और इस तरह उनके लिए सबसे महत्त्वपूर्ण उनकी अंतरात्मा की आवाज दबकर रह जाती है। वही आवाज जो उनके दिल से निकली थी, उनके भावों, उनके सपनों के गलियारों से निकली थी।

> "**मैं भारतीय युवाओं से जुनून और कौशल-केंद्रित बनने की अपील करता हूँ, न कि प्रमाण-पत्र केंद्रित।**"

हमेशा याद रखें, **"यदि आपके पास कौशल है, तो आपके पास पैसा बनाने के लिए काम होगा"**। यदि आपके पास केवल प्रमाण-पत्र हैं, तो भगवान बचाएँ, आपको नौकरियों के लिए हमेशा दूसरों पर आश्रित रहना होगा। किसी कौशल में निपुणता हासिल करना अपने घर में रहने जैसा है जहाँ आपके मन की शांति है। अब यह आपको निर्णय करना है कि आप अपने घर में रहना चाहते हैं (किसी कौशल में विशिष्टता हासिल करते हैं) या फिर किराए का घर (नौकरी के लिए दूसरों पर निर्भरता) तलाशना चाहते हैं, जहाँ दूसरे के नियम और कानून का पालन करना आपकी मजबूरी होगी। इसके अलावा, आपको हमेशा अपने सिर पर एक तलवार लटकती हुई दिखाई देगी की आपको कभी भी घर खाली करने के लिए कहा जा सकता है या उच्च किराए का भुगतान करने के लिए अप्रत्याशित नोटिस मिल सकता है।

नौकरी पाने के लिए किसी भी सरकारी या निजी प्रतिष्ठान की तरफ मत देखिए। किसी भी तरह का कोर्स शुरू करने से पहले, 360 डिग्री के कोण से सोचें। विश्लेषण करें कि आप इस कोर्स के पूरा होने के बाद क्या कौशल हासिल करने जा रहे हैं। हमेशा इस बात का विश्लेषण करते रहें कि क्या किसी विशेष कौशल को बाजार में उतार कर भुनाया जा सकता है? क्या मैं इस कौशल के साथ प्रत्यक्ष या अप्रत्यक्ष रूप से बाजार में पैसा बना सकता हूँ? और अगर जवाब 'हाँ' में है तो ही इसे सीखने की पहल करें।

2. **वृहत् स्तर (Macro-level):** यहाँ हमारी सरकार और शिक्षाविदों को भारत में संपूर्ण शिक्षा पद्धति की पुन: योजना बनाने की आवश्यकता है। उन्हें यह सब हर राजनीतिक और व्यापारिक ताकत को पीछे छोड़ कर करना होगा। उनका मिशन भारत की शिक्षा प्रणाली को दुनिया की सबसे अच्छी शिक्षा प्रणाली बनाना होना चाहिए। एक ऐसी शिक्षा प्रणाली जो कौशल-आधारित और भविष्य-उन्मुख हो। एक ऐसी शिक्षा व्यवस्था जो सभी राजनयिक दबावों से मुक्त हो। एक ऐसी स्वचालित शिक्षा पद्धति जो राजनीतिक और व्यावसायिक ताकतों से पूरी तरह से मुक्त हो।

परामर्श और मार्गदर्शन भारत में सबसे अधिक उपेक्षित है। भारतीय जनसंख्या के तेज विकास ने प्राथमिक और कौशल-आधारित शिक्षा के बजाय उच्च और तकनीकी शिक्षा पर बेवजह जोर दिया है। आश्चर्यजनक रूप से हमारे नीति निर्धारक भी मार्गदर्शन और परामर्श के महत्त्व को समझ नहीं पाते हैं, या उसे पूरी तरह से अनदेखा कर देते हैं। "आप अपने आपको भाग्यशाली समझ सकते हैं यदि कंपनी ने आपको महत्त्वपूर्ण स्थान दिया हुआ है, लेकिन यह स्थान कब किसी और को मिल जाये और आप पीछे रह जाएं, इसका आप पूर्वानुमान नहीं लगा सकते।" इसलिए एक तरफ, हमारी पूरी शिक्षा प्रणाली को पुनर्जीवित करने की नितांत आवश्यकता है और दूसरी तरफ हमारे नीति-निर्माताओं को मार्गदर्शन और परामर्श की एक समानांतर पूर्ण प्रणाली स्थापित करने की आवश्यकता है।

नौकरी अंत में, स्व-रोजगार पहले

आजकल के छात्रों को इस मानसिकता को बढ़ाने की जरूरत है। नौकरी न मिलने पर आत्महत्या या फिर किसी तरह का आत्मघाती कदम इस बात का द्योतक है, कि हमारी युवा पीढ़ी अभी तक नौकरी की नासमझी से अपने को निकाल नहीं पाई है। वह दौर चला गया जब युवाओं को किसी भी नौकरी पर फ़ोकस कर के अध्ययन करने या सीखने की आवश्यकता होती थी। दुनिया आज खुली है और आपको अपने स्वयं के स्टार्टअप स्थापित करने के लिए बुला रही है। इसलिए, नौकरी अंत में, स्व-रोजगार पहले। बड़ा सोचो, बेहतर भविष्य के बारे में सोचो।

"आप अपने आपको भाग्यशाली समझ सकते हैं, अगर आपको आपकी कंपनी से प्यार मिल रहा है। लेकिन यह आप शायद समझ भी नहीं पायेंगे कि कब आपके बजाय कोई और आपकी कंपनी का पसंदीदा व्यक्ति बन गया है। इसलिए खुश रहिए, लेकिन सावधान रहिए।"

और इन सबसे भी ऊपर जो चीज है वो है बड़ी से बड़ी कंपनियों का रातों-रात दिवालिया हो जाना। हालिया उदाहरण जेट एयरवेज (*Jet Airways*) है। इसके बंद होने से एक दिन में इसके 25, 000 से अधिक कर्मचारी

बेरोजगार हो गए। वे अब क्या करेंगे? उनके परिवारों की देखभाल कौन करेगा? *Yes Bank* की भी हालत कुछ ऐसी ही है। ऐसे में उस बैंक में अपनी मोटी रकम रखने वाले उनके खाताधारकों की क्या दुर्दशा हो रही होगी, उसका अनुमान आप सहज ही लगा सकते हैं। खाताधारक तो आज नहीं तो कल अपना पैसा निकाल लेंगे, लेकिन यस बैंक की नौकरी करने वाले और उन पर आश्रित परिवारों का क्या होगा?

आज के बदलते आर्थिक परिदृश्य और प्रतिस्पर्धात्मक समय में, बड़ी-बड़ी कंपनियाँ रातों-रात दिवालिया हो रही हैं।

हमारे युवाओं को जेट एयरवेज और ऐसे ही बड़े उपक्रमों की डूबी नइया से कुछ सीखना चाहिए। हमारे युवाओं को हमेशा इस बात का भान होना चाहिए कि कर्मचारी को ही किसी कंपनी में सबसे अधिक भुगतना पड़ता है, कंपनी की माली हालत का दंश झेलना पड़ता है। सालों तक सब कुछ भूल कर, अपने स्वास्थ्य को दाव पर रखकर कर्मचारी सिर्फ नौकरी ही करते हैं। और फिर एक दिन सुबह-सुबह इनको पता चलता है कि कल से नहीं आना है।

यदि आप इस धरती के सबसे सफल लोगों को देखें, तो आपको एक बात सामान्य लगेगी। उनमें से ज्यादातर अपने मालिक खुद रहे हैं। आपको शायद ही कभी कोई उदाहरण मिलेगा जहाँ एक नौकरीपेशा ने वैश्विक मान्यता प्राप्त की हो। स्व-निर्मित लोग ही प्राय: उस मुकाम को हासिल कर पाते हैं।

यहाँ पर मैं एक और मिथक को झुठलाना चाहूँगा और वह मिथक है कि आपको स्व-नियोजित होने के लिए बहुत सारे पैसों की आवश्यकता है। फोर्ब्स के एक सर्वेक्षण के अनुसार, दुनिया के अरबपतियों में से 67% ऐसे स्व निर्मित लोग हैं जिन्होंने शून्य से शुरू किया था।

इससे यह मिथक मिथ्या साबित होता है कि आपको स्वरोजगार के लिए मोटी रकम की आवश्यकता होती है। सत्य तो यह है कि इसके लिए शायद आपको एक डिग्री हासिल करने जितना पैसा भी न लगे।

17 साल की उम्र में, जब अधिकांश बच्चों को यह पता नहीं होता है कि उन्हें जीवन में क्या करना है, तब उन्होंने उद्यमी बनने के अपने सपने के लिए कॉलेज जाना छोड़ दिया। और जनवरी, 2013 में ओयो रूम्स के नाम से एक बहु-राष्ट्रीय फर्म का गठन किया। उन्हें रितेश अग्रवाल के नाम से जाना जाता

है। इनकी कुल संपत्ति 2,600 करोड़ है। 24 साल की उम्र में वे भारत के सबसे कम उम्र के उद्यमियों में से एक बन गए।

16 साल की उम्र में, जब ज्यादातर बच्चों को पता नहीं होता है कि उन्हें जीवन में क्या करना है, फराह एसिडवाला (Farah Acidwalla) ने अपने पिता से डोमेन नाम खरीदने के लिए 500 रुपये उधार लेकर अपने उद्यमी जीवन की शुरुआत की और फिर मॉडलिंग करने के लिए विशेष रूप से समर्पित एक वेब सोसाइटी का निर्माण शुरू किया। वेबसाइट के चल जाने के बाद, उन्होंने उस (वेब) सोसाइटी को एक उच्च कीमत पर बेच दिया। आज वे रॉकस्टा मीडिया नामक वेब विकास, विपणन, विज्ञापन और ब्रांडिंग कंपनी के सीईओ हैं। महज एक वर्ष पुरानी इस कंपनी की आज दुनियाभर में डेवलपर्स, विपणक और डिजाइनरों की टीम है।

विजय शेखर शर्मा एक अन्य भारतीय उद्यमी और पेटीएम के संस्थापक हैं। शर्मा का जन्म अलीगढ़, यू.पी. के एक मामूली परिवार में हुआ था। पेटीएम का मौजूदा मूल्य बाजार में 2.6 बिलियन डॉलर से भी अधिक है। विजय शेखर ने ऐसा भी वक्त देखा है जब उनके पास 10 रु. की मामूली रकम से दो वक्त की रोटी का इंतजाम करने की चुनौती हुआ करती थी।

YourStory की संस्थापक श्रद्धा शर्मा अपने जैसे उद्यमियों की कहानी पूरी दुनिया को बताना चाहती थीं। उनके दिमाग की उपज हकीकत में बदल गई। YourStory के पास अब 72,000 से भी अधिक लेख हैं और यह आज भारत में स्टार्टअप्स के लिए सबसे प्रभावशाली मंच है। इस ऑनलाइन स्रोत पर हर महीने 1 करोड़ पाठक (online) आते हैं।

अजहर इकबाल ने अपने कॉलेज के चौथे वर्ष (सातवें सेमेस्टर) में पढ़ाई छोड़ दी थी। उन्होंने समाचार को शॉर्ट्स में पेश करने के लिए एक एप बनाई। यह एप न्यूज में रुचि रखने वाले उन सभी लोगों के लिए थी जो कि किसी न किसी वजह से पूरे विस्तार से न्यूज नहीं देख पाते हैं। यह एप बड़ी से बड़ी खबर महज 60 शब्दों में पेश कर देती है। क्या आपके पास 1 मिनट का समय है? यदि हाँ, तो आप भी इस अद्भुत एप के साथ महज चंद मिनट खर्च करके पूरे विश्व की प्रमुख घटनाओं से अवगत हो सकते हैं। इसकी शुरुआत एक फेसबुक पेज से हुई थी, लेकिन आज यह एप इतनी अधिक मशहूर हो गई है

कि कुछ ही दिन पहले इसको 25 करोड़ की फंडिंग हुई है।

एक अनुक्रमिक व्यावसायिक व्यक्ति, संदीप अग्रवाल ड्रूम में लेखक और सीईओ हैं, जो वाहनों की खरीद लिए एक ऑनलाइन वाणिज्यिक केंद्र है- चाहे वह ऑटो, साइकिल, बाइक, हो या फिर सुपरबाइक, सुपरकार, विंटेज वाहन, विंटेज बाइक, बाइक आदि। अप्रैल 2014 में स्थापित यह प्रतिष्ठान पूरी तरह से मूल्य-आधारित है।

यहाँ पर वाहन देखभाल, ऑटो मूल्यांकन, सड़क के किनारे मदद, गारंटी, और तीसरे पक्ष के विक्रेताओं द्वारा सूचीबद्ध संरक्षण सहित काफी सेवाएँ प्रदान की जाती हैं। ये shopclues.com के सह-संस्थापक भी हैं–भारत का मूल रूप से प्रबंधित बाजार।

14 और 12 वर्ष की छोटी उम्र में, शायद ही किसी बच्चे के दिमाग में कुछ शुरुआत करने की सोच आती है। परंतु, श्रवण कुमारन और संजय कुमारन ने लीक से हटकर सोचा और इस छोटी-सी उम्र में ही वे दोनों उद्यमी बन गए। ये तकनीक-निपुण बच्चे गो डाइमेंशन के संस्थापक हैं।

ऐसे कई उदाहरण हैं जहाँ युवा और उत्साही दिमाग ने अपने अभिनव और उद्यमिता कौशल की मिसाल पूरी दुनिया में स्थापित की हो। अपने जुनून से उन्होंने एक ऐसी चीज विकसित की, जो बाजार की जरूरतों के अनुरूप है।

यहाँ पर यह समझना आवश्यक है कि वे जादू की छड़ी के साथ पैदा होने वाले कोई सुपरमैन नहीं हैं। यहाँ तक कि आप भी उतने ही सक्षम हैं जितना की वे हैं। अगर वे अपने सीमित साधन से असाधारण कार्य कर सकते हैं, तो आप भी कर सकते हैं।

तो आप स्व-निर्मित सफल लोगों की सूची में अपना नाम कब जोड़ने जा रहे हैं? यह आपका समय है, या तो आप इसे एनकैश करें, नहीं तो दूसरे के खाते में जुड़ने के लिए तैयार रहें। चुनना आपको है। आपके पास मौका है। या तो आप इस मौके का अपने लिए फायदा उठा सकते हैं या फिर किसी और व्यक्ति के सपने को साकार करने के मिशन में शामिल हो सकते हैं।

❑❑❑

अध्याय 2

कर्मचारी/आत्म-निर्भर होने के दौरान मैं कमाई कैसे कर सकता हूँ?

सबसे पहला कदम होता है जीवन में सफलता के सूत्र को समझना। सीधे शब्दों में, सफलता का सूत्र एक खाका है जिसे पहले ही आजमाया जा चुका है। आपको केवल 5 फॉर्मूले का पालन करने की आवश्यकता है। हम अगले अध्याय में '5 गोल्डन सक्सेस फॉर्मूले' के बारे में विस्तार से जानेंगे। लेकिन इससे पहले, हमें इस कारण को समझने की आवश्यकता है कि हमें सफलता के सूत्रों का पालन करने की आवश्यकता आखिर क्यों है।

आपको सफलता के सूत्र का पालन करने की आवश्यकता क्यों है?

कारण 1–मान लीजिएए आप अपने कमरे के लाइट का स्विच ऑन करना चाहते हैं। तो क्या आप अपना दिमाग बिजली के आविष्कार के क्रम में थॉमस एडिसन को मिली 10,000 चुनौतियों में लगाना चाहेंगे? कितनी कोशिशें उन्होंने की होंगी, कितनी बार असफल रहे होंगे, कितनी बार उनका मन टूटा होगा, कितनी बार वो निराश और मायूस हुए होंगे, वगैरह-वगैरह। या फिर अपनी उँगली को स्विच पर रखेंगे और कमरे को प्रकाशित करेंगे। कुछ इसी तरह

आपको भी अपना भविष्य बेहतर से बेहतर बनाने के लिए सफलता के फॉर्मूले का अनुसरण करना होगा।

> *"नौकरी पाने के लिए ही अपनी सारी ऊर्जा न लगाएं। बल्कि, किसी खास क्षेत्र में अपने कौशल का वर्चस्व कायम करें।"*

कारण 2–यह एक प्रमाणिक फॉर्मूला है जिसका अनुसरण बहुत सारे लोग करते हैं। इसमें सभी संभावित चुनौतियों को ध्यान में रखा गया है और साथ ही उसको समझने और उसका अनुसरण करने के तरीकों का भी वर्णन है। और इन सबके चलते इसमें विफलता की संभावना लगभग ना के बराबर है। आप भी इस फॉर्मूले का पालन करें तो आप भी अपनी जीत के प्रति आश्वस्त हो सकते हैं।

कारण 3–यह आपका बहुत समय बचाता है। आपको प्रयोग करने, उन प्रयोगों से कुछ सीखने, फिर प्रयोग करने, फिर उससे कुछ सीखने या प्रयास छोड़ देने के चक्र में नहीं फँसना। यदि आप परखे हुए फॉर्मूले का अच्छी तरह से अनुसरण करते हैं तो आप समय पूर्व ही अपनी मंजिल पा लेंगे, जबकि प्रयोगात्मक राह चुनने पर, शायद ही आप समय से मंजिल पा सकेंगे। हो सकता है सफलता आपको मिले ही ना। सफलता के लिए सफलता के फॉर्मूला का अनुसरण करने (गूगल जी.पी.एस.) जैसा है, ये आपको भटकने नहीं देगा, आपको निश्चित रूप से नियत समय पर आपको अपनी मंजिल से मिला देगा।

अब, यहाँ सवाल यह उठता है कि अपने सपनों को पूरा करने का सबसे तेज और पक्का तरीका क्या है? यह रोजगार की अनिश्चितताओं से पूरी तरह मुक्त है।

नौकरी पाने पर ध्यान केंद्रित न करें, प्रतिभाशाली होने पर ध्यान केंद्रित करें। अत्याधुनिक कौशल में प्रतिभाशाली होने के लिए ध्यान केंद्रित करें, अपनी पसंद का कौशल, वह कौशल जो आपके शौक और जुनून के साथ एकरूपता में है, उसमें महारत हासिल करें। ऐसे में आप कितनी भी मेहनत कर लें, आपको कभी थकान महसूस नहीं होगी। क्योंकि आपने अपने काम को जुनून में बदल दिया है, न कि रोजगार को, जिसे हम 'समझौता' भी कहते हैं।

जो आपका जुनून है, उसे तलाशने का प्रयास करें, आत्म-निरीक्षण करें। उस गतिविधि को याद करें, जो आपके अंदर समय, भोजन आदि की संवेदनशीलता खत्म कर देती है। आपको परम आनंद की अनुभूति प्रदान करती है। इसलिए आपको अपने ज्ञान की बदौलत उस कौशल को तलाशना है जो आपके और आपके काम को बिल्कुल एक कर दे। एक दूसरे में लिप्त कर दे। "नौकरी पाना लक्ष्य न रखें, किसी खास तरह के कौशल में अपनी महारत सिद्ध करें। इसमें अपनी प्रतिभा का लोहा मनवाएँ।"

यहाँ कुछ तरीके दिए गए हैं जो आपको अपने जुनून या छिपी प्रतिभा को पहचानने में मदद कर सकते हैं।

1. जब आप छोटे थे तो आपको सबसे अधिक आनंद कौन सी गतिविधि से आता था?

आराम से बैठिए, और रिलेक्स होकर अपनी बचपन की रील घुमाइए, उसे देखिए, उसे पहचानिए, शायद आपने ढूँढ लिया। आप रोमांचित हो उठे हैं। बस उसी जुनून को जॉब बनाना है, बस।

जब मैं छोटा था तो मुझे नई-नई चीजों को सीखने का बड़ा ही जुनून था। और इस चक्कर में, मुझे याद है, अपने माता-पिता के बेशकीमती सामान को भी क्षति पहुँचाया है। मुझे अपने घर और आस-पास पड़े गैजेट को खोलने और फिर उसे जोड़कर उसे ठीक करने का नशा सा था।

धीरे-धीरे मैं उन उपकरणों को ठीक करना सीख लिया। अब घरेलू उपकरणों के काम न करने पर मुझे झट से मैकेनिक बुलाने की आवश्यकता नहीं होती थी। बल्कि मैं उसे खुद ही पूरी तरह से ठीक करने में लग जाता। मुझे अभी भी याद है, जब भी मैं किसी बिगड़ चुकी मशीनरी को ठीक करने में लग जाता था, तो पूरा का पूरा एक घंटा भी पलक झपकते ही बीत जाता था। मुझे नई-नई कौशल सीखने में बड़ा मजा आता। और इसी तरह स्किल इंडिया अस्तित्व में आया।

इसी तरह से आप जब भी अपनी बचपन की यादों को ताजा करें तो याद करने की कोशिश करें कि एक वयस्क के रूप में आज भी ऐसी कौन सी गतिविधियाँ आपको काफी रोमांचित करती हैं। आप अभी भी अत्यधिक

प्रतिस्पर्धी हो सकते हैं, लेकिन अब आप अपने स्टार्ट-अप के लिए नए व्यवसाय में जीत दर्ज करने के लिए प्रतिस्पर्धा करें। आप अभी भी जटिल, रणनीतिक परियोजनाओं से प्यार कर सकते हैं, लेकिन अब आप इसे एक अंतर्राष्ट्रीय परामर्श फर्म के लिए करें। हम कुछ विकल्प क्यों बनाते हैं और कुछ गतिविधियाँ हमें आनंदित क्यों करती है? हम दूसरों की तुलना में कुछ चीजों में बेहतर क्यों हैं? यदि आपने स्ट्रैट्सफाइंडर 2.0 का विश्लेषण किया है, तो आप जानते हैं कि "टैलेंट थीम" (गैलप की शब्दावली) विचार, भावना या व्यवहार का एक स्वाभाविक पैटर्न है जिसे कुछ प्रयासों के द्वारा प्रभावकारी बनाया जा सकता है।

आपके अंदर छुपी किसी खास तरह की प्रतिभा की समझ आपको इन प्रश्नों का उत्तर दे सकता है। आपके अंदर छुपी यही प्रतिभा आपके किसी तरह की पसंद, किसी गतिविधि में आपको दूसरों के मुकाबले बेहतर बनाता है। वास्तव में, 33 मिलियन (1 मिलियन =10 लाख) संभावनाओं में मात्र 1 संभावना यह है कि आपकी टैलेंट थीम किसी अन्य के बिल्कुल समान होगी। इसलिए आपको इस बात को समझने की आवश्यकता है कि जिन चीजों ने आपको विद्यालय में रोमांचित किया था वही सब चीजें आपको अभी तक रोमांचित कर रही होंगी। आप अभी तक उन्हीं टैलेंट थीम का उपयोग कर रहे हैं–प्रतिस्पर्धात्मक और रणनीतिक–अलग-अलग वातावरणों में।

वे कौन से कार्य हैं जिसे करने से आप अपने 20, 30 साल की अवस्था जितनी खुशी पाते हैं? अगर आप उस काम को रोज कर सकते हैं, तो निर्णय लेने में देरी न करें। उसी काम में आगे बढ़ना अपने जीवन का लक्ष्य बनाएँ, यदि नहीं तो फिर उन संभावनाओं की तलाश शुरू कर दें। याद रहे, यदि आप स्कूल वाली उत्साह से किसी काम को करेंगे, तो आपको काम करने जैसा बोझ महसूस होगा ही नहीं। ग्रेड स्कूल के गलियारों की यादें, बहुत ही दमदार कहानियाँ होती हैं जो आपको आपके अंदर छुपी प्रतिभा से रू-ब-रू कराती है।

2. आपको घड़ी पर नजर रखने की जरूरत नहीं होती।

जरा इसकी कल्पना कीजिए: शनिवार सुबह नौ बजे का समय। यह समय बिल्कुल आपका। कोई टी.पी.एस. रिपोर्ट कवर शीट नहीं, फुटबॉल या कारपूल नहीं।

किसी तरह, आपके पास कुछ घंटों की आज़ादी है। आप एक पसंदीदा गतिविधि शुरू करते हैं जैसे गिटार बजाना, बागवानी करना या कोई नोवल लिखना। यह कोई आपको व्यक्तिगत पसंदीदा प्रोजेक्ट का कोडिंग पायथन हो सकता है जिसे आप कुछ ही महीने पहले शुरू किए हों। यह गतिविधि, आप जब भी इसे करेंगे, आपको किरन पुँज की तरह खींचेगा। आपके मन, शरीर और अंतर्ज्ञान सही समरूपता में काम करना शुरू कर देंगे।

आप इन गतिविधियों में कुछ इस तरह रम जाते हैं कि आप समय का ध्यान ही नहीं रख पाते। दोपहर के 12.30 बज चुके हैं, और लंच करने का खयाल तक आपके मन में अभी तक नहीं आया है। यदि यह काम आपके शनिवार सुबह के साइड प्रोजेक्ट जितना ही आनंदायक हो तो? क्या इस तरह के जादुई क्षण को कैद किया जा सकता है? क्या अधिक से अधिक पलों को जादुई बनाया जा सकता है? यदि आप किसी गतिविधि में इस तरह तल्लीन हो जाते हैं कि आपको समय का खयाल ही नहीं रहता, तो समझ लीजिए आप तन्मयता के किसी खास लक्षण को जीवंत कर रहे हैं।

और, यदि आप किसी परियोजना पर किसी भी तरह की तल्लीनता, या भावनात्मक जुड़ाव का अनुभव कर रहे हैं, तो आप निश्चय ही अपनी एक या उससे भी अधिक सहज और स्वाभाविक प्रतिभाओं का उपयोग कर रहे हैं।

3. आपके अंदर किस तरह की चीजें करने का जुनून है?

अभी आपके अंतर्मन में किस तरह की इच्छाएँ बलवती हो रही हैं? यकीन मानिए, आपके जीवन के लक्ष्य को पूरा करने के लिए, अभी से अधिक उपयुक्त समय कभी नहीं हो पाएगा।

इसलिए अपने अंदर के जुनून को पहचानिए। क्या आपको लिखना पसंद है?

बहुत अच्छा! एक ब्लॉग शुरू कीजिए। क्या आप क्रोशिया बहुत अच्छा चला सकते हैं? बहुत खूब। कुछ स्कार्फ बनाएँ और उन्हें ऑनलाइन बेचें। क्या नए लोगों से मिलने और जुड़ने के बारे में सोचने मात्र से आपको खुशी की अनुभूति होती है? उत्तम! किसी ऐसे काम की तरफ ध्यान देना शुरू करें जिसमें लोगों से मिलने जुलने का मौका मिले। एक आदर्श दुनिया में, हर किसी को हर दिन काम में अपनी प्रतिभा का भरपूर उपयोग करने का अवसर मिलेगा।

दुर्भाग्य से, ज्यादातर लोग इस दिशा में सोचते ही नहीं हैं।

जरा सोचिए: चील या गिद्ध एक दिन में 75 से 125 मील के बीच उड़ सकता है। जंगली हाथी एक दिन में 50 मील तक घूम सकते हैं।

यदि वह चील या हाथी पिंजरे में बंद है, तो वे जीने के लिए नहीं बने हैं। वे फँस गए हैं, दम घुट गया है, फँस गए हैं। इसी तरह, लाखों श्रमिक वे नहीं कर पा रहे हैं जो उन्हें दैनिक जीवन में करने के लिए बनाया गया था। आप क्या करने के लिए तरस रहे हैं? यदि आप अपने आपको ऐसी जगह पर पाते हैं जहाँ आप अपनी क्षमताओं का उपयोग नहीं कर पा रहे हैं, तो यह एहसास दर्दनाक और दमघोंटू हो सकता है।

शुक्र है, जीवन एक यात्रा है, न कि एक अलग दिन। स्कूल के दिनों में महसूस किए गए कुछ आनंद को पुन: प्राप्त करने के लिए कम से कम एक छोटा सा तरीका खोजें।

किसी शनिवार की सुबह अपने पसंदीदा गतिविधि में इस कदर खो जाएँ कि आपको समय का बिल्कुल भी ध्यान ही न रहे। आप जिन चीजों को करने के लिए उतावले हो रहे हैं, उसे अविलम्ब करना शुरू कर दें। **यहाँ मैं सफलता के उन 5 सुनहरे नियमों को साझा** करने जा रहा हूँ, जिन्हें आप जीवन की सबसे महत्वाकांक्षी सपनों को पूरा करने के लिए उपयोग में ला सकते हैं, जिसके लिए आप पूरी तरह से सक्षम हैं।

❑❑❑

अध्याय 3

सफलता के पाँच गोल्डन फॉर्मूले

सफलता का सूत्र 1

उपलब्धि प्रक्रिया को समझें

उपलब्धि प्रक्रिया क्या है?

वास्तव में उपलब्धि प्रक्रिया के चार घटक हैं:

1. लक्ष्य,

2. योजना,

3. समयरेखा, और

4. कार्य

लक्ष्य

जब एक नाविक समुद्र के गहरे पानी को काटता है, उसका गंतव्य हमेशा उसके दिमाग में होता है। यदि नाविक इस गंतव्य पर पहुँचने से चूक जाता है, तो उसे महीनों तक समुद्र में उच्च ज्वार से जूझना पड़ सकता है और महीनों तक थपेड़े खाते-खाते वह एक अलग द्वीप पर उतर सकता है। इसी तरह, आपको भी अपना लक्ष्य स्पष्ट दिखना चाहिए, ताकि समय के थपेड़ों से आपको जूझना ना पड़े। जब आपका लक्ष्य स्पष्ट होगा, तो आप अपने मौजूदा कौशल को बेहतर से बेहतर बनाने के लिए नए-नए कौशल सीखेंगे। समय के विपरीत

धारा, आपकी नाव को भटका नहीं पाएगी, और आप अपने लक्ष्य को सुगमता से हासिल कर पाएंगे।

हालाँकि, कुछ सवाल हैं जो आपको पहले खुद से पूछने चाहिएँ:

- आप इस कौशल के साथ क्या हासिल करने जा रहे हैं?

- क्या यह सीख वास्तव में प्रभावकारी, गुणकारी, और भविष्य को बेहतर करने वाली है? क्या बाजार को इसकी जरूरत है?

- आप बाजार को किस हद तक प्रभावित कर पाएँगे?

- क्या यह ग्लोबल ट्रेंड के अनुकूल है? यदि हाँ, तो क्या इस तरह के कौशल में दीर्घकालिक स्थिरता होगी?

क्या यह एक चिरस्थायी खुशी होगी? इसलिए, सफल होने के लिए सबसे जरूरी चीज है लक्ष्य का होना। हम सभी सफलता चाहते हैं और हम जानते हैं कि कुछ भी कभी आसान नहीं होता है। सफलता पाने के लिए, हम अनुमान, प्रयोग पर अपना ज्यादा समय व्यतीत करते दिखते हैं।

इसलिए, हमें सबसे पहले अपने लक्ष्यों को परिभाषित करने की आवश्यकता है। एक बार यह पूरा हो जाने के बाद, यह सोचने का समय है कि उन्हें कैसे पूरा किया जाए। उपरोक्त सवालों का संतोषजनक उत्तर पाने के बाद, आप अब अगला कदम उठाने के लिए तैयार हैं।

योजना

"बिना लक्ष्य और उन तक पहुँचने की योजना के बिना, आप एक ऐसे जहाज की तरह हैं, जिसने बिना किसी गंतव्य के चलना शुरू कर दिया है।"

–Fitzhugh Dodson

योजना कुछ और नहीं बल्कि वाहन और मार्ग है जिसे आप अपने इच्छित लक्ष्य तक पहुँचने के लिए चुनेंगे। यह कहना स्वाभाविक है कि यदि कोई व्यक्ति योजना बनाने में विफल रहता है तो वह व्यक्ति असल में विफल होने की योजना बनाता है। लक्ष्य प्राप्त करने के लिए खुद को प्रोत्साहित करने के

लिए उचित योजना की बहुत आवश्यकता है। इसके साथ-साथ योजना एक बड़े लक्ष्य को छोटे-छोटे लक्ष्यों में विभाजित करने और उनको प्राप्त करने में भी मदद करती है।

इसलिए कौशल या शिक्षा या कुछ भी सीखने के लिए छोटे-छोटे लक्ष्यों को अलंकृत करना हमेशा महत्त्वपूर्ण होता है। दूसरे शब्दों में, आप अपने दीर्घकालिक लक्ष्यों को टुकड़ों में विभाजित कर लें, उदाहरण के लिए मासिक, साप्ताहिक या दैनिक। यह इस बात का मूल्यांकन करने में आपकी मदद करेगा कि क्या आप अपने बड़े सपने को प्राप्त करने की दिशा में सही रास्ते पर हैं।

यदि आप किसी दैनिक या साप्ताहिक लक्ष्य से चूक जाते हैं, तो हमेशा प्लान बी के साथ तैयार रहें। यहाँ, सबसे अच्छा तरीका यह होगा कि आप परियोजना प्रबंधक (प्रोजेक्ट मैनेजर) की तरह सोचें। एक परियोजना प्रबंधक हमेशा टीम को दैनिक और साप्ताहिक लक्ष्य प्रदान करता है, जो बड़े लक्ष्य को प्राप्त करने की दिशा में सीढ़ी के रूप में कार्य करते हैं। अपने दिमाग को बड़ा सपना देखने के लिए प्रशिक्षित करें क्योंकि इस तरह आप खुद को अपनी सीमा से आगे ले जा सकेंगे। जितना अधिक आप अपने आपको अपने आराम क्षेत्र से दूर कर लेते हैं, उतना ही अधिक आप आनंददायक क्षितिज के लिए रवाना हो सकते हैं।

केवल प्रमाण पत्र इकट्ठा करना और दुनिया से जॉब की उम्मीद करना पैसे माँगने जैसा है। याद रखिए, जब तक आप अपने आपको भरोसेमंद साबित नहीं कर देते, तब तक आपको पैसे मिलने से रहे—चाहे आप जॉब में हों, या आपका स्टार्ट अप बिजनेस हो। इसलिए, आपकी सफलता के लिए योजना बनाना हमेशा महत्त्वपूर्ण है, किंतु ध्यान रहे कि योजना लक्ष्य केंद्रित हो। प्राय: लोगों की योजना उनके लक्ष्य के अनुरूप नहीं होती। या, उस योजना में इतने अधिक भटकाव होते हैं, जिससे कि लक्ष्य की प्राप्ति में अत्यंत ही अधिक समय लग जाता है। उदाहरण के लिए, कोई व्यक्ति एक-दो साल नहीं बल्कि पाँच साल में बड़ा घर खरीदने की योजना बनाता है।

लेकिन, जैसे ही पड़ोसी नई सिडान गाड़ी खरीदकर लाता है तो यह व्यक्ति तुरंत उस पड़ोसी से बड़ी गाड़ी लाने की होड़ में लग जाता है। इस प्रकार यदि लक्ष्य से भटकाव इतना ही आसान है, तो आपके लक्ष्य प्राप्ति की संभावना तब

तक हसीन सपने की तरह ही बनी रहती है जब तक कि आप बहुत अधिक भाग्यशाली न हों। अपने लक्ष्य निर्धारण के बिना ही कार्य करना कुछ ऐसा ही है जैसा कि आप मुम्बई जाना चाह रहे हों, किंतु आपके पास टिकट वाराणसी की हो।

इसलिए किसी भी कौशल-आधारित पाठ्यक्रम या शैक्षणिक डिग्री का चयन करने से पहले, अपने आप से कुछ प्रश्न पूछें:

1. मेरा सपना क्या है?

2. मेरा जुनून क्या है?

3. क्या यह कोर्स मेरे सपनों और जुनून के अनुरूप है?

अधिकांश समय, हम जो लक्ष्य निर्धारित करते हैं, वे वास्तव में वही नहीं होते हैं जो हम चाहते हैं, वे लक्ष्य हमारे अपने नहीं होते हैं।

आमतौर पर हम पढ़ने के लिए वह कोर्स करने लग जाते हैं, जो कोर्स हमारे पिता के मित्र का बेटा कर रहा होता है। यह हमें चूहे की दौड़ का हिस्सा बनाता है और हम आमतौर पर अपना पूरा जीवन दूसरे के सपनों को पूरा करने में लगा देते हैं। यदि आपको किसी दूसरे का लक्ष्य पूरा करने के लिए चुना जाता है तो साफ-साफ 'ना' कह दीजिए।

ध्यान रहे, आप हर पहलू में अद्वितीय हैं और इसलिए किसी दूसरे को यह हक नहीं है कि वो आपको आपका लक्ष्य बताए।

इसलिए, उन परिस्थितियों से बचना महत्त्वपूर्ण है जिनमें आप किसी भी कोर्स के लिए चयन के लिए मजबूर हो जाते है यथा:

1. मित्र मंडली का प्रभाव

2. माता-पिता की पसंद

3. समाज का प्रभाव

4. उद्योग की माँग।

योजना का अगला महत्त्वपूर्ण घटक है, हमेशा अपने अगले कदम की **योजना, पहला कदम** उठाने से पहले ही बना लेना। अपने अगले कदम की

कार्ययोजना अच्छी तरह से बनाना सीखें। इसलिए किसी भी कोर्स में प्रवेश लेने से पहले अपने आप से पूछें, "इस कोर्स के बाद मेरा अगला कदम क्या होने वाला है?"

इस कोर्स को सीखने के लिए आपको कितने रुपए खर्च करने होंगे, और सीखने के बाद आपकी कितने की नौकरी लगेगी/आपके आय में कितनी वृद्धि होगी? अर्थात्:

1. नौकरी/आयवृद्धि

2. कैरियर में लाभ

1. नौकरी/आयवृद्धि

आप अपने प्रशिक्षक से पूछें, "इस कोर्स की समाप्ति के बाद मेरे नौकरी पाने या आय वृद्धि की कितनी संभावना है? इस प्रश्न को ना तो खुद नजरअंदाज करें और ना ही अपने प्रशिक्षक को इस प्रश्न को नजरअंदाज करने की अनुमति दें।"

ऐसा मैं इसलिए कह रहा हूँ क्योंकि बहुत से प्रशिक्षक इस प्रश्न को यह कह कर नकार देते हैं कि "पैसों के बारे में मत सोचो, पहले अपनी पढ़ाई पर ध्यान लगाओ, कोर्स के बारे में सोचो। इसे लागत और लाभ के संदर्भ में मत देखो।"

क्या आप जानते हैं कि वे ऐसा क्यों कहते हैं? क्योंकि वे स्वयं भी नहीं जानते हैं। इसलिए अगर आप इतिहास की पढ़ाई कर रहे हैं तो अपने प्रशिक्षकों से पूछें, "इतिहास विषय मुझे पैसा बनाने में कैसे मदद करेगा?" अगर आप खाना बनाना सीख रहे हैं, तो खाना बनाने से मुझे पैसे कमाने में कैसे मदद मिल सकेगी? यह न केवल यह सुनिश्चित करेगा कि आप सही रास्ते पर हैं बल्कि आपको अपने लक्ष्य के बारे में अधिक स्पष्टता भी प्रदान करेगा।

पहला लाभ/तनख्वाह की योजना—अपने पहले प्रोजेक्ट या काम के लिए एक योजना बनाएँ जिसमें इस बात का विवरण हो कि यह प्रोजेक्ट आपको पैसे से कैसे पुरस्कृत करेगा। धन की मात्रा महत्त्वपूर्ण नहीं है, किंतु धन का स्वाद महत्त्वपूर्ण है। पहला काम नौकरी या स्वतंत्र काम हो सकता है। यदि आप मुझसे पूछते हैं, तो मैं आपको केवल स्वतंत्र कार्य पर विचार करने की सलाह दूँगा।

इस देश में नौकरियों का उपयोग स्पेयर टायर के रूप में करना चाहिए, न कि मुख्य टायर के रूप में। धन कमाने के फॉर्मूले को समझें। अधिकांश प्रशिक्षक, अनुदेशक और शिक्षक कोर्स को सिखाना आरंभ तो कर देते हैं, लेकिन उनमें से अधिकांश उस कोर्स के मौद्रिक लाभ (Monetary benefit) के बारे में अपने छात्रों को समझा नहीं पाते हैं। पैसा, पैसा और सिर्फ पैसा। जब भी आप कुछ नया कौशल सीखना चाहते हों, उसे पैसे के संदर्भ में सोचें।

यहाँ आप मुझे गलत ना समझें। यहाँ मेरा मतलब यह नहीं है कि किसी को पैसे का गुलाम होना चाहिए या पैसा एकमात्र प्राथमिकता होनी चाहिए। लेकिन पैसे की चाह हमेशा अच्छी होती है यह एक गूगल मानचित्र की तरह है। यदि आपका गंतव्य धन या लाभ कमाना है तो कम से कम आपकी दिशा सही होगी। आप ऐसे कोर्स के लिए समय और धन नहीं गवाएँगे, जिससे आपको कुछ नहीं मिलने वाला है। आप इसे 'कौशल और कमाई को जोड़ने की कला' के रूप में सीख सकते हैं।

2. कैरियर में लाभ

कैरियर के विकास के मॉडल को जानें। इससे पहले कि आप इस कोर्स को लेकर गंभीर हों और उसे करने की सोचें, उससे जुड़ी भविष्य की संभावनाओं के बारे में विस्तार से जानें। नौकरी में इसके कौन से विकल्प उपलब्ध हैं? उद्यमिता की दुनिया में इससे जुड़े कौन से विकल्प उपलब्ध हैं?

कैरियर मॉडल, कैरियर विकास और प्रतिभा प्रबंधन के लिए एक सामान्य मंच है जिसमें तीन घटक शामिल हैं–

1. **कैरियर स्टेज प्रोफाइल (सीएसपी)** एक कैरियर पथ के साथ उसके और प्रमुख चरणों को परिभाषित करते हैं जिसके प्रत्येक चरण में प्रदर्शन की अपेक्षाएँ और इसके अगले चरण को प्राप्त करने का विवरण होता है।

2. **दक्षताओं** में उन व्यवहारों को परिभाषित किया गया है जो विशिष्ट प्रदर्शन से अलग हैं।

3. **अनुभव** महत्त्वपूर्ण भूमिकाओं और स्थितियों का वर्णन करते हैं जो महत्त्वपूर्ण दक्षताओं में वृद्धि को सक्षम बनाते हैं और कैरियर नियोजन

को निर्देशित करने के लिए एक उपकरण के रूप में कार्य करते हैं।

मैं फिर से नौकरी की दुनिया की अपेक्षा उद्यमिता की दुनिया को प्राथमिकता देने की सलाह दूँगा। नौकरी की एक सीमा होती है लेकिन व्यापार में कोई सीमा नहीं होती है। हर कोई असीम धन चाहता है। क्या आप ऐसा नहीं चाहते हैं?

यदि आपके पास नौकरी है, तो वहाँ आपको अपने काम के लिए एक निश्चित मासिक वेतन मिलेगा,

> *"हमारी आज की तंदुरुस्ती कल की गारंटी नहीं है।"*

जिसे एक या दो साल के बाद "गैर-भुगतान योग्य राशि" के साथ बढ़ाया जा सकता है। लेकिन जब आपके खुद के व्यवसाय की बात आती है तो पैसे आने की कोई सीमा नहीं है। आप अपनी मेहनत से जितना चाहें उतना लाभ प्राप्त कर सकते हैं। आप एक वेतनभोगी से 10 गुना या और भी अधिक कमा सकते हैं।

समयरेखा

अधिकांश लोग स्वयं को यह बताते हुए समयरेखा निर्धारित करते हैं कि 'एक दिन' वे उस कौशल को सीख लेंगे जिसके लिए वे इच्छुक हैं। आखिरकार, दिन सप्ताह में बदल जाते हैं, सप्ताह महीनों में और महीने सालों में लेकिन 'वह दिन' अभी भी दूर ही दिखाई देता है। यह 'वह समयरेखा' है जो कभी दिखाई नहीं देती है और फिर 'एक दिन' हम इस दुनिया से चले जाते हैं। यहाँ यूनिवर्स या प्रकृति से सीखना सबसे अच्छा होगा। अगर आप गौर करें तो यूनिवर्स या नेचर के हर पहलू की एक टाइमलाइन होती है। सूर्य एक निश्चित समय रेखा का अनुसरण करता है और ऐसा ही चंद्रमा भी करता है। यहाँ तक कि एक बीज भी पेड़ तक बढ़ने में समयरेखा का पालन करता है। यदि बीज भी 'एक दिन' के बारे में सोचना शुरू कर दे तो हम लोग मुँह में पानी भर देने वाले फलों और सब्जियों का आनंद नहीं ले पाएँगे।

उसी तरह, अगर हम अपने लक्ष्यों के लिए एक समयरेखा नहीं रखते हैं, तो हम सफलता के फल का आनंद लेने का शानदार अवसर खो देंगे। इसलिए हमेशा किसी भी स्किल को सीखने या अगले स्तर पर ले जाने के लिए समय

सीमा जरूर निर्धारित कीजिए। आप अपनी पूरी जिंदगी सिर्फ किसी एक स्किल को सीखकर सुखपूर्वक व्यतीत नहीं कर सकते हैं।

आज, दुनिया बहुत तेजी से बदल रही है। किसी भी मोबाइल ऐप की तरह, कौशल उन्नयन बहुत तेजी से होना चाहिए। इसलिए हमें हर बार खुद को अपडेट करने की आवश्यकता है जैसे हम अपने मोबाइल ऐप को अपडेट करते रहते हैं। हमेशा याद रखें, **"अगर हम आज फिट हैं, तो कोई गारंटी नहीं है कि हम कल भी फिट होंगे।"**

इसलिए, सीखने के कौशलों के अलावा, हर लक्ष्य को समयबद्ध होना चाहिए; इसकी शुरुआत और समाप्ति तिथि होनी चाहिए। यदि लक्ष्य समयबद्ध नहीं है, तो लक्ष्य को प्राप्त करने के लिए तात्कालिकता और प्रेरणा की भावना नहीं होगी।

अपने आप से पूछें: क्या मेरे लक्ष्य की एक समय सीमा है? मैं अपने लक्ष्य को कब प्राप्त करना चाहता हूँ?

कार्य

हम में से बहुत लोग योजना बनाने तक ही सिमट कर रह जाते हैं, योजना का कार्यान्वयन नहीं कर पाते। उसको समय-बद्ध तरीके से लागू नहीं कर पाते, चीजों को शुरू नहीं कर पाते, पूरा नहीं कर पाते। हम बड़े लक्ष्य निर्धारित करते रहते हैं और अपना अधिकांश समय योजना बनाने में ही खर्च कर डालते हैं, लेकिन जब वास्तव में कार्रवाई करने की बात आती है, तो हम इंतजार ही करते रह जाते हैं। यह पहले के तीन चरणों के उद्देश्य को विफल करता है। यह कुछ ऐसा ही है कि आप तैरना तो सीखना चाहते हैं, किंतु पानी में उतरना नहीं चाहते, सिर्फ ऑनलाइन विडियो देख कर ही तैराकी सीखना चाहते हैं।

बेशक, आपको प्रशिक्षण की आवश्यकता है लेकिन जब तक आप पानी में डुबकी नहीं लगाते हैं, तब तक क्या तैर पाने में सक्षम होंगे? यदि आप कभी भी कोई वास्तविक प्रयास नहीं करते हैं तो आप कैसे जानेंगे कि कौन सी तकनीकें/युक्तियाँ आपके लिए काम करती हैं या फिर नहीं करती हैं? आवश्यक परिवर्तन करने के लिए आपको कई परीक्षण और त्रुटि प्रक्रियाओं से गुजरना पड़ता है जो आपको उन तकनीकों को छोड़ देने में मदद करेंगी जो आपके

लिए काम नहीं करती हैं। इससे आपको अभ्यास करने और उन्हें पूरा करने पर ध्यान केंद्रित करने के लिए पर्याप्त समय और ऊर्जा मिलेगी।

कुछ लोग यह जानते ही नहीं कि वे करना क्या चाहते हैं इसलिए वे कुछ नहीं करते हैं। कुछ लोग जानते हैं कि वे क्या करना चाहते हैं, लेकिन फिर भी, वे कुछ नहीं करते हैं। और कुछ लोग "उन्हें क्या करना चाहिए" इसका जवाब खोजने के लिए बेहिसाब समय सेमिनार में, किताबें पढ़ने में, लोगों से विचार-विमर्श करने में खर्च कर देते हैं। लेकिन वास्तव में वे जो भी सीखते हैं उस पर कोई अमल नहीं करते हैं। ऐसा लगता है कि इन सभी लोगों को अपने जीवन में अलग संतुष्टि या सफलता प्राप्त होनी चाहिए, परंतु वास्तव में वे ऐसा नहीं कर पाते हैं। यदि आप अपने जीवन को लेकर गंभीर नहीं होते, और उसमें कुछ बड़ा हासिल करने का लक्ष्य नहीं रखते, तो इससे कोई फर्क नहीं पड़ता कि आप कितना सीखते हैं या जानते हैं, आपके वास्तविक जीवन में किसी भी तरह का बड़ा बदलाव नहीं होने वाला है।

इससे कोई फर्क नहीं पड़ता कि आप जीवन में कहाँ हैं, एक्शन लेना महत्त्वपूर्ण है। इससे कोई फर्क नहीं पड़ता कि आप जानते हैं कि आप कहाँ जाना चाहते हैं और आप किन लक्ष्यों तक पहुँचना चाहते हैं या आपको लगता है कि आप महज कुछ खोजने की कोशिश कर रहे हैं। एक्शन में आने से आपको उस स्थान पर पहुँचने में मदद मिलेगी जहाँ आप जाना चाहते हैं और अपने जीवन को बहुत सारे तरीकों से लाभान्वित करना चाहते हैं। जब आप ऐसा करना शुरू करेंगे, तो फिर आपको खुद ही इस बात का पछतावा होने लगेगा कि मैंने यह काम पहले ही शुरू क्यों नहीं किया।

हम सभी में कुछ करने की क्षमता है। इसमें पैसा नहीं लगता है, किसी अनुभव की आवश्यकता भी नहीं होती है। यह आगे बढ़ने और कुछ करने की इच्छा और दृढ़ संकल्प के अलावा कुछ भी नहीं लेता है। यदि आपको जीवन में व्यस्त रहने में कठिनाई हो रही है, तो मुझे उम्मीद है कि एक्शन में आने मात्र से ही अपने अंदर प्रबल इच्छा और चाहत का संचार होगा जो आपके जीवन को क्रियाशील बनाएगा। एक महत्त्वपूर्ण चीज जो आपको याद रखने की आवश्यकता है वह यह है कि परिवर्तन और सफलता एक सतत प्रक्रिया है। ऐसा नहीं है कि आप सिर्फ एक ही बार एक्शन में आएँ, एक ही बार प्रयास करें और फिर सार्वजनिक जीवन से संन्यास ले लें।

> *"सर्टिफिकेट के लिए नहीं, प्रतिभाशाली बनने की कोशिश करें। सर्टिफिकेट वाले लोग कौशलवान के लिए काम करते हैं।"*

नए कार्यों को शुरू में बहुत अधिक प्रयास की आवश्यकता होती है जो अंतत: व्यवहार के आदतन पैटर्न में बदल जाते हैं। परिवर्तन की दिशा में कार्रवाई करने के बारे में सबसे कठिन हिस्सा वास्तव में शुरू करना होता है। जितना अधिक आप एक नई क्रिया को दोहराते हैं, बाद में वह उतना ही स्वाभाविक हो जाता है, लेकिन यदि आप कभी भी शुरू नहीं करते हैं, तो यह कभी भी आदत नहीं बनेगी।

सफलता का सूत्र 2

"प्रतिभावान होने के लिए प्रयासरत होना चाहिए, सिर्फ प्रमाणित होने के लिए नहीं, क्योंकि प्रमाणित लोग प्रतिभावान लोगों के लिए काम करते हैं।"

किसी ने एक युवा लड़के से पूछा कि आप जीवन में क्या करना चाहते हैं। यह लड़का पहले से ही निराश था क्योंकि उसके कान ऐसे सवालों से भर चुके थे तो उसने गुस्से में जवाब दिया, "मैं केवल घास काटूँगा।"

सज्जन ने मुस्कुराते हुए जवाब दिया, "यह बहुत अच्छा है, लेकिन फिर देश में सबसे अच्छे घास काटने वालों में से एक बनो ताकि राष्ट्रपति भवन प्रबंधन भी आपको घास काटने के लिए बुलाए।" मुझे लगता है कि इस कहानी से बहुत कुछ पता चलता है। आपको जो पसंद है वह करें लेकिन अपने पेशे में सर्वश्रेष्ठ लोगों में से एक बनें। चाहे, आप एक घास कटर, शेफ, दर्जी, पायलट, क्रिकेटर, एयर होस्टेस, सुरक्षा कर्मचारी, बढ़ई, डॉक्टर, इंजीनियर, प्रशिक्षक, कोच, अनुदेशक (ट्रेनर), अभिनेता, चित्रकार, वकील, कंप्यूटर प्रोफेशनल, बिल्डर, नेटवर्कर, प्रेरक वक्ता, संगीतकार या ज्योतिषी, बनें; ध्यान रहे, आप जो भी करें, वह पूरी प्रवीणता, योग्यता और कौशल के साथ करें। दुनिया सिर्फ प्रतिभाशाली लोगों का सम्मान करती है।

यदि आप ध्यान से देखें, तो आपको महसूस होगा कि किसी भी संगठन का मालिक सबसे प्रमाणित या शिक्षित हो, ऐसा आवश्यक नहीं है, लेकिन निश्चित रूप से, वह सबसे प्रतिभाशाली होता है। उदाहरण के लिए, इंजीनियरिंग या मेडिकल कॉलेज का प्रिंसिपल बनने के लिए डिग्री या प्रमाणपत्रों की सूची की आवश्यकता हो सकती है लेकिन किसी भी इंजीनियरिंग या मेडिकल कॉलेज का मालिक बनने के लिए प्रमाण पत्र नहीं, बल्कि काफी अधिक हिम्मत एवं प्रतिभा की आवश्यकता होती है। इसी तरह, किसी अस्पताल में एक महान चिकित्सक होने के लिए, किसी को कठिन अध्ययन करना चाहिए और उसके पास बहुत सारे प्रमाण पत्र आदि होने चाहिए। परंतु एक अस्पताल का मालिक होने के लिए वास्तव में प्रतिभाशाली होना चाहिए, न कि बहुत अधिक शिक्षित और प्रमाणित। यदि आप वैश्विक मोर्चे पर देखें, तो प्रमाणित लोग प्रतिभाशाली लोगों के लिए काम करते हैं।

यही कारण है कि मैं हमारे युवाओं को प्रतिभावान होने का सुझाव देता हूँ, न केवल प्रमाण पत्रों का अंबार लगाने का। मैं प्रमाणपत्रों के खिलाफ नहीं हूँ, लेकिन प्रतिभावान बनने को प्रमाणित बनने से अधिक महत्त्वपूर्ण जरूर मानता हूँ क्योंकि प्रमाणित व्यक्ति प्रतिभावान के यहाँ काम करते हैं, प्रतिभावान व्यक्ति को प्रमाणित लोगों के यहाँ काम करने की आवश्यकता नहीं होती।

दुनिया आज भारत के कुशल बल की तलाश में है और उनके लिए प्रमाणिकता महत्त्वपूर्ण नहीं है। उनके लिए महत्त्वपूर्ण है उनके देश की जरूरत। जो उनके देश की जरूरत को पूरा कर दे, वही उनकी नजर में प्रमाणित भी है और कुशल भी।

हालाँकि, मुझे दृढ़ता से ऐसा लगता है कि हमारी सरकार को वैश्विक मानकों का सख्ती से पालन करने की आवश्यकता है। सरकार को अंतर्राष्ट्रीय मानकों के कौशल विकास संस्थानों को विकसित करने की आवश्यकता है, जो उपकरणों, मशीनों और संकाय के उच्चतम मानक से सुसज्जित हो। सरकार को डिजिटल स्किलिंग पर ध्यान देने की आवश्यकता है क्योंकि यह भारतीय युवाओं के लिए सबसे तेज तरीका है, जो इस विशाल देश में काफी अधिक संख्या में जीवन में फलने-फूलने और सफल होने के लिए फैले हुए हैं। कई गरीब लोग भी सफल होते हैं क्योंकि उनके पास दक्षता है।

पहले, गरीब के पास विश्वविद्यालय की शिक्षा के लिए पैसे नहीं होते थे। वे एक माध्यमिक विद्यालय से स्नातक भी नहीं कर पाते थे। लेकिन उनमें से कुछ अमीर बन गए या यहाँ तक कि टाइकून भी। हर डिग्रीधारक आवश्यक रूप से कुशल नहीं है। यह कौशल ही है, डिग्री नहीं जो लक्ष्य को प्राप्त करने में मदद करता है। कौशल एक अमूर्त शब्द है जिसका मूल्यांकन कागज के टुकड़े पर नहीं किया जा सकता। यह एक व्यापक स्पेक्ट्रम है जिसे व्यक्ति के भीतर तैयार किया जाता है और जीवन में बार-बार व्यावहारिक प्रभाव के माध्यम से पोषित किया जाता है। यह डिग्री नहीं, बल्कि कौशल है जो सफल बनाता है।

> **"अपने जुनून को अपना पेशा बनायें।"**

डिग्री सिर्फ नौकरी दिलाने में मदद कर सकती है, लेकिन कौशल के बिना नौकरी में तरक्की संभव नहीं है। यह कौशल ही है जो नियोक्ता, ग्राहकों और प्रबंधन को आकर्षित करता है, जो व्यक्ति को ऊपर या नीचे ले जाता है। कौशल के बिना, व्यक्ति अपने वरिष्ठों के हित को साधने और सफलता प्राप्त करने में सक्षम नहीं होगा।

इतिहास के सभी महान लोग कुशल लोग थे, लेकिन उनके पास अपने ज्ञान को साबित करने के लिए प्रमाणपत्र नहीं थे। एक डिग्री एक अमूर्त अवधारणा का सैद्धांतिक मूल्यांकन है जो वास्तव में संभव नहीं है। यह कौशल ही है जो व्यक्ति को स्थिति, महत्त्व, सामाजिक सम्मान और मान्यता के संबंध में भौतिक/वित्तीय और नैतिक रूप से विकसित होने में मदद करता है।

सफलता का सूत्र 3

अपने जुनून को ही अपना करियर बनाएँ। मैंने दुनिया भर के लाखों लोगों को जीवन में सफल और असफल होते देखा है। ऐसे कई लोग हैं जो अपने पेशे में खुश हैं और निरंतर आगे बढ़ते रहते हैं। मैंने ऐसे लोगों को भी देखा है जो अपने काम से निराश हैं। मैंने मिडलाइफ-संकट को उन पर हावी होते देखा है और वे अचानक उस उम्र में अपने जीने की दिशा बदल देते हैं। हम आज के समय में किसी भी पेशे में असफलता के शिकार हो सकते हैं। **"अपने जुनून के आस-पास अपने कैरियर कौशल का निर्माण करें।"**

आज की दुनिया कुशल लोगों का दोनों हाथों से आलिंगन करती है। सिंगापुर, कनाडा, यूरोप, ऑस्ट्रेलिया और भारत इसके सबसे अच्छे उदाहरण हैं। यदि कोई व्यक्ति अपनी रुचि के क्षेत्र में महारत हासिल कर लेता है, तो वह व्यक्ति निश्चय ही अपने सपनों को साकार कर सकता है, सफलता की बुलंदियों को छू सकता है, अपने द्वारा निर्धारित लक्ष्य को प्राप्त कर

> *"जब आप अपना जुनून, अपना पेशा बना लेते हैं, तो आपका काम आपका ब्रांड बन जाता है।"*

सकता है। काम में जुनून रखने को कार्योन्माद कहा जाता है। आप जब तक काम में बिल्कुल तल्लीन नहीं होते, तब तक सफल नहीं कहलाएँगे, हाँ यह बात और है कि काम में आपकी तल्लीनता को देखते हुए आपको कुछ लोग पागल तक समझेंगे। इसलिए मैं "जुनून को जॉब" बनाने का पुरजोर समर्थक हूँ।

जब आपका जुनून आपका काम बन जाता है, तो आपका काम आपका ब्रांड बन जाता है; आपको ऊँचाई हासिल करने से कोई भी नहीं रोक सकता। हमेशा याद रखें, **"जब आप अपना जुनून, अपना पेशा बना लेते हैं, तो आपका काम आपका ब्रांड बन जाता है।"** अर्थात् **"अपने जुनून को अपना पेशा बनाओ।"**

वह करो जो अच्छा लगता है, आपको जो अच्छा लगता है वही करो। यह एक ऐसी सोच है जिससे लोग वास्तविक जीवन में संतुष्टि प्राप्त कर सकते हैं किंतु कुछ लोग इसे अमल में लाना छोड़ देते हैं। और शायद यही वजह है कि 70 प्रतिशत से ज्यादा कर्मचारी अपनी नौकरी से नफरत करते हैं।

हममें से बहुत सारे लोग आखिरकार उसी तरह का काम करते नजर आते हैं, जिसमें उन्हें कभी भी कोई खास दिलचस्पी नहीं रही। वो शायद ऐसा सोच कर अपनी नापसंद की चीजों को करना शुरू कर देते हैं कि यह केवल अस्थाई है। लेकिन वह अस्थाई चीज स्थाई बन जाती है। साल दर साल बीतते जाते हैं, और हम वही नौकरी करते जाते हैं, जिसको हमने महज "कुछ दिनों" के लिए चुना था। आत्मसंतुष्टि घर कर जाती है, और गलत नौकरी, गलत लोगों के लिए नौकरी, हमारी जिंदगी बन जाती है। आप भी अपनी युवावस्था में यह महसूस करेंगे कि नीरस नौकरी को करना कितना कठिन होता है।

उदासीनता के साथ नौकरी करना, अस्वास्थ्यकर ही नहीं, अनावश्यक भी है। ज्यादातर लोगों को इस बात का एहसास नहीं है कि वे जो करते हैं क्या उसमें वे खुशी पा सकते हैं। वास्तव में, वे अपने शौक को पूर्ण विकसित कैरियर में बदल सकते हैं। लेकिन इतना जरूर समझें कि यह एक जोखिम भी है। उदाहरण के लिए, किसी स्टार्टअप के लिए एक अच्छी-खासी नौकरी दाँव पर लगाना एक चुनौतीपूर्ण सोच है। तो आप वास्तव में इन चिंताओं को कैसे कम कर सकते हैं?

यहाँ छह मूल चरण दिए गए हैं कि कैसे आप अपने जुनून को जॉब में बदलने के लिए एक स्मार्ट और व्यवस्थित तरीका अपना सकते हैं।

1. उन रुचियों और चीजों की खोज करें जो आपको खुश करते हैं।

सबसे पहली चीज जो आपको करने की आवश्यकता है वह उन चीजों की खोज करना है जो आपके मन मस्तिष्क के बेहद करीब है। क्या कोई ऐसा शौक है जिसे आप जीवन भर करना चाहेंगे?

क्या आपको लिखना पसंद है? या शायद आपको गाना पसंद है? या सक्रिय बाहरी गतिविधियाँ करना? या फिर आप उन लोगों में से हैं जो केवल नई तकनीक से प्यार करते हैं? "जब आप अपने जुनून को जॉब बना लेते हैं, तो आपका काम आपका ब्रांड बन जाता है।"

2. अपनी गतिविधि को बढ़ाएँ

एक बार जब आप उस गतिविधि को निर्धारित कर लेते हैं जिसके बारे में आप बहुत ही ज्यादा उत्सुक, उत्साहित और स्वप्नशील हैं, तो यही समय है उससे संबंधित सभी तरह के कौशल में महारत हासिल करने का।

ध्यान रहे, यदि आप वास्तव में किसी चीज में अच्छे हैं तो बहुत सारे व्यक्ति आपकी सेवाओं के लिए बेहतर से बेहतर भुगतान करने को तैयार रहेंगे।

अपने जुनून को कैरियर बनाने के लिए, आपको उसके लिए आगे आकर पहल करने की आवश्यकता है।

उदाहरण के लिए, यदि आप 'योग' करना पसंद करते हैं, तो शायद यह औपचारिक प्रशिक्षण प्राप्त करने में मदद करेगा। सप्ताहांत के दौरान एक

औपचारिक शिक्षा प्राप्त करना आपके कौशल को बढ़ाने का एक शानदार तरीका हो सकता है।

3. अपनी रुचि के लिए वर्तमान माँग और प्रतिस्पर्धा को जानें

उसके बाद, आपको उन लोगों की संख्या निर्धारित करने की आवश्यकता है जो आपके समान ही उन चीजों में रुचि रखते हैं। यह महत्त्वपूर्ण है, खासकर तब जब आप किसी व्यवसाय में निवेश करने जा रहे हैं।

उदाहरण के लिए, यदि आप इटैलियन व्यंजन खाना और खिलाना पसंद करते हैं, तो लोगों से यह अपेक्षा न करें कि वे आपके रेस्तराँ में जाएँ। आपको पहले माँग तक पहुँचने की आवश्यकता है। माँग के अलावा, आपको बाजार की प्रतियोगिता का भी आकलन करना होगा।

चूँकि आप अपनी रुचि के आधार पर कैरियर बनाने या व्यवसाय शुरू करने जा रहे हैं, इसलिए यह भी एक अच्छा विचार है कि अन्य कंपनियों और आपके जैसी ही सेवाओं की पेशकश करने वाले व्यक्तियों की उपस्थिति का विश्लेषण करें।

4. अपने उत्पाद या सेवाओं को कैसे शुरू करें

इस पर एक ठोस योजना बनाएँ कि आप अपने उत्पादों या सेवाओं को कैसे पेश करेंगे? व्यवसायों के असफल होने के सामान्य कारणों में से एक सुव्यवस्थित योजना की कमी होना होता है। क्या आप अपना स्वयं का स्टोर बनाने जा रहे हैं? या शायद ऑनलाइन स्टोर की तरह का कुछ छोटा सा व्यवसाय शुरू करना चाहते हैं? यदि आप छोटी शुरुआत करने की योजना बनाते हैं, तो इस विकल्प के बारे में अच्छी बात यह है कि आप अभी भी अपनी वर्तमान नौकरी को जारी रख सकते हैं। आपके पास अपने स्वयं के सपनों का निर्माण करने के लिए एक सुरक्षा जाल हो सकता है और इससे एक नियमित आय भी अर्जित कर सकते हैं।

इसके बाद, आपको यह भी जानना होगा कि अपने उत्पाद या आपके द्वारा दी जाने वाली सेवाओं को कैसे बढ़ावा दिया जाए। अपनी खुद की वेबसाइट स्थापित करने से लेकर एक सक्रिय सोशल मीडिया अभियान चलाने तक, ये

कुछ सबसे सामान्य चीजें हैं जिसे करने की आपको आवश्यकता होगी, यदि आप बाजार में अपनी उत्पाद-सेवा शुरू करने जा रहे हैं।

5. सुझावों को गंभीरता से स्वीकार करें और गलतियों से सीखें।

पहली बार गलती करना सामान्य बात है। जो महत्त्वपूर्ण है वह है गलतियों से सीखना और खुले दिमाग का होना। इस तरह, आप अपने जुनून से कैरियर को बेहतर और सफल बनाने में सक्षम होंगे।

ध्यान रहे कि ये सुझाव केवल दृढ़ संकल्प और प्रतिबद्ध लोगों के लिए काम करेंगे। इनके परिणाम स्थिति, माँग और अन्य अनदेखे कारकों के आधार पर अलग-अलग होंगे। ये आपके उद्यम की सफलता या विफलता में महत्त्वपूर्ण भूमिका निभा सकते हैं। क्या असफल होने की आशंका से आप अपने जुनून से जीने की ख्वाहिश को छोड़ देंगे? नहीं.... बिल्कुल नहीं। आपको यह याद रखना होगा कि आपकी नौकरी में स्थायित्व नहीं है, अपने जुनून को जीने की व्यवस्था नहीं है, जिससे आप नाखुश हैं।

क्या आप दशकों से ऐसा करने की कल्पना कर रहे हैं? तो, वहाँ से बाहर निकलें और अपने जुनून को अपने पेशे में बदलने के लिए पहला कदम उठाएँ।

6. असफलता से घबराइए नहीं, उससे बढ़कर गले लगिए।

फेल होने से घबराइए नहीं, जितनी जल्दी हो फेल होइए, अक्सर फेल होइए, इससे यह तो कम से कम पता चलेगा कि आप कितने अधिक प्रयत्नशील हैं, कितने दिनों से प्रयत्नशील हैं। याद रहे, आपके फेल होने की सूची ही आपके प्रयत्नशील होने के दावे को सच साबित करेगी। असफलता ही आपकी सीख, आपके विकास आदि की नींव है। इसी से आपकी सोच में एकाग्रता आएगी और भाग्य का भी कुछ साथ मिल जाए, तो आखिर में आपको सफलता मिल ही जाएगी। अपने प्रयास को उत्कृष्टता के साथ जारी रखें और अपने लक्ष्य की प्राप्ति के लिए अनवरत आगे बढ़ते रहें।

आप जो हैं, उसे स्वीकार करने से ना डरें। लोगों की सहायता लें, यदि आपकी कोई रणनीति या योजना काम नहीं करती तो फिर आप अपनी दिशा बदल लें। असफलता को बस एक फीडबैक की तरह लें, उससे घबराएं नहीं, उससे हतोत्साहित न हों। अपने आपको जितना जल्दी हो सके, संभाल लें, दोगुने

जोश के साथ खड़े हों, अपने अनुभव को अपना हथियार बनाएँ, और फिर सफल होने की कामना से कर्त्तव्यपथ पर निकल चलें।

आत्मविश्वास इस जीवन में अपनी पूरी क्षमता का ज्ञान कराने और उसको पूरी तरह से उपयोग करने का सबसे प्रभावकारी कारक है। विश्वास का शाब्दिक अर्थ है आंतरिक विश्वास। यदि आप इस जीवन में कुछ अनोखा और उल्लेखनीय करने जा रहे हैं तो आपका आत्मविश्वास ही आपका सबसे शक्तिशाली हथियार है। खुद पर भरोसा हो, तो खुदा की प्राप्ति हो सकती है। आपको सिर्फ आपने अंतर्मन की आवाज सुनने की आवश्यकता है, अपने को अंदर से मजबूत बनाने की आवश्यकता है, आत्म-विश्वास ही आत्मज्ञान होता है और आत्म ज्ञान से ही आशातीत सफलता प्राप्त होती है।

> *"स्किल, टैलेंट और ब्रांड के बनने के पीछे भागें। पैसा तो अपने आप आएगा।"*

सफलता का सूत्र 4

अपने आपको एक ब्रांड के रूप में विकसित करें

आपका जुनून आपका पेशा हो सकता है या यूँ कहें कि होना चाहिए। यही कारण है कि आप यहाँ हैं। सफलता के फॉर्मूला 4 के अनुरूप खुद को एक ब्रांड के रूप में विकसित करना सीखें। ब्रांड शब्द केवल उत्पादों पर लागू नहीं होता, यह व्यक्तियों पर भी लागू हाता है। तदनुसार प्रत्येक मानव को स्वयं में एक ब्रांड होना चाहिए। अगर हम महान हस्तियों जैसे अमिताभ बच्चन, लता मंगेशकर, सचिन तेंदुलकर, ए.आर. रहमान, रजनीकांत, मकबूल फिदा हुसैन, संजीव कपूर या कई अन्य अद्भुत लोगों के उदाहरणों पर विचार करें, तो पाएँगे कि वे सारे एक इंसान के रूप में ब्रांड बन गए क्योंकि वे अपने-अपने क्षेत्रों के सर्वश्रेष्ठ हैं। इसी तरह आपका लक्ष्य भी एक ब्रांड बनना होना चाहिए।

यह आपके काम, शैली, चेहरे, ध्वनि या किसी अन्य चीज के संदर्भ में हो सकता है। मूल विचार व्यक्तिगत ब्रांडिंग को बढ़ावा देना है। इसलिए, इस पृथ्वी पर प्रत्येक व्यक्ति को एक ब्रांड बनने की कोशिश करनी चाहिए।

हम आईफोन का उपयोग कर सकते हैं या उसे खरीदने की आकांक्षा रख सकते हैं। परंतु, मैं हमेशा ही स्वयं को ब्रांड बनाने की वकालत करता हूँ। **आई-ब्रांड** ही सबसे उत्तम ब्रांड है। इंडिया स्किल कैपिटल के संस्थापक होने के नाते, मेरी प्राथमिक चिंता इस देश को हर दिन अलग-अलग ब्रांड्स के उत्पादन के लिए सशक्त करना है।

हम सभी में कुछ अनोखी क्षमताएँ होती हैं। कुछ संगीत में अच्छे हैं, कुछ नृत्य में, कुछ चित्रकला में, कुछ बड़े रसोइये आदि हैं, इसलिए, अपने जुनून को अपना पेशा बनाना बंद नहीं करना चाहिए। यह खुद को एक ब्रांड के रूप में विकसित करने का सबसे प्रभावशाली तरीका है। हर किसी को अपने काम या सेवा की गुणवत्ता को बढ़ाकर ब्रांड मूल्य को बढ़ाने की कोशिश करनी चाहिए। यहाँ पर वर्ड् ऑफ माउथ और डिजिटल मार्केटिंग शब्द आपके ब्रांड को गढ़ने में महत्त्वपूर्ण भूमिका निभाते हैं। इस तरह, मुझे यकीन है कि जल्द ही भारत उत्कृष्ट स्थानीय भारतीय ब्रांडों और विचारों, व्यापार और व्यापार के अवसरों से भरा एक देश होगा।

ऐसे प्रतिभाशाली लोग भी रहे हैं जो हमेशा अलग-अलग ब्रांड्स के मौद्रिक मूल्य बनाने के लिए कुछ सूत्र खोजते हैं, यहाँ तक कि इन व्यक्तिगत ब्रांड्स के स्टॉक मूल्य भी बनाते हैं। ये शेयर दैनिक आधार पर बदलते हैं और आने वाले दिनों में एक शानदार भविष्य बनाते हैं। इस तरह, मुझे यकीन है; वह दिन दूर नहीं जब दकियानूसी सोच से अलग लोगों की दुनिया बसेगी। ऐसे लोग बहुतायत में होंगे जो लीक से अलग सोचेंगे, कुछ नया करेंगे, कुछ बड़ा करेंगे। इसलिए मैं हमेशा लोगों को सुझाव देता हूँ, खासकर युवाओं को, कि **रोजगार का पीछा नहीं करें, बल्कि स्किल, टैलेंट और ब्रांड बनने के पीछे भागें। पैसा तो अपने आप आएगा।**

एक उदाहरण प्रस्तुत है। एक लड़का था जो 16 साल की उम्र में स्कूल से बाहर हो गया था। 17 साल की उम्र में, उसे 4 नौकरियों से निकाल दिया गया था। 20 साल की उम्र में, उसकी पत्नी ने उसे छोड़ दिया। वह अपनी 1 साल की बच्ची को अपने साथ ले गई। 22 साल की उम्र में, उसने सेना में प्रवेश किया, लॉ स्कूल में आवेदन किया और एक के बाद एक कई अस्वीकृतियों का सामना किया। फिर वह एक बीमा विक्रेता (असफल) बन गया, और

उसकी सूची में इस तरह एक और विफलता जुड़ गया। फिर, उसने एक छोटे से कैफे में एक कुक और बर्तन धोने का कार्य करने का फैसला किया। अंत में, 60 वर्ष की आयु में, वह सेवानिवृत्त हुआ। रूकिए, यह कहानी का अंत नहीं है। अपनी सेवानिवृत्ति के बाद, उसे सरकार से 105 डॉलर का एक चेक मिला, जो उनके चेहरे पर एक थप्पड़ सा था। इस राशि से पूरा महीना जीवन बसर करना पत्थर से खून निकलने जैसा था।

कोई पूरे महीने तक अपने वॉलेट में 105 डॉलर के साथ कैसे रह सकता है? उसे पूर्ण विफलता का अहसास हुआ और उसने अपने हाथों मरने का फैसला किया। वह एक सुसाइड लेटर लिखकर पेड़ के नीचे बैठ गया।

यह वह समय था, जब उसने पहली बार एक विनम्र स्वर में 'हैलो' की आवाज सुनी थी। जब उसने इस आवाज की ओर अपना ध्यान लगाया तो उसे यह आवाज अब और भी स्पष्ट और ऊँची सुनाई देने लगी। वह स्वर उसे अपनी जिंदगी की शुरुआत फिर से करने को कह रहा था। उसने महसूस किया कि अभी तक उसकी जिंदगी में ऐसा बहुत कुछ है, जो उसने अभी तक नहीं किया है। बल्कि उसने अभी तक अंत: शक्ति के विरुद्ध कार्य किया है। इसलिए अब ऐसा कुछ होगा, जो उसकी अंत:शक्ति के अनुकूल होगा। अपनी आंतरिक प्रतिभा को खोजने पर अब उसने अपना सारा ध्यान लगा दिया था।

काफी देर सोचने के बाद उसे एहसास हुआ कि वह एक काम इतना अच्छा कर सकता है जितना कि शायद कोई और नहीं। और वह है खाना बनाना। सबसे अच्छा चिकन पकाना जो शायद कभी किसी ने चखा नहीं होगा। जी हाँ, आप सही कह रहे हैं, आपका अनुमान सही है, मैं KFC रेस्टोरेंट्स के संस्थापक कर्नल सैंडर्स के बारे में बात कर रहा हूँ, जो इस पृथ्वी का दूसरा सबसे बड़ा खाद्य साम्राज्य भी है। कर्नल सैंडर्स 60 साल के थे, जब उन्हें अपनी छिपी प्रतिभा का एहसास हुआ और बाकी सब इतिहास है।

आज किसी भी शॉपिंग मॉल के लिए के.एफ.सी. (KFC) हेतु कुछ जगह आरक्षित करना लगभग अनिवार्य सा हो गया है। क्यों? क्योंकि के.एफ. सी. (KFC) आज एक ब्रांड है। कोई भी टॉमी हिलफिगर के कपड़े इसलिए नहीं खरीदता क्योंकि वह टॉमी हिलफिगर की तरह दिखना चाहता है। वह उस जीवन शैली का स्वाद पाने के लिए उनके कपड़े खरीदता है जिसे हिलफिगर

ने एक ब्रांड में बदल दिया है। इसी तरह, आपको अपने कौशल और प्रतिभा को पहचानने और खुद को एक ब्रांड में बदलने की जरूरत है, जो बहुत जल्दी और बहुत अधिक जोश के साथ की जानी चाहिए। बाकी पैसा तो अपने आप आएगा।

सफलता का सूत्र 5

पैसिव आय अर्जित करना सीखें

मेरा मानना है कि इस देश के प्रत्येक युवा को पैसे के लिए काम करना शुरू करने से पहले पैसिव आय का फॉर्मूला सीखना चाहिए। जब तक हमारे देश के युवा पैसे के प्रवाह की प्रकृति को नहीं सीखेंगे और पैसे के साथ अपनी दोस्ती नहीं बढ़ाएँगे, तब तक वे अपने जीवन में कुछ बड़ा हासिल नहीं कर पाएँगे।

पैसा कमाने के लिए कड़ी मेहनत करना सबसे बेवकूफी भरा विचार है। अगर यह सच होता, तो भारत के सबसे मेहनती गरीब वर्ग को अब तक अपना भाग्य बना लेना चाहिए था।

जब तक हम पैसे के उद्गम और आमदनी के इस खेल को बारीकी से न सीख जाएँ, सफलता हमेशा एक कल्पना मात्र ही बनी रहेगी। याद रखें, जो कुछ भी आपके काम की प्रकृति है, उसे हमेशा पैसिव प्रकृति के अनुरूप बनाने का एक उपाय होता है। और अगर आप इसके बारे में अच्छी तरह से चिंतन मनन करेंगे तो आप इस उपाय के बारे में जान सकते हैं। तो, आइए सबसे पहले, यह जानते हैं कि पैसिव आय होती क्या है? जैसा कि नाम से ज्ञात होता है, पैसिव आय कमाई का एक स्रोत है जिसके लिए आपको (एक्टिव) रूप से शामिल होने की आवश्यकता नहीं होती है। यह किराए, निवेश, समानांतर व्यापार, आपकी कार को लीज पर देने, पूँजीगत लाभ और ऐसे ही कई रूप में हो सकती है।

ये ऐसे स्रोत हैं जिनके लिए आपकी तरफ से न्यूनतम या कोई भागीदारी की आवश्यकता नहीं है। ये वे स्रोत हैं जहाँ आपको पैसे के लिए काम नहीं करना पड़ता है, बल्कि पैसा आपके लिए काम करता है, वो भी 24 घंटे सातों दिन। उदाहरण के लिए, यदि आपके पास दो कारें हैं और आपको केवल एक

कार की ही जरूरत है, तो आप अपनी दूसरी कार को लीज पर दे सकते हैं। इस तरह से लीज्ड कार आपको आपकी नौकरी या व्यवसाय में व्यस्त रहने के दौरान या यहाँ तक कि सोते हुए भी आय अर्जित करती रहेगी। इसलिए मैं हमेशा लोगों को पैसिव आय के कई स्रोत बनाने की सलाह देता हूँ।

उन्हें अपने व्यवसाय मॉडल को इस तरह से परिवर्तित करना सीखना चाहिए जिससे पैसिव आय उत्पन्न हो सके। ये नीचे कुछ स्रोत हैं जो आपको पैसिव आय दिला सकते हैं।

अफिलिएट एंड रेफरल मार्केटिंग

इस तरह की मार्केटिंग में आपको बस एक वेबसाइट की आवश्यकता होती है। जब आपका वेबसाइट बनकर तैयार हो जाए, तो कुछ नामी गिरामी कंपनियों के प्रोडक्ट्स आप अपनी वेबसाइट पर डाल लें। जब उन कंपनियों के प्रोडक्ट्स आपकी वेबसाइट के माध्यम से बिकेंगे, तो उसके बदले में आपको कमीशन मिलता रहेगा। इसके लिए आपको महज कुछ ही दिन तक ध्यान देने की आवश्यकता होगी। उसके बाद यह आपकी पैसिव आय बन जाएगी।

एमेजॉन का सहायक संबद्ध कार्यक्रम

एमेजन एसोसिएट अफिलिएट मार्केटिंग प्रोग्राम भी इस तरह से पैसे कमाने वालों के लिए एक स्वर्णिम अवसर है। आपको एक ऐसा वेबसाइट बनाना है जिसमें आउटबाउंड लिंक हो। एमेजॉन के प्रोडक्ट्स जैसे ही आपके वेबसाइट के माध्यम से बिकेंगे, आपको उसका एक निश्चित प्रतिशत अपने आप मिलेगा। आप जितना अधिक प्रोडक्ट लिस्ट करेंगे, उतनी अधिक आपकी आमदनी बढ़ने की संभावना होगी और वह भी बिना आपकी प्रत्यक्ष उपस्थिति के।

ई-बुक बेचें

ई-बुक लिखना और उसे प्रकाशित करना हाल के वर्षों में पैसिव आय अर्जित करने का एक व्यापक रूप से लोकप्रिय साधन बन गया है। ऑनलाइन मार्केटिंग, व्यवसाय विकास, कैरियर सलाह और इस तरह के नॉन फिक्शन विषयों पर ई-बुक्स विशेष रूप से सफल रही हैं।

हालाँकि फिक्शन ई-बुक्स भी अच्छी बिकाऊ साबित होती हैं, परंतु उनके लिए मार्केट नॉन-फिक्शन की तुलना में अधिक प्रतिस्पर्धी होती है। एक बार ई-बुक लिखने के बाद, आप इसे एमेजॉन के किंडल डायरेक्ट पब्लिशिंग या एप्पल के आईट्यूब्स कनेक्ट जैसे प्लेटफॉर्म पर बिक्री के लिए उपलब्ध करा सकते हैं। कंपाइल रिसर्च और एवरग्रीन कंटेंट को कैसे गाइड करते हैं, इसका वर्णन उस एसईओ कंटेंट के रूप में किया गया है जो अपने शुरुआती प्रकाशन के बाद लंबे समय तक प्रासंगिक रहता है। यह आय उत्पन्न करने का एक बहुत ही अच्छा तरीका है।

व्यापक अनुसंधान आँकड़े और केस स्टडीज, जैसे कि पिछले पाँच वर्षों के सोशल मीडिया मार्केटिंग के रुझान, और विस्तृत गाइड, जैसे व्यवसाय के लिए ट्विटर का उपयोग करने के लिए शुरुआती गाइड, उन लोगों के लिए हमेशा उपयोगी साबित होता रहेगा, जो आवश्यक जानकारियों के लिए थोड़े पैसे खर्च करने से गुरेज नहीं करते।

ऑनलाइन शैक्षिक पाठ्यक्रम बनाएँ

हाल के वर्षों में IndiaSkillCapital.com जैसे प्लेटफॉर्म बेहद लोकप्रिय हो गए हैं। खासकर उन लोगों के लिए जो अपने विशेष रुचि के कौशल स्किल को ऑनलाइन सीखना चाहते हैं।

यदि आप किसी भी क्षेत्र के जानकार हैं, चाहे वह वेब प्रोग्रामिंग, फोटोग्राफी या डिजिटल मार्केटिंग हो तो आप IndiaSkillCapital.com या Unacademy जैसे प्लेटफॉर्म पर एक कोर्स बना सकते हैं। जब उस कोर्स के इच्छुक उन प्लेटफॉर्मों पर अपना पंजीकरण कराएँगे, तो कोर्स पढ़ाने वालों को उसका मौद्रिक लाभ भी होगा।

स्टॉक फोटो बेचें

यदि आप फोटोग्राफी के शौकीन हैं, तो आप अपनी तस्वीरों को स्टॉक-इमेज वेबसाइटों जैसे शटरस्टॉक, आलमी और आईस्टॉकफोटो को बेचने पर विचार कर सकते हैं। इन वेबसाइटों पर उच्च गुणवत्ता वाले चित्रों की काफी माँग है। इसलिए, यदि आप लैंडस्केप फोटोग्राफी या व्यावसायिक फोटोग्राफी में अपनी महारत हासिल कर लेते हैं, तो यकीन मानिए आपको सोते हुए भी पैसों की आमदनी होती रहेगी।

अपने डिजाइन और कलाकृति को बेचें

यदि आप एक ग्राफिक डिजाइनर या यहाँ तक कि एक शौकिया कलाकार भी हैं, तो बहुत सारी साइटें हैं जो आपको अपनी कलाकृति को साझा करने के लिए भुगतान करेंगी। Etsy, Zazzle और Souled Store जैसी साइटें लोगों को टी-शर्ट, फोन केस, मग, पोस्टर, बुक कवर और बहुत कुछ के साथ अपने डिजाइन जोड़ने की अनुमति देती हैं। और जब ये उत्पाद खरीदे जाते हैं, तो योगदान करने वाले कलाकार को कमीशन देती हैं।

एक वेबसाइट बनाएँ

वेबसाइट निर्माण अभी भी एक प्रतिस्पर्धी उद्यम होने के बावजूद पैसिव आय अर्जित करने का एक व्यवहार्य तरीका है। चूँकि इंटरनेट ब्लॉगों से संतृप्त है, तो ऐसे में क्विज या गेम्स वाली मनोरंजक वेबसाइट एक अच्छा विकल्प हो सकती है। ऐसी वेबसाइटें बनाना बहुत मुश्किल नहीं है और इनका सोशल मीडिया पर प्रचार करना काफी आसान भी है। इससे आप आगंतुकों को अपनी साइट पर आने और अधिक से अधिक समय बिताने के लिए आकर्षित कर सकते हैं।

एक बार जब कोई साइट प्रत्येक दिन कई हजार विजिट रिकॉर्ड करना शुरू करती है, तो आप आराम करते समय भी विज्ञापन के माध्यम से राजस्व अर्जित करना शुरू करने के लिए Google AdSense सिस्टम का उपयोग कर सकते हैं।

एक ऐप बनाएँ

स्मार्टफोन या टैबलेट ऐप बिल्डिंग के लिए तकनीकी विशेषज्ञता की आवश्यकता होती है, लेकिन सफल होने पर यह अच्छी-खासी तरह से भुगतान का जरीया भी बन सकता है। जरूरी नहीं कि यह कोई जटिल ऐप ही हो, जिसमें बहुत ही अधिक फीचर्स हों। एक आदर्श ऐप सरल ऐप भी हो सकता है जिसमें किसी समस्या का समाधान हो, या इतना अधिक मनोरंजक हो कि इसकी तरफ बहुत सारे लोग खिंचे चले आएँ।

आप कभी नहीं जानते कि अचानक क्या लोकप्रिय हो सकता है। उदाहरण के लिए, एक अदना सा प्रतीत होने वाला Flappy Bird एक ऐसी सनक थी कि एक समय में इसका डेवलपर इन-ऐप विज्ञापन के माध्यम से प्रति दिन

50,000 डॉलर कमा रहा था। बेशक, उस तरह की सफलता की हमेशा उम्मीद करना मूर्खतापूर्ण है, लेकिन व्यक्ति हमेशा कोशिश तो कर ही सकता है।

यू-ट्यूब चैनल शुरू करें

कुछ लोग, जिन्होंने अपना खुद का यू-ट्यूब चैनल शुरू किया था जब वीडियो-साझाकरण साइट अपने शुरुआती चरण में थी, अब करोड़पति हैं। अब जब यू-ट्यूब अपने स्वयं के चैनल चलाने वाले लोगों की भीड़ के साथ बेहद लोकप्रिय हो गया है, तो एक मिलियन डॉलर बनाना काफी मुश्किल है, लेकिन सम्मानजनक राशि अर्जित करना अभी भी संभव है।

हमेशा की तरह, आपको एक ऐसा क्षेत्र खोजना होगा जो अभी तक सर्वसुलभ नहीं हुआ हो। इसके बारे में वीडियो बनाने पर ध्यान केंद्रित करें। जैसे ही आपको उन वीडियो पर व्यूज और सब्सक्रिप्शन मिलने शुरू हो जाते हैं, आपके पल भर की गतिविधि करने मात्र से आपको पैसे मिलने शुरू हो जाएँगे।

कम जोखिम वाला निवेश करें

इस काल में पैसा और समय दोनों चाहिए, परंतु यदि लाभ की बात करें तो यह काम निश्चित रूप से इसके लायक है। अपनी बचत के साथ कम जोखिम वाले निवेश करने से बैंक में पैसा देने की तुलना में अधिक लाभांश मिलता है। बड़े निगमों में स्टॉक खरीदने के दौरान जोखिम अधिक होता है, म्यूचुअल फंड अपेक्षाकृत सुरक्षित और कम अस्थिर होते हैं। ये बैंकों में किए गए फिक्स्ड या आवर्ती जमा की तुलना में उच्च रिटर्न-निवेश भी प्रदान करते हैं।

अपने ब्लॉग पर उत्पाद बेचें

यदि आप ऐसा ब्लॉग बनाते हैं जो प्रत्येक दिन काफी बड़ी संख्या में विजिटर्स को आकर्षित करता है, तो उस पर ब्रांडेड उत्पादों को बेचना अतिरिक्त पैसा कमाने का एक शानदार तरीका है। टी-शर्ट, पोस्टर, मग, और बैग जैसी चीजें, जो आपके ब्रांड का नाम या कुछ मजाकिया नकल अगर आपके विजिटर्स को आकर्षक लग सकती है, तो निश्चित रूप से आपकी साइट पर आपको खरीदार मिलेंगे।

रेंटल इनकम बनाएँ

यदि इस व्यवसाय में आपका मन लग गया है तो आप अधिक बिक्री करने के लिए संबद्ध बाजारियों के साथ भी जुड़ सकते हैं। इसके लिए आप अपनी अचल संपत्ति किराए पर ले सकते हें और यदि आप घर, अपार्टमेंट या कार्यालय की जगह के मालिक हैं, तो यह आपके पास पैसिव आय उत्पन्न करने का एक बड़ा स्रोत हो सकता है। पीयर-टू-पीयर प्रोपर्टी रेंटल साइट, 99 एकड, OYO Rooms और Airbnb ने रियल एस्टेट मालिकों के लिए अपने घरों को शॉर्ट ड्यूरेशन के लिए किराए पर देकर अतिरिक्त पैसा बनाना बेहद आसान बना दिया है।

यदि आप इस तरह के मॉडल से असहज हैं, तो आप दलालों से बचने के लिए अपनी संपत्ति के लिए किरायेदारों को खोजने के लिए मैजिक ब्रिक्स या मकान जैसी साइटों का भी उपयोग कर सकते हैं।

नेटवर्क मार्केटिंग व्यवसाय

यदि आप अधिक महत्त्वाकांक्षी हैं और एक ऐसे व्यवसाय के निर्माण की आशा कर रहे हैं जो आपको दीर्घकालिक स्थिरता के साथ बड़ा लाभ और आकर्षक जीवनशैली दे सके, तो आपको किसी नेटवर्क की तलाश करनी चाहिए।

किसी स्थापित कंपनी के साथ विपणन व्यवसाय, जिसकी एक वैश्विक उपस्थिति है, आपके लिए काफी फायदेमंद साबित हो सकता है। एमवे, ओरिफ्लेम, एवन, टयूपरवेयर इस तरह के व्यवसाय के कुछ वैश्विक खिलाड़ी हैं। कुछ अन्य भारतीय कंपनियाँ भी अच्छा कर रही हैं। ये कंपनियाँ आपको एक स्थायी व्यवसाय बनाने के लिए आवश्यक प्रशिक्षण भी प्रदान करती हैं।

ये निर्देशित उद्यमिता कार्यक्रम हैं। इन विचारों में से किसी को भी सफल बनाने में अनवरत्ता, समय और प्रयास की आवश्यकता होगी। तब जाकर उनके सफल होने की संभावना बनेगी। लेकिन अगर वे सफल होते हैं, तो उनके द्वारा किए गए सारे कार्यों की सराहना होगी, और वे दूसरों के लिए प्रेरणास्रोत बनेंगे।

❑❑❑

अध्याय 4

कौशल प्रतिभा के धनी-I

इंडिया स्किल कैपिटल का संस्थापक होने के नाते मेरी दृष्टि भारतीय युवाओं को वैश्विक स्तर पर जीनियस बनाने की रही है।

मेरे अनुसार, हमारे देश के युवा न केवल राष्ट्रीय बल्कि अंतर्राष्ट्रीय स्तर के प्रतिभावान हैं। इसका एक आदर्श उदाहरण उस लड़के का होगा जो कभी पढ़ाई का शौकीन नहीं था इसलिए उसने औपचारिक शिक्षा ग्रहण करने की जरूरत ही नहीं समझी।

18 वर्ष की छोटी सी आयु में वह ओरेवल स्टेज के आइडिया से प्रभावित हो गया था। यह आइडिया था एक ऐसी बजट होटलशृंखला बनाना जो काफी सस्ते दरों पर आवास प्रदान करती हो। यह महसूस करते हुए कि किसी अन्य कंपनी या संगठन ने बजट यात्री के लिए सस्ते कमरे की पेशकश नहीं की है, इस लड़के ने Oyo Rooms की शुरुआत कर दी। और इसके बाद जो हुआ वह प्राय: सभी को मालूम है, मुझे इसके बारे में बताने की आवश्यकता नहीं है।

जी हाँ, मैं OYO के संस्थापक रितेश अग्रवाल के बारे में बात कर रहा हूँ जिन्होंने गुड़गाँव के एक होटल में 11 कमरों के साथ OYO की शुरुआत की थी। आज OYO भारत की सबसे बड़ी होटलशृंखला है और इसकी लोकप्रियता वैश्विक स्तर पर तेजी से बढ़ रही है और वह क्रांतिकारी पुरुष रितेश आज दुनिया के सबसे कम उम्र के अरबपतियों में से एक है।

मेरा मानना है कि भारतीय युवा प्रतिभा के भंडार हैं, लेकिन कुछ बुनियादी कौशल की कमी उन्हें अंतर्राष्ट्रीय स्तर पर चमकने से रोकती है। उनकी

प्राकृतिक प्रतिभा को कौशल प्रतिभा के धनी बनाकर सबसे आगे लाया जा सकता है।

अब आप पूछ सकते हैं कि स्किल जीनियस क्या है? इस अध्याय में मैं आपको स्किल जीनियस बनने के सफर के बारे में बताता हूँ। तो ध्यान से पढ़िए। स्कील जीनियस वे हैं जो आधुनिक कौशल कला से सुसज्जित हैं, और यह कौशल उनके प्रयास को सफल बनाता है। मेरा मानना है कि भारतीय युवा पूरी पृथ्वी पर राज कर सकते हैं, बशर्ते उनके अंदर आधुनिक कौशल कला विकसित की जाए।

उन्हें बस कुछ बुनियादी कौशल हासिल करने होंगे जो उनके भाग्य को बदल सकने में समर्थ होंगे। मुझे बुरा लगता है जब मैं देश के युवाओं को अपनी बेशुमार प्रतिभा, किसी नौकरी के चक्कर में बर्बाद करते देखता हूँ।

निस्संदेह, वे ईमानदार और मेहनती हैं, लेकिन उन्हें उन कौशलों के बारे में पता नहीं है जो उन्हें जीवन में बड़ी कामयाबी दिला सकते हैं। इसलिए कड़ी मेहनत के बावजूद भी उन्हें वो सब नहीं मिल पाता जिनके वो हकदार हैं।

जो भी आपका कार्य क्षेत्र हो, या जिस किसी चीज को लेकर भी आपके अंदर जुनून हो, उसके लिए 3 मूलभूत कौशल हैं, जिन्हें अपनाकर भारतीय युवा वैश्विक स्तर पर अपनी श्रेष्ठता साबित कर सकते हैं। ये तीन कौशल आपकी प्राकृतिक प्रतिभा को बढ़ाएँगे और आपके लिए अधिक अवसर प्रदान करेंगे। इन तीन बुनियादी कौशलों को हासिल करने से आप बहुत आगे बढ़ेंगे, भले ही आपके पास कोई अन्य प्रमुख कौशल हों या न हों। ये कौशल समकालीन दुनिया में सबसे आगे निकलने के लिए महत्त्वपूर्ण हैं।

लेकिन इससे पहले कि मैं आपको इन कौशलों के बारे में बताऊँ, आप यह याद रखें कि कौशल को हम कभी भी सीख सकते हैं। इसलिए ऐसा कोई हुनर नहीं, जिसके आप उस्ताद नहीं बन सकते, बशर्ते कि आपके अंदर उसे सीखने की ललक हो।

वे 3 मौलिक कौशल, जो आपको कौशल कुशल बनाएँगे, निम्नानुसार हैं—

1. कंप्यूटर कौशल

2. अंग्रेजी भाषा

3. सॉफ्ट स्किल

1. कंप्यूटर कौशल

इसमें कोई संदेह नहीं है कि हम एक डिजिटल युग में जी रहे हैं और कंप्यूटर आज हमारे दैनिक जीवन का एक अहम् हिस्सा बन गया है। भविष्य में कंप्यूटर और इंटरनेट पर हमारी निर्भरता और अधिक बढ़ने वाली है। इसलिए युवाओं को कम से कम बुनियादी कंप्यूटर और सॉफ्टवेयर कौशल से परिचित होना ही चाहिए। बिना कंप्यूटर ज्ञान वाले व्यक्ति को काफी संघर्ष करना पड़ता है, चाहे वह व्यक्ति कितना भी साक्षर क्यों न हो। जैक मा मामूली शुरुआत से बने स्व-निर्मित अरबपतियों में से एक हैं।

जैक मा को कंप्यूटर या कोडिंग का कोई अनुभव नहीं था, लेकिन 1995 में अमेरिका यात्रा के दौरान जब पहली बार उन्हें इंटरनेट का उपयोग करने का अवसर मिला तो वे इससे बहुत अधिक प्रभावित हुए। उन्होंने हाल ही में एक अनुवाद व्यवसाय शुरू कर एक चीनी फर्म को भुगतान प्राप्त करने में सहायता की।

प्रारंभ में मा कंप्यूटर का उपयोग करने के लिए इच्छुक नहीं थे, नहीं तो वे बहुत सारे रिकॉर्ड तोड़ सकते थे। लेकिन अपने दोस्त का आश्वासन पाने के बाद, मा की पहली ऑनलाइन खोज "बीयर" थी। लेकिन जैक यह जानकर हैरान रह गए कि कोई भी चीनी "बीयर" परिणाम में सामने नहीं आई। यह वह खोज थी जिसने आगे अलीबाबा को जन्म दिया, जो आज 40 बिलियन डॉलर की कंपनी है। यह कंप्यूटर ही था जिसने न केवल मा के जीवन, बल्कि पूरी दुनिया की अर्थव्यवस्था में क्रांति ला दी।

जैक मा ने जनवरी, 2017 में तत्कालीन राष्ट्रपति ट्रम्प से मिलने के बाद सुर्खियाँ बटोरीं और घोषणा की कि वे अमेरिका में एक लाख नौकरियाँ पैदा करेगा।

2. अंग्रेजी भाषा

अंग्रेजी एक वैश्विक भाषा है। यह दुनिया भर में व्यापक रूप से बोली जाने वाली भाषाओं में से एक है। चाहे आप एक प्रतिष्ठित संगठन में काम करना चाहते हों या आप अपना खुद का उद्यम शुरू करना चाहते हों, आपके लिए अंग्रेजी जानना अनिवार्य है।

चाहे आपका कार्य किसी क्षेत्र का क्यों न हो, यदि आप विश्व स्तर पर सफल होना चाहते हैं, तो आपका अंग्रेजी भाषा पर कमांड होनी ही चाहिए। चूँकि मुझे यकीन है कि आप पहले से ही इस भाषा के वैश्विक महत्त्व से अवगत होंगे, इसलिए मुझे इस भाषा की ज्यादा वकालत करने की आवश्यकता नहीं है।

हालाँकि, यहाँ पर मैं आपको स्पष्ट कर दूँ कि इस वैश्विक भाषा पर अभी आपकी पकड़ कम ही क्यों न हो, आप इसे बेहतर बनाने के लिए रास्ते खोज सकते हैं। इसके लिए जब भी आपको समय मिले, कुछ किताबें पढ़ने की कोशिश करें, अंग्रेजी के बेहतरीन वक्तव्यों को सुनें और यदि संभव हो तो कोई अंग्रेजी सीखाने का कोर्स भी कर लें।

महापुरुषों ने अपने विचारों को सही शब्द देकर लाखों लोगों के दिलों को जीता है। मुझे स्वामी विवेकानंद का वह भाषण याद है जो उन्होंने 1893 में शिकागो में विश्व धर्म संसद में दिया था, जहाँ उन्होंने भारत और हिंदू धर्म को पश्चिम में पेश किया था। भाषण देने से पहले, उन्होंने सरस्वती को प्रणाम किया और अपने भाषण को "अमेरिका की बहनों और भाइयों" के रूप में संबोधित करते हुए शुरू किया।

इन शब्दों का उच्चारण करने पर विवेकानंद को भीड़ ने (तालियों की गड़गड़ाहट के साथ) 2 मिनट तक खड़े होकर सराहा। उन्होंने अपने भाषण की शुरुआत में ही अपने देश भारत की ओर से तब के एक नवीन देश अमेरिका का अभिवादन किया। वही भारत जिसने पूरे विश्व को सहिष्णुता और सार्वभौमिक स्वीकृति सिखाई थी, जहाँ सबसे पहले संन्यासी (वैदिक) और भिक्षुक आए थे, और जहाँ सबसे पहले आध्यात्मिक ज्ञान का उदय हुआ था।

विवेकानंद के भाषण की पूरे सदन ने जम कर तारिफ की। सदन के अध्यक्ष जॉन बैरो ने विवेकानंद की भूरी-भूरी प्रशंसा करते हुए कहा, "विवेकानंद ने श्रोतागणों पर गहरा प्रभाव डाला है।" वहाँ का प्रेस जगत भी विवेकानंद के भाषण के चुंबकीय प्रभाव से अछूता नहीं रह पाया। विवेकानंद को वहाँ की प्रेस ने भारत का चमत्कारी संन्यासी बताया। न्यूयॉर्क हेराल्ड जैसे समाचार पत्रों ने उनके बारे में लिखा, "विवेकानंद निस्संदेह धर्म संसद के सबसे महान व्यक्ति हैं। इन्हें सुनने के बाद हमें ऐसा लगता है कि मिशनरियों को इस सुशिक्षित देश में भेजना कितना मूर्खतापूर्ण है।"

यदि यह भाषण मातृभाषा में दिया गया होता, तो निश्चय ही इसका इतना व्यापक प्रभाव नहीं पड़ता, भारत की वैश्विक स्तर पर इतनी वाहवाही नहीं होती। परंतु यहाँ पर मेरा यह अभिप्राय बिल्कुल नहीं है कि किसी को अपनी मातृभाषा का सम्मान नहीं करना चाहिए। आपकी पहली और सबसे महत्त्वपूर्ण जिम्मेदारी अपनी मातृभाषा को महत्त्व देना है।

इस वैश्विक भाषा अंग्रेजी में महारत हासिल करने से आपको वैश्विक पहचान मिल सकती है। हालाँकि अंग्रेजी सिर्फ एक भाषा है लेकिन यह इतनी अधिक समृद्ध है कि यदि सही इरादे और भाव के साथ बोली जाए तो लाखों लोगों का मार्गदर्शन कर सकती है।

3. सॉफ्ट स्किल्स

इसमें उस तरह के तमाम कौशल शामिल हैं जो आपको कौशल कुशल बनाने के लिए अनिवार्य हैं। मुझे यकीन है कि आपने बहुत बार इस शब्द को सुना होगा। लेकिन, वास्तव में सॉफ्ट स्किल क्या हैं? विकिपीडिया सॉफ्ट स्किल्स को कुछ इस तरह से परिभाषित करता है, "सॉफ्ट स्किल्स जनसामान्य के कौशल, सामाजिक कौशल, संचार कौशल, चरित्र लक्षण, दृष्टिकोण, कैरियर की विशेषताओं, सामाजिक बुद्धिमत्ता और भावनात्मक बुद्धिमत्ता का एक संयोजन है जो लोगों को अपने वातावरण में मार्ग निर्देशित करने, दूसरों के साथ अच्छी तरह से काम करने में सक्षम बनाते हैं। साथ ही ये अच्छा प्रदर्शन करते हैं और कड़ी मेहनत के साथ अपने लक्ष्यों को प्राप्त करने के लिए प्रेरित करते हैं।"

सॉफ्ट स्किल किसी भी कंप्यूटर पर इंस्टॉल किए गए सॉफ्टवेयर की तरह होते हैं। अपने कंप्यूटर पर कुशलता से काम करने के लिए, आपके पास सॉफ्ट स्किल का नवीनतम संस्करण होना चाहिए। और बिना सॉफ्टवेयर के हार्डवेयर का कोई फायदा नहीं है। इसी प्रकार, सॉफ्ट स्किल किसी भी पेशेवर के लिए आवश्यक है।

यह सॉफ्ट स्किल ही है जो एक प्रतिभावान व्यक्ति को आदर्श बनाती है। यहाँ कुछ सॉफ्ट स्किल्स की एक सूची दी जा रही है जो आपके लिए परिणाम-उन्मुख साबित हो सकती हैं:

- सृजनात्मकता
- बदलने की इच्छाशक्ति
- संचार
- टीम वर्क
- बॉडी लैंग्वेज
- आत्म-सम्मान को महत्त्व देना
- आत्म-विश्वास
- सकारात्मक सोच
- स्व प्रेरणा
- निर्णय लेने की क्षमता
- मोल भाव करने की शक्ति (negotiate)
- समय प्रबंधन

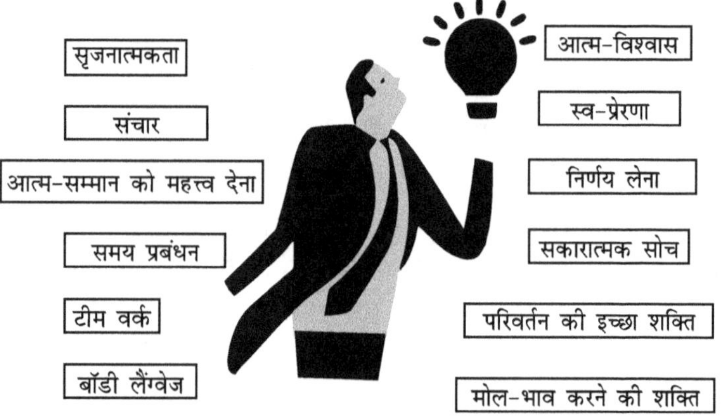

आइए, हम कुछ महत्त्वपूर्ण सॉफ्ट स्किल्स के बारे में विस्तार से जानने का प्रयास करते हैं। इन स्किल्स को यदि आप विकसित करने में सफल हो जाते हैं तो आप सफलता के सुपर-हाइवे पर बहुत तेज गति से आगे बढ़ सकते हैं।

1. सकारात्मक सोचः हाँ मैं कर सकता हूँ कि सोच (Yes, I can Attitude)

क्या आप जानते हैं कि एक औसत दर्जे के व्यक्ति और एक सफल व्यक्ति के बीच क्या अंतर है?

एक औसत दर्जे का व्यक्ति हमेशा चुनौतियों से अपने आपको घिरा महसूस करता है, जबकि एक सफल व्यक्ति चुनौतियों को अवसर के रूप में देखता है। इसमें कोई दो मत नहीं कि जीवन चुनौतियों से भरा होता है। इसे कुछ लोग समस्या के रूप में देखते हैं, तो वहीं कुछ लोग इस आगे बढ़ने के रास्ते के रूप में देखते हैं। परंतु, यदि हमें जीवन में सफल होना है तो चुनौतियों को सकारात्मक रूप में स्वीकार करना होगा। हमें यह नहीं भूलना चाहिए कि प्रत्येक समस्या का समाधान जरूर निकल कर आता है। यदि हम सचेत रहें, और धैर्यवान बने रहें तो वर्षा रूपी समस्या का समापन होगा, फिर इंद्रधनुष दिखेगा, जो हमारे भविष्य को स्वर्णिम बना देगा।

हालाँकि, दुर्भाग्यवश कुछ लोग ही समस्या का स्थाई समाधान निकाल पाते हैं। अधिकतर या तो भाग जाते हैं, या फिर कोई तात्कालिक समाधान निकालने में अपने को व्यस्त कर लेते हैं। वास्तव में किसी चुनौती के प्रति किसी खास तरीके का रवैया जीवन के प्रति दृष्टिकोण का द्योतक है। ये नकारात्मक भी हो सकता है, और सकारात्मक भी।

हममें से ज्यादातर एक नकारात्मक मानसिकता के प्रभाव में होते हैं। ऐसे समय आते हैं जब हम सफलता पाने के बेहद करीब होते हैं और अचानक हमें डर सताने लगता है कि कहीं हम असफल न हो जाएँ। और यही संशय वास्तविकता में बदल जाता है। और इसलिए, हम अपने भाग्य, अपने आस-पास के लोगों, स्थितियों और यहाँ तक कि भगवान को भी दोषी ठहराने से बाज नहीं आते। जबकि वास्तविकता यह है कि कोई और नहीं, हम खुद ही अपनी असफलता के लिए जिम्मेदार होते हैं। हम अपना गड्ढा खुद ही खोदते हैं।

सकारात्मक दृष्टिकोण के बिना कोई भी व्यक्ति किसी महत्त्वपूर्ण चीज को अपने जीवन में हासिल नहीं कर सकता। इसलिए हमारे भारतीय युवाओं में एक सकारात्मक दृष्टिकोण और इसकी शक्ति की समझ होनी चाहिए। यदि आप जीवन में कुछ महत्त्वपूर्ण हासिल करना चाहते हैं तो 'Yes I Can' "हाँ मैं

कर सकता हूँ" का मनोभाव विकसित करना होगा।

मैंने जब व्यावसायिक जीवन में कदम रखा तभी इस रहस्य को सीख लिया था। यू.एस.ए. के एक महान व्यक्ति ने मुझसे कहा, "अनुराग, अगर आपको लगता है कि आप कर सकते हैं, तो आप कर सकते हैं और यदि आप सोचते हैं कि आप से नहीं होगा, तो आपसे सचमुच नहीं होगा।"

इसलिए हर असफलता या सफलता सबसे पहले आपके दिमाग में घूमती है। इसलिए केवल सकारात्मक सोचने के लिए अपने दिमाग को प्रशिक्षित करने के कौशल को जानें। स्थिति कितनी भी खराब क्यों न हो, इससे कोई फर्क नहीं पड़ता। अगर आपको लगता है कि आप सफल हो सकते हैं, तो आप निश्चय ही सफल हो सकते हैं।

2. अपनी ताकत और कमजोरी को जानें

> *"स्मार्ट लोग अपनी ताकत की पहचान करते हैं और उसके चारों तरफ अपनी सफलता का निर्माण करते हैं।"*

> *"होशियार लोगों को अपनी ताकत की पहचान होती है और वो उसी ताकत का समुचित उपयोग कर सफल बनते हैं।"*

इस दुनिया में कोई भी संपूर्ण (परफेक्ट) नहीं है। वास्तव में हर इंसान में ताकत और कमजोरी होती है। फिर क्यों मुट्ठी भर लोग इतने सफल हो जाते हैं, जबकि कई अन्य अपनी मंजिल पाने के लिए दर-दर भटकते रहते हैं, और उन्हें अच्छी सफलता नसीब नहीं होती? इसका उत्तर है—इससे पहले कि स्मार्ट लोग अपनी लक्ष्य प्राप्ति के लिए निकलते हैं, वे अपनी ताकत और कमजोरी जानने के लिए कड़ी मेहनत करते हैं।

फिर वे अपनी ताकत पर ध्यान केंद्रित करते हैं और इसे कौशल कला से और अधिक मजबूत बनाते हैं। इस तरह वे अपनी ताकत को कई गुना बढ़ा लेते हैं। साथ ही, वे जीवन में गलतियों से बचने के लिए अपनी कमजोरियों के बारे

में भी खुद को याद दिलाते रहते हैं। जब मैं स्कूल में था, तो मेरा एक दोस्त था कर्ण। वह गणित में जीनियस था। छठी कक्षा में ही वह आठवीं कक्षा के समीकरण हल कर लेता था। हालाँकि, अंग्रेजी उसके लिए दूसरे ग्रह की भाषा जैसी थी। अंग्रेजी में उसे हमेशा लो ग्रेड मिलता, कभी-कभी तो फेल भी हो जाता। हालाँकि, शिक्षक और उसके माता-पिता भी उसे "अपनी सकारात्मकता को मजबूत करने और अपनी कमजोरियों से अवगत होने की अवधारणा" को समझने में विफल रहे।

कर्ण के शिक्षक ने उसके माता-पिता को बुलाया और अंग्रेजी में उसके निराशाजनक प्रदर्शन की शिकायत की। उनके माता-पिता ने कर्ण को डाँटा और उसके कान में यह बात भर दी, 'अपनी अंग्रेजी पर काम करो, ज्यादातर समय अंग्रेजी में पढ़ने और लिखने में बिताओ'। इसलिए वह अक्सर स्कूल के बाद अंग्रेजी ट्यूशन पर घंटों समय बिताया करता था।

अंतत:, अंग्रेजी को सुधारने के बोझ से वह इतना दब गया कि उसकी रुचि गणित से भी जाती रही। अब उसकी कमजोरियों में गणित भी शामिल हो गया था। यदि उसे अंग्रेजी सुधारने के लिए वक्त मिला होता, और गणित में उसे अधिक से अधिक मेहनत करने के लिए प्रोत्साहित किया जाता, तो शायद उसका यह हाल न होता।

अगर यह सब कुछ संभव हो पाता तो दुनिया के लोगों को एक गणित जीनियस कर्ण मिला होता। ऐसे कितने ही कर्ण विपरीत परिस्थितियों के कर्ण अपनी नैसर्गिक क्षमता को गवाँ बैठते हैं, और वह चीज नहीं बन पाते, जिसके लिए वे बने हैं।

इसलिए, अपनी ताकत और कमजोरी के बारे में जानना महत्त्वपूर्ण है। लेकिन साथ ही, अपनी कमजोरी पर इस तरह से काम करें कि यह आपके विकास को बाधित न करे। और उड़ान गियर में अपने आपको ढालने के लिए अपनी ताकत पर और भी अधिक काम करें। सभी पहलुओं में अपने आपको सही होने की उम्मीद न करें। मेरा विश्वास करें, परफेक्ट बनने की चाहत आपको कहीं का नहीं छोड़ेगी।

'इंडिया स्किल कैपिटल' में हम हमेशा लोगों को उनकी ताकत जानने के लिए प्रशिक्षित करने को उत्सुक रहते हैं। हम उन्हें आत्म-मंथन करने के लिए

या अपने दोस्तों और परिवार के सदस्यों से सलाह करने का परामर्श देते हैं ताकि वे अपनी ताकत और कमजोरी को सही-सही जान सकें।

> *"मुझे अपनी ताकत का अंदाजा है, मुझे क्या करना चाहिए, इसके बारे में मेरे अंदर किसी भी तरह की दुविधा नहीं है, और मैं वह सब कुछ करता हूँ जो मैं कर पाने की स्थिति में हूँ, मैं इसे बार-बार तब तक करता हूँ, जब तक कि मैं अपने निर्धारित लक्ष्य को हासिल न कर लूँ।"*

इसलिए आइडिया यह है कि आप अपनी रुचि के विषयों का अध्ययन करें, उसमें महारत हासिल करें और जिसमें आपकी दिलचस्पी न के बराबर है, उसे अपनी कमजोरी न बनने दें, या उसके चलते आप अपनी रुचि की चीजों को करना न छोड़ दें। हाँ, जो आपकी कमजोरी है, उस पर धीरे-धीरे काबू पाने की कोशिश जरूर करें।

3. आत्म सम्मान

हमेशा एक सकारात्मक सोच रखें। खुश रहें और आत्म-सम्मान पर किसी तरह की आँच न आने दें। कृपया इस तथ्य से अवगत रहें कि ईश्वर आपका निर्माता है और वह कभी कबाड़ नहीं बनाता है। इसलिए मेरा विश्वास कीजिए, आप उतने ही खास हैं जितना कि कोई अरबपति, या दुनिया का सबसे प्रसन्न व्यक्ति। आपके पास निश्चय ही कुछ अद्वितीय गुण हैं जो वर्तमान समय में किसी और के पास नहीं है। बस आपको उन्हें पहचानने की जरूरत है। और यह तभी संभव है जब आप आत्मसम्मान से भरे हों।

हमेशा अपने बारे में ऊँचा सोचें। दूसरों का सम्मान करें लेकिन कभी किसी को अपने स्वाभिमान या आत्मसम्मान के साथ खेलने की अनुमति न दें। जब स्थिति आपके अनुकूल न हो तो "न" कहना सीखें। आपने बचपन में अरब और ऊँट की कहानी तो सुनी होगी जो इस प्रकार है—

जाड़े की एक रात थी। एक अरब अपने तंबू में आराम कर रहा था। तभी उसके ऊँट ने अंदर झाँका और पूछा, "मास्टर जी, बाहर बहुत ठंड है। कृपया

मुझे अपना सिर अपने तंबू के अंदर रखने की अनुमति दें।" दयालु गुरु ने गरीब जानवर पर दया की और ऊँट के अनुरोध पर सहमति व्यक्त की। थोड़ी देर बाद ऊँट ने पूछा, "मास्टर जी, कृपया मुझे अपनी गर्दन को अपने तम्बू के अंदर डाल लेने दें।"

एक बार फिर मास्टर ने उसे ऐसा करने की अनुमति दे दी। इसके बाद, ऊँट ने पूछा कि क्या वह अपने अगले पैरों को तम्बू के अंदर डाल सकता है, जिस पर मास्टर ने फिर से हामी भर दी, क्योंकि उन्हें "ना" कहना नहीं आता था। बहुत जल्द ही ऊँट पूरी तरह से तम्बू के अंदर था और मास्टर उस कड़ाके की ठंड में खुद ही तम्बू के बाहर हो चुके थे। मेरे अनुसार, उच्च आत्म-सम्मान बनाए रखना किसी भी इंसान की सबसे बड़ी जिम्मेदारी है। कृपया ईश्वर के इस उपहार (तुम स्वयं) को कम मत समझिए।

यहाँ मैं आपको एक मंत्र दे रहा हूँ। यह आपके सकारात्मक आत्म-सम्मान को निरंतर बढ़ाएगा।

आप रोज **स्वयं को एक सकारात्मक आत्म-चर्चा में संलग्न करें।** जैसा कि स्वामी विवेकानंद ने कहा था, "एक दिन में कम से कम एक बार खुद से बात करें, अन्यथा आप इस दुनिया के एक उत्कृष्ट व्यक्ति के साथ मिलने का सुअवसर खो देंगे।" आप खुद से कह सकते हैं कि

"मैं सबसे अच्छा हूँ!
मैं यह कर सकता हूँ!
मैं भगवान की सबसे अच्छी रचना हूँ!
मैं अपने काम में सर्वश्रेष्ठ हूँ!
मैं भगवान का आभारी हूँ!
भगवान, तुमने मुझे सबसे अच्छा बनाया है!
भगवान मैं आपसे प्यार करता हूँ!
मुझे खुद से प्यार है!
मैं सर्वश्रेष्ठ हूँ!
आज मेरा दिन है!"

यहाँ भगवान का अर्थ है सर्वशक्तिमान ईश्वर या कोई भी सकारात्मक ऊर्जा, जिस पर आप विश्वास करते हैं। मेरा विश्वास कीजिए, ये शब्द जादुई

हैं। कुछ ही दिनों में आप यह महसूस करेंगे कि आप नकारात्मकता के बुलबुले से बाहर निकल गए हैं और आपके अंदर सकारात्मकता का संचार हो रहा है।

धीरे-धीरे, आपके कार्य आपके विचारों के अनुरूप होने लगेंगे और यह आपका स्वयं का सर्वश्रेष्ठ संस्करण बनने की ओर पहला कदम होगा।

4.आत्म-विश्वास

'अपनी वास्तविक शक्ति का ज्ञान और अपनी क्षमता पर भरोसा, इन दो चीजों से हम एक बेहतर दुनिया का निर्माण कर सकते हैं।'

-दलाई लामा

होशियार लोग अपनी गलतियों से सीखते हैं, जबकि बेवकूफ गलतियों को दुहराते रहते हैं।

यदि आप महान हस्तियों को नोटिस करें तो पाएँगे कि वे अपने चारों ओर आत्मविश्वास की आभा रखते हैं। जिस तरह से वे मंच की सीढ़ियों पर चढ़ते हैं, जिस तरह से वे बात करते हैं, जिस तरह से वे अपनी बॉडी लैंग्वेज का इस्तेमाल करते हैं और यहाँ तक कि जिस तरह से वे ऑफ-स्टेज व्यवहार करते हैं, उससे आप उनके अंदर लबालब भरे आत्मविश्वास को महसूस कर सकते हैं। और यही कारण है कि वे अपनी इच्छानुसार प्रदर्शन कर पाते हैं। इसलिए वे बड़ी-बड़ी बातें करते ही नहीं है, बल्कि वैसा कर के भी दिखाते हैं।

मुझे यकीन है कि आप में से अधिकांश लोगों ने कई बार 'आत्म विश्वास' वाक्यांश को सुना होगा। लेकिन कहीं न कहीं इस वाक्यांश का भावार्थ आप अभी तक नहीं समझ पाए हैं, या आपके अंदर इसे जगाने का साहस नहीं है। परंतु, यदि आप इस पर गंभीरता से विचार करें या इसकी तह तक जाएँ तो आप पाएँगे कि यह आपके जीवन को परिवर्तित करने की क्षमता रखता है।

मैंने अपने जीवन में हमेशा आत्म विश्वास को महत्त्वपूर्ण माना है। अपने बचपन से ही, मैं जो कुछ भी करता था, उसके बारे में बहुत आश्वस्त रहता था। बल्कि कई बार तो मैं ओवर कोन्फिडेंट हो जाया करता था।

मेरे पिता मुझे ओवर कॉन्फिडेंट नहीं होने और व्यावहारिक तरीके से जीवन जीने के लिए कहते थे। जैसा कि मैंने आपको पहले ही बताया है, मेरी पृष्ठभूमि साधारण रही है। मेरी परवरिश एक मध्यमवर्गीय परिवार में हुई है। मैं अपने पापा को कहा करता था, "मैं समझता हूँ कि मध्यमवर्गीय परिवार के लोगों की सबसे बड़ी पूँजी उनका आत्म-विश्वास होता है, और मुझे गर्व है कि यह मेरे अंदर भरपूर है। मुझे पूर्ण विश्वास है कि यही मुझे एक दिन सफल बनाएगा।"

आज भी जब मैं पीछे मुड़ कर देखता हूँ तो मुझे लगता है कि वह मेरा आत्म विश्वास ही था जो मुझे यहाँ तक लाया। मैंने जो भी किया, पूरे आत्मविश्वास के साथ किया। और इससे फर्क पड़ता है। इसलिए, मैं अपने सभी पाठकों को इस उपकरण पर ध्यान केंद्रित करने की सलाह देता हूँ।

यदि आपके पास इसकी कमी है तो आप निराश या दुखी न हों। इसे नजरअंदाज भी न करें। स्मार्ट लोग अपनी गलतियों से सीखते हैं जबकि मूर्ख बार-बार वही गलती करते हैं। अनभिज्ञता से आपको काफी अधिक परेशानी और मुश्किलों का सामना करना पड़ सकता है, तत्कालीन और दीर्घकालीन दोनों ही दृष्टियों से।

नीचे कुछ छोटे-छोटे कदम दिए गए हैं, जिसका उपयोग आप अपने आत्म विश्वास को बढ़ाने के लिए कर सकते हैं:

1. **गलती करने के बारे में चिंता न करें**, बल्कि गलतियों को सीखने के अवसरों के रूप में लें।

2. **गलतियों की गिनती न करें।** आपकी गलतियाँ तब तक माफ किए जाने योग्य हैं जब तक कि आप उन सबसे कुछ न कुछ सीख लेते हैं, और फिर वह गलती कभी नहीं करते। यदि आप ऐसा करते हैं तो निश्चय ही आप एक दिन सफल हो जाएँगे।

   यहाँ मुझे थॉमस एडिसन का प्रसिद्ध उद्धरण याद आता है: "मैं असफल नहीं हुआ, मुझे सिर्फ 10,000 ऐसे तरीके मिले हैं जो प्रसिद्धि दिलाने के लिए पर्याप्त नहीं हैं।"

3. **हमेशा अपनी गलतियों से सीखें:** सीखना उतना ही महत्त्वपूर्ण है जितना गलतियाँ करना। इसलिए हमेशा अपने सीखने के पैराशूट को

खुला रखें क्योंकि जिंदगी की जंग आपको खुद ही लड़नी है।

4. **गलतियों को न दोहराएँ:** "स्मार्ट लोग अपनी गलतियों से सीखते हैं जबकि बेवकूफ उन्हें दोहराते जाते हैं।"

   गलतियाँ मील के पत्थर हैं: यदि आप बार-बार उसी मील के पत्थर पर वापस आते रहेंगे, तो क्या आपको लगता है कि आप कभी भी गंतव्य तक पहुँच पाएँगे? नहीं, बिल्कुल नहीं।

5. **जीवन में छोटी-छोटी सफलताएँ हासिल करते रहें:** याद रखें, "छोटे-छोटे किंतु लगातार प्रहार से बड़े-बड़े पेड़ गिर जाते हैं।"

   आप महज एक दिन में ड्राइविंग सीखकर व्यस्त सड़कों पर नहीं निकल पड़े थे। बल्कि आपने एक चरण-दर-चरण प्रक्रिया का पालन किया था। इसी तरह, छोटी-छोटी उपलब्धियाँ ही हमें बड़े लक्ष्य को हासिल करने के लिए प्रेरित करती हैं और उसे साकार करती हैं।

6. **अपनी हर छोटी-मोटी सफलता को याद रखें:** किसी एक सफलता के बाद हाथ पर हाथ रखकर बैठ न जाएँ। इसे दोहराते रहने का प्रयास करें। हर सफलता, चाहे वह छोटी से छोटी ही क्यों न हो, उसे याद रखें, और उसे अपने आत्म विश्वास को बढ़ाने में प्रयोग में लाएँ।

सप्ताह में कम से कम एक बार इस जर्नल को पढ़ें, खासकर तब जब कि किसी असफलता की वजह से आप अपने आपको खिन्न अथवा परेशान पाएँ। यह आपके अंदर आवश्यक आत्म विश्वास पैदा करेगा और आप अंदर ही अंदर महसूस करेंगे कि हाँ.. मैं कर सकता हूँ। (Yes, I can). ये छोटी-छोटी सफलताएँ ही ऐसी कुँजी हैं जो आपके आत्मविश्वास को तब तक कायम रखेंगी जब तक कि आप फूल की तरह पूरी तरह से खिल न जाएँ।

इन 6 चरणों का पालन करने के बाद, आप अपने आपको आत्मविश्वास से भरा हुआ पाएँगे। मैं आपको अच्छे भविष्य के लिए शुभकामनाएँ देता हूँ। मेरा विश्वास कीजिए, जो भी आपका काम है और अगर आप इसे आत्म विश्वास की मीठी चाशनी में डुबो सकें, तो निश्चय ही आप ऐसा स्वाद बनके दुनिया के सामने आएँगे, कि लोग अपने आपको आपसे अलग नहीं रख पाएँगे।

❑❑❑

अध्याय 5

कौशल प्रतिभा के धनी-II

आपको जो कौशल सीखने की जरूरत है, उसे आपकी नौकरी की जिम्मेदारियों और उन लक्ष्यों के अनुरूप तैयार किया जाना चाहिए, जिनके लिए आप इच्छुक हैं। लेकिन कुछ सामान्य कौशल हैं जिनमें पारंगत होना किसी के लिए भी अपने भविष्य की बेहतरी के लिए आवश्यक है। यदि इन कौशलों में आप असाधारण प्रदर्शन कर पाते हैं, तो निश्चय ही आप भीड़ से अलग दिखेंगे और लोग आपके पास आएँगे, आपको लोगों के पास जाने की आवश्यकता नहीं होगी।

यहाँ 4 और बोनस कौशल निम्नानुसार दिए जा रहे हैं जिनकी सहायता से आप अपने कैरियर के सर्वोच्च शिखर पर पहुँच सकते हैं।

1. टीम वर्क

> *"व्यापार में कभी भी महत्त्वपूर्ण उपलब्धि किसी एक व्यक्ति द्वारा हासिल नहीं की जा सकती है। यह केवल और केवल टीम के प्रयासों से ही संभव हो पाता है।"*
>
> *-स्टीव जॉब्स*

यहाँ टीम शब्द के अर्थ को समझना महत्त्वपूर्ण है—एक कहावत है, 'टुगेदर एवरीवन अचीव्स मोर' (एक साथ काम करने वालों को हमेशा अकेले काम करने वालों से ज्यादा सफलता मिलती है)

जब हम एक टीम में काम करते हैं, तो हम सामूहिक ताकत के साथ काम करते हैं। काम पर एक दिमाग के बजाय, एक टीम के रूप में एक ही मिशन के लिए काम करने वाले कई दिमाग होते हैं, तो जाहिर है कि सफलता प्राप्त करने की संभावना कई गुना बढ़ जाती है। कोई भी व्यक्ति कितना भी योग्य या कुशल क्यों न हो, यदि कोई एक टीम के रूप में काम करने में विफल रहता है, तो व्यक्ति अक्सर अपने आपको असमंजस की स्थिति में पाता है। टीम वर्क के महत्त्व को दर्शाने वाले कई उदाहरण हैं। जिनमें से कुछ निम्नानुसार हैं–

सबसे पहले तो भारतीय क्रिकेट टीम ही एक ऐसा उदाहरण है। एक और आदर्श उदाहरण छोटी-छोटी चींटियों के कार्यकलाप के रूप में देखा जा सकता है। हर दिन वे भोजन की तलाश में दरारों से बाहर निकलती हैं। हर एक चींटी अपने स्वयं के वजन से कई गुना अधिक वजन उठा के अपना घर भरती हैं। वह केवल खुद को खिलाने के लिए भोजन नहीं लेती है बल्कि पूरे परिवार को खिलाने के लिए एकत्रित करती हैं। वे दीवारों से गुजरती हैं, और भूमिगत सुरंगों की खुदाई करती हैं। वे कॉलोनी को जीवंत बनाए रखने के लिए सभी प्रकार की परिस्थितियों में कंकड़, चट्टानों और मिट्टी के टुकड़ों को स्थानांतरित करती रहती हैं। जरूरत पड़ने पर वे एक टीम के रूप में, अपने से काफी बड़े जीव का सामना भी करती हैं, और अपने साथियों का बचाव भी करती हैं।

इसी तरह, टीम वर्क हमें हाथी जैसे विशालकाय लक्ष्य को सुगम बनाने और उसे हासिल करने की क्षमता प्रदान करता है, जो कि हर समय अकेले लगे रहने और फिर भी सफलता से कोसों दूर रहने से कहीं बेहतर है। हर एक सफल उद्यमी के पास अपनी टीम होती है। यह टीम उस उद्यमी के लिए हमेशा अच्छा काम करती है और उन्हीं सबके प्रयासों के परिणामस्वरूप उद्यमी सफल कहलाता है। वास्तव में टीम के सामूहिक कार्य से ही उद्यमी असंभव से प्रतीत होने वाले लक्ष्य को भी हासिल कर पाते हैं। इस क्रम में स्टीव जॉब्स ने तो अपने रचनात्मक और सृजनात्मक दिमाग से जीने का नजरिया ही बदल डाला। हालाँकि, मेहनती पेशेवरों और उनकी टीम की क्षमताओं के बिना, उनके नवाचार दुनिया भर में इतने सारे लोगों के हाथों में नहीं पहुँचे होंगे।

यहाँ कुछ और लाभ दिए गए हैं जो टीम वर्क के महत्त्व को सत्यापित करते हैं।

टीमवर्क नए विचारों को जन्म देता है: चाहे आप एक कर्मचारी के रूप में काम कर रहे हों या उद्यमी के रूप में, व्यावसायिक प्रतिस्पर्धा के इस युग में आपको नवीनतम और ताजे विचारों और योजनाओं की आवश्यकता होगी।

यह आपके विचारों को मूर्त रूप देने के लिए एक अनूठा जरिया होगा जिससे आपको व्यापार में भी समग्र रूप से लाभ होगा। वस्तुत: कोई भी व्यवसायी तब सफल होता है जब उसके पास विविध लोगों की टीम होती है और उस टीम के सभी सदस्य अपने स्वतंत्र विचारों से टीम को लाभान्वित करते हैं।

टीम वर्क समस्याओं को दूर करने में मदद करता है: चींटियों की तरह, एक समूह के भीतर गठबंधन सभी गंभीर समस्याओं को हल करने में मदद कर सकता है।

टीम के लिए विचारों का आदान-प्रदान करने और चीजों को करने के रचनात्मक तरीकों के साथ आने के लिए बुद्धिशीलता एक अच्छा अवसर है। एक साथ काम करके, टीम बेहतर उपलब्धि हासिल कर सकता है।

टीम का वातावरण उसके सदस्यों को सामूहिक रूप से प्रत्येक चुनौती पर विचार करने और उसका मिल कर समाधान निकालने का अवसर देता है। टीम के सदस्यगण अपनी-अपनी क्षमता के अनुसार समाधान निकालने के लिए अपना-अपना दिमाग लगाते हैं और फिर उसे अपने टीम के सामने रखते हैं। टीम से स्वीकृति और दिशा-निर्देश मिलने पर समस्या का निपुणता से प्रभावशाली समाधान मिलने की संभावना बढ़ जाती है।

अविलंब समर्थन: सीखने के बहुमूल्य अवसर देने के अलावा, टीम वर्क एक ऐसी व्यवस्था का विकास करता है ताकि उच्च गुणवत्ता वाले काम हों, और उन्हें समय सीमा के अंदर पूरा किया जा सके। जब किसी टीम का एक व्यक्ति पिछड़ने लगता है तो उसे सहारा देने के लिए तुरंत ही दूसरा व्यक्ति आता है और उसके काम को तय समय में ही पूरा करवा देता है जिससे पूरा का पूरा कारोबार कुशलता से संचालित होता रहता है।

टीम मित्रता की भावना विकसित करती है क्योंकि इसके सभी सदस्य एक सामान्य लक्ष्य की प्राप्ति के लिए काम करते हैं।

टीम वर्क मनोबल बढ़ाता है: एक टीम के सदस्य के रूप में काम करते समय, आप महसूस करते हैं कि जब से आपके प्रयासों का परिणाम दिखना शुरू हो जाता है तबसे आपके काम की तारीफ होनी शुरू हो जाती है।

यदि आप उत्पादकता बढ़ाने की कोई तरकीब अपनी टीम के सामने रखते हैं, जैसे कि तय समय पर चीजों को पूरा करने का एक सटीक तरीका, या ऐसा ही कुछ, तो निश्चय ही इससे आपकी अपनी श्रेष्ठता टीम के सामने सिद्ध होगी और साथ ही इससे टीम का मनोबल भी बढ़ेगा। इसके साथ ही, आपकी टीम के दूसरे सदस्य भी टीम में कुछ उत्कृष्ट योगदान करना चाहेंगे। एक साथ काम करने पर, टीम के दूसरे सदस्यों को भी संगठन के बल का अनुभव होता है जो एक सामान्य लक्ष्य की प्राप्ति के लिए मिलजुल कर काम करने को प्रेरित करता है।

एक टीम, जो अच्छी तरह से काम करती है, अच्छा परिणाम दे सकती है। जब टीम के सदस्यों को अपनी स्वयं की जिम्मेदारियों और भूमिकाओं के बारे में पता चलता है, साथ ही साथ उनके आउटपुट का महत्त्व भी देखने को मिलता है तब उनकी टीम के बाकी लोगों द्वारा भरोसा बढ़ता है, जो टीम के सदस्यों को समान दृष्टि, मूल्यों और लक्ष्यों को साझा करने के लिए प्रेरित करता है। परिणाम यह होता है कि फेलोशिप, विश्वास, समर्थन, सम्मान और सहयोग के आधार पर कार्यस्थल का माहौल बनता है।

हालाँकि, एक टीम में काम करने के लिए एक विशेष दृष्टिकोण और कौशल सेट की आवश्यकता होती है, जैसे संचार कौशल, संघर्ष प्रबंधन कौशल और टीम के अन्य सदस्यों के प्रति सम्मान दिखाना इत्यादि। टीम-वर्कर्स संयोजक शाब्दिक संवाद (वर्बल कम्यूनिकेशन), प्रश्न पूछने, ध्यान से किसी चीज को सुनने आदि में निपुण होते हैं। वे यह सुनिश्चित करने के लिए कड़ी मेहनत करते हैं कि समूह में अच्छी तरह से संवाद संपन्न हो रहा है, साथ ही यह सुनिश्चित करने में मदद करते हैं कि टीम के सदस्यों के बीच कोई गलतफहमी या अनपेक्षित कठिनाईयाँ तो नहीं हैं।

एक अच्छा टीम सदस्य होने का मतलब है समूह के साथ अपने विचारों को स्पष्ट रूप से व्यक्त करने में सक्षम होना। आपको फोन, ईमेल या फिर व्यक्तिगत रूप से टीम से संवाद करना होगा।

आपको यह सुनिश्चित करना चाहिए कि आपका स्वर हमेशा पेशेवर लेकिन व्यावहारिक हो। व्यक्ति में एक समूह के साथ काम करते समय मौखिक और गैर-मौखिक संचार दोनों ही महत्त्वपूर्ण हैं। एक महत्त्वपूर्ण टीमवर्क कौशल टीम के सदस्यों के बीच की समस्याओं में मध्यस्थता करने में सक्षम होता है। आपको विवादों के निपटारे के लिए अपने टीम के सदस्यों के साथ बातचीत करने और यह सुनिश्चित करने में सक्षम होना चाहिए कि हर कोई टीम के फैसले से खुश हो।

आपको यह पहचानना होगा कि हालात ऐसे भी हो सकते हैं जब आपको मुश्किल लोगों या परिस्थितियों से निपटने की जरूरत पड़े, या संघर्ष विराम करने की आवश्यकता महसूस हो, और इसके लिए आपको लोगों के गुस्से का शिकार होना पड़े। यहाँ पर इस बात को जानने की आवश्यकता भी है कि हर समय हर व्यक्ति एक दूसरे को पसंद करे ही, यह आवश्यक नहीं है।

आपके समूह में ऐसे भी व्यक्ति हो सकते हैं, जिन्हें आप बिल्कुल ही नापसंद करते हों। लेकिन अपने अंदर की भावना को आप बाहर उजागर न होने दें। आप वहाँ अपने अंदर की भावनाओं को व्यक्त करने के लिए नहीं, अपितु, सामूहिक विचारों को मूर्त रूप देने और कार्यों को पूरा करने के लिए हैं। इसलिए आपसी संबंधों या व्यक्तिगत धारणाओं की परवाह न करते हुए सभी के लिए समान रूप से सम्मान का भाव रखें और अपनी क्षमता के हिसाब से बेहतर से बेहतर प्रदर्शन करें। यदि आप और आपके नापसंद व्यक्ति को एक साथ काम करना पड़े, तो इस स्थिति में भी, आप यथासंभव शांतिपूर्ण सह-अस्तित्व का पालन करें, छोटी-छोटी बातों को तूल न दें, सामूहिक हित को व्यक्तिगत हित से ऊपर रखें और आप दोनों को जो कार्य सौंपे गए हैं, उनको यथाशीघ्र पूरा करें। आप एक-दूसरे के प्रति नाराजगी और वैमनस्यता दूर करने का पहल भी कर सकते हैं।

2. बॉडी लैंग्वेज

अगर मैं आपसे पूछूँ कि आप कितनी भाषा जानते हैं, तो आपका जवाब हिंदी, अंग्रेजी, तमिल, फ्रेंच आदि हो सकता है। जो भाषाएँ हम जानते हैं, उसी से हम पूरी दुनिया से संवाद करते हैं, और इसे समझते हैं। बोल-चाल की भाषाओं के

अलावा एक भाषा और भी है जो किसी भी तरह के संवाद में 93 प्रतिशत का योगदान करती है, और वह है ***बॉडी-लैंग्वेज।*** जी हाँ, सही पढ़ा आपने। 93 प्रतिशत संवाद गैर-मौखिक ही होता है जो एक चिरस्थायी प्रभाव छोड़ता है।

ऐसे समय भी आते हैं जब आप किसी व्यक्ति से मिलते हैं और सहसा ही कह उठते हैं, "वाह, मजा आ गया, जिंदगी भर के लिए आज, आज का दिन याद रहेगा मुझे, सर्वोत्तम, या ऐसा ही कुछ।" आपको एक ऐसे व्यक्ति से मिलने का अवसर प्राप्त होता है, जिसके बाद, आप उस व्यक्ति से दुबारा मिलने का कोई भी अवसर नहीं गँवाना चाहते हैं। आपकी जिंदगी उसी व्यक्ति के रंग में रंग जाती है। वहीं, कुछ लोग ऐसे भी आपको मिले होंगे, जिनका जिक्र भी आप जुबाँ पे नहीं लाना चाहेंगे, इस डर से कि कहीं आपका आज का दिन भी खराब न हो जाए। यह वास्तव में बॉडी-लैंग्वेज ही है जो इन सबका कारण है।

इसलिए, जब भी हम किसी से मिलते हैं, तो पहली चीज जो हमसे संवाद करती है वह है उसकी बॉडी-लैंग्वेज। और शायद इसलिए कहा जाता है कि पहली मुलाकात ही लोगों को प्रभावित करने का सबसे अच्छा तरीका होती है। वास्तव में हमारे अभिवादन का तरीका नहीं, बल्कि हमारी बॉडी-लैंग्वेज ही मिलने वाले पर चिरस्थायी छाप छोड़ती है।

सीधे शब्दों में, बॉडी-लैंग्वेज संवाद का अव्यक्त हिस्सा है जिसका उपयोग हम अपनी वास्तविक भावनाओं, हमारे हावभाव, चेहरे के भाव और मुद्रा के माध्यम से करते हैं। जिस तरह से हम चलते हैं या खड़े होते हैं, जिस तरह से हम अपना हाथ हिलाते हैं और जिस तरह की अभिव्यक्ति हम अपने चेहरे पर लाते हैं, वह हमारे बारे में बहुत कुछ बताती है। हम गुड मॉर्निंग बाद में करते हैं, किंतु बॉडी लैंग्वेज से पहले ही उसका अभिनंदन या तिरस्कार कर चुके होते हैं।

ध्यान रहे, आपकी बॉडी लैंग्वेज ही आपका प्रथम परिचय होगा, और दूसरे व्यक्ति आपके इसी परिचय के आधार पर आपसे आगे वार्तालाप करेंगे। यदि आप उन्हें प्रभावित कर पाएँ, तो निश्चय ही वे आपके एक बहुत अच्छे मित्र बन जाएँगे, चाहे आपके पास ज्ञान का खजाना हो या न हो। इसके विपरीत, चाहे आप कितने भी ज्ञानी क्यों न हों लेकिन यदि आप पहली बार में अपनी कोई सही छाप नहीं छोड़ पा रहे हैं, तो दूसरा व्यक्ति आपसे दूर भागने के

बहाने तलाश करेगा। जब हम इन संकेतों को समझने में सक्षम हो जाते हैं, तो हम इन्हें अपने लाभ के लिए उपयोग कर सकते हैं। उदाहरण के लिए, यह हमें इस बात को समझने में मदद कर सकता है कि कोई व्यक्ति हमसे क्या कहना चाहता है और साथ ही लोग हमारे हाव-भाव को किस तरह से देखते हैं, या हमारा हाव-भाव लोगों को कैसा लगता है, उस पर लोग अपनी क्या प्रतिक्रिया देते हैं, इन सबके बारे में हम अपनी जागरूकता को बढ़ा सकते हैं।

हम लोगों के इनपुट का उपयोग अपनी बॉडी लैंग्वेज को बेहतर बनाने के लिए भी कर सकते हैं ताकि हम ज्यादा सकारात्मक, आकर्षक और दर्शनीय दिखें। इसलिए, सकारात्मक बॉडी लैंग्वेज महत्त्वपूर्ण बैठकों के दौरान ही नहीं, अपितु एकांत के लिए भी जरूरी होती है।

तो आइए, अपने बॉडी लैंग्वेज को अपनी ताकत बनाने के लिए कुछ युक्तियाँ जानें।

एक आत्मविश्वास पूर्ण पहली छाप छोड़ना (कॉन्फिडेंट फर्स्ट इंप्रेशन)

ये टिप्स आपकी बॉडी लैंग्वेज को एडजस्ट करने में आपकी मदद कर सकते हैं ताकि आप एक बेहतरीन फर्स्ट इंप्रेशन बना सकें।

सबसे पहला टिप तो यही है कि आप आराम से रहें, तनावमुक्त रहें, कंधा झुकाकर खड़े न रहें, न ही कंधा झुकाकर बैठें। सीधे बैठें, सीधे खड़े रहें और हाथों को हमेशा अपनी ओर ही रखें। इसके साथ ही अपने कूल्हों पर अपने हाथों के साथ खड़े होने से बचें क्योंकि इससे आप ऐसे खड़े दिखाई देंगे, जो आक्रमण या हावी होने की भावना का संचार कर सकते हैं। एक फर्म हैंडशेक का उपयोग करें लेकिन लंबा हैंडशेक करने से बचें। आपका हैंडशेक न तो मरियल होना चाहिए और न ही इतना सख्त कि सामने वाले को ऐसा लगे मानो आप उसे उंगलियों के पोर से घायल करने की योजना बना रहे हैं। एक फर्म हैंडशेक दूसरे व्यक्ति को आश्वासन देता है कि वह सुरक्षित हाथों में है।

लगातार आई कॉन्टेक्ट बनाए रखें। यहाँ आपको देखने और निहारने के बीच के अंतर को समझने की जरूरत है। आपको दूसरे व्यक्ति की आँखों में झाँकने से बचना चाहिए, नहीं तो वह व्यक्ति अप्रसन्न और खिन्न हो सकता है। कुछ सेकंड के पश्चात् अपनी आँखें झपकाते रहिए। यह दूसरे व्यक्ति को यह संदेश देगा कि आप एक कुशल संवादक हैं। इसलिए इसे घूरने-निहारने वाला

खेल न बनने दें। अपने चेहरे को भी बार-बार छूने से बचें।

एक आम धारणा यह है कि जो लोग सवालों का जवाब देते समय अपने चेहरे को छूते हैं, वे प्राय: ईमानदार नहीं होते हैं। हालाँकि यह हमेशा सही नहीं होता है, लेकिन अच्छा यही है कि आप अपने बालों को सहलाने या अपने मुँह या नाक को बार-बार छूने से बचें, खासकर यदि आपका उद्देश्य अपने दर्शकों के बीच अपनी छाप छोड़ना है। अपनी बॉडी-लैंग्वेज सकारात्मक रखें। सीधे बैठें, या खड़े रहें, अपनी बाँहों और कंधों को खुले रखें।

अपनी जेब में हाथ डालने, कंधे झुका के खड़े होने आदि से बचे, क्योंकि इससे दर्शक के सामने आपकी प्रभावशीलता कम होगी। अपने सर को हमेशा ऊँचा रखें। आपका सिर सीधा और समतल होना चाहिए। बहुत आगे या पीछे झुकना आपको आक्रामक या घमंडी बना सकता है। इसी मुद्रा का अभ्यास करें और इसका ही अक्षरश: पालन करें।

आप शायद पहले से ही अपनी प्रस्तुति का अभ्यास करेंगे, इसलिए बेहतर होगा कि आप अपनी बॉडी-लैंग्वेज का भी अभ्यास कर लें। आराम से खड़े हों, ऐसा नहीं लगना चाहिए कि आप किसी एक भाग का वजन अपने पूरे शरीर पर ले रहे हैं। इससे आपको सही अवस्था बनाए रखने में मदद मिलेगी। खुले हाथ के इशारों का प्रयोग करें।

अपने हाथों को अलग करके, अपने सामने, अपनी हथेलियों को अपने दर्शकों या जिस व्यक्ति से आप बात कर रहे हैं, की ओर थोड़ा सा फैलाएँ। यह संवाद करने और विचारों को साझा करने की इच्छा को इंगित करता है। अपनी ऊपरी बाँह को अपने शरीर के करीब रखें। अंगों से अत्यधिक अभिव्यक्ति करने से बचें, नहीं तो लोगों का ध्यान आपके संवाद से हट कर आपके अंगों के हाव-भाव पर आ जाएगा। इसलिए हम सभी को अपनी बॉडी लैंग्वेज पर अधिक ध्यान देने की जरूरत है।

अपनी बॉडी लैंग्वेज के प्रति सचेत रहें और इसे अपनी ताकत में बदलें। इससे आपके आसपास सकारात्मकता की आभा पैदा होगी। स्किल जीनियस बनने के लिए अपनी बॉडी लैंग्वेज के बारे में जानने के लिए हमेशा तैयार रहें।

3. साक्षात्कार कौशल

यह एक बहुत जरूरी कौशल है, खासकर नौकरी चाहने वालों के लिए। जैसा कि प्रथम अध्याय में उल्लेख किया गया है, जब मैं इंडिया स्किल कैपिटल में रिक्ति के लिए उम्मीदवारों का साक्षात्कार कर रहा होता हूँ, तो आमतौर पर मुझे ऐसे लोग मिलते हैं जिनके पास प्रमाणपत्रों की भरमार होती है, लेकिन उनमें अपने आपको प्रभावशाली ढंग से पेश करने की क्षमता नहीं होती और वे उस जॉब के लिए अपनी अनिवार्यता सिद्ध नहीं कर पाते। वे प्रमाणपत्रों से यह आशा करते हैं कि वे उनकी अनिवार्यता सिद्ध करें। हालाँकि, जब उन्हें एक स्थिति दी जाती है और समाधान खोजने के लिए कहा जाता है, तो वे आमतौर पर खुद को अंगारों पर लटके हुए पाते हैं।

वैसे इंटरव्यू कभी आसान नहीं होते। वे उबाऊ और चुनौतीपूर्ण भी हो सकते हैं। लेकिन अच्छी बात यह है कि सही संसाधनों और बहुत अभ्यास के साथ, कोई भी साक्षात्कार की कला में महारत हासिल कर सकता है। याद रखें कि नौकरी के साक्षात्कार में दो-तरफा संचार की प्रक्रिया होनी चाहिए। वे न केवल नियोक्ताओं के लिए एक अच्छा साधन हैं जिनका उपयोग वे मूल्यांकन करने के लिए करते हैं, बल्कि वे अवसर भी हैं, आपकी नौकरी का आंकलन करने के लिए और यह सुनिश्चित करने के लिए कि क्या आप उस नौकरी के लिए उपयुक्त हैं।

यहाँ 10 उपयोगी उपाय दिए जा रहे हैं जो आपको किसी भी साक्षात्कार में सफलता दिलाने के लिए मदद कर सकते हैं–

1. कंपनी की पृष्ठभूमि के बारे में पर्याप्त जानकारी रखें

एक साक्षात्कारकर्त्ता आपसे पूछ सकता है कि आप अपने उद्योग में उसकी कंपनी की स्थिति को कैसे देखते हैं? फर्म के प्रतियोगी कौन-कौन हैं? इसके प्रतिस्पर्धात्मक लाभ क्या हैं? और इस फर्म की बेहतरी के क्या उपाय हैं? वगैरह-वगैरह।

इस कारण से, एक दर्जन विभिन्न उद्योगों पर पूरी तरह से शोध करने की कोशिश करने से बचें। इसके बजाय केवल कुछ उद्योगों में ही अपनी नौकरी की खोज पर ध्यान दें। कंपनी की वेबसाइट ही शुरुआत करने के लिए एक

उत्कृष्ट जगह है। यह आमतौर पर आपको जानकारी देती है कि यह अंतर्राष्ट्रीय फर्म है या घरेलू, इसका राजस्व कितना है, इसके कितने स्थान हैं और इसके प्रमुख उत्पादों की प्रकृति क्या है। ज्यादातर कंपनियाँ अपनी वेबसाइटों का जिक्र करना नहीं भूलती। आश्चर्य न करें अगर आपके आने पर साक्षात्कारकर्त्ताओं में से कोई एक पहला प्रश्न पूछ बैठे, "क्या आपने हमारी वेबसाइट देखी है?"

2. अपनी अलमारी को उन्नत बनाएँ

जी हाँ, यदि आप "कुछ भी मिल जाए पहनने को" की मानसिकता से ग्रसित हैं तो अपनी इस सोच को आज ही बदल डालिए। ध्यान रहे, लोग आपके पहनावे से आपका मूल्यांकन करेंगे। हालाँकि यहाँ पर मैं किसी खास ब्रांड के जैकेट या किसी खास तरह की हील वाली जूते पहनने की सलाह नहीं देता, किंतु आपकी ड्रेस साक्षात्कार लेने वाले को चुभे नहीं, इसका खयाल जरूर रखें। सामान्यतया: पेशेवर नौकरियों के लिए सूट या वन स्टेप लॉवर मान्य ड्रेस है।

यदि आप चिंतित हैं, तो साक्षात्कार से पहले पार्किंग में जाएँ और बाहर आते लोगों का अवलोकन करें। उनके हाव-भाव को पढ़ें।

3. हर किसी के प्रति विनम्र रहें।

आपने उन लोगों की कहानियाँ सुनी होंगी, जो रिसेप्शनिस्ट के प्रति असभ्य थे, पार्किंग वाली जगह पे किसी से बहस करने लगे, आस-पास के बेरिस्ता की आउटलेट पे किसी पर चिल्लाए और नौकरी पाने में असफल रहे। ये चीजें होती हैं जो आपके अवसरों को धूमिल कर सकती हैं।

रिसेप्शनिस्ट के प्रति असभ्य व्यक्ति को कोई भी नौकरी पर नहीं रखेगा। याद रखें, आप उस समय से ही निगरानी में आ जाते हैं जब आप कार्यालय परिसर में कदम रखते हैं। इसलिए, सुनिश्चित करें कि आपके चेहरे पर सौम्य मुस्कान हमेशा बनी रहे और किसी के साथ आप असहज महसूस नहीं करें, चाहे वो रिसेप्शनिस्ट हो या फर्श साफ करने वाला व्यक्ति।

4. अपने विशिष्ट "विक्रय बिंदुओं" को स्पष्ट करें

जिन कारणों से आप नौकरी चाहते हैं, उन्हें ध्यान में रखते हुए तीन से पाँच प्रमुख विक्रय बिंदुओं के साथ हर साक्षात्कार में जाने के लिए खुद को तैयार

करें, जैसे कि आप किस पद के लिए सर्वश्रेष्ठ उम्मीदवार हैं। प्रत्येक विक्रय बिंदु का एक उदाहरण तैयार करें। यथा–"मेरे पास अच्छे संचार कौशल हैं इसलिए मैंने एक पूरे समूह को किसी लक्ष्य के लिए राजी कर लिया।" और साक्षात्कारकर्त्ता को यह बताने के लिए तैयार रहें कि आप उस नौकरी को क्यों चाहते हैं– इसके बारे में आपकी क्या रूचि है, इससे आपको क्या विशेष लाभ मिलने वाला है जो आपके लिए बहुमूल्य है और इसके लिए जो योग्यताएँ चाहिए वे सब आपके अंदर मौजूद है। जब तक साक्षात्कारकर्त्ता को यह न लग जाए कि आप में इस नौकरी को प्राप्त करने की उत्कंट अभिलाषा है, तब तक वह आपको नौकरी ऑफर नहीं करेगा, भले ही इसके लिए आप कितने भी उपयुक्त क्यों न हों।

5. ईमानदारी सबसे अच्छी नीति है (एक हद तक)

खुद के साथ ईमानदार होने के अलावा, आपको अपने साक्षात्कारकर्त्ता के साथ भी ईमानदार होना चाहिए। साक्षात्कार के समय ईमानदारी संबंधी नीति यह है कि आप ईमानदार रहें। अपनी उपलब्धियों को साक्षात्कारकर्त्ता के सामने प्रभावशाली तरीके से रखने से परहेज न करें, साथ ही अपनी असफलताओं को भी संदर्भ के रूप में अवश्य वर्णित करें। ध्यान रहे, किसी भी परिस्थिति में अपनी योग्यता और अनुभव के बारे में झूठा आँकड़ा प्रस्तुत न करें, न ही कोई झूठा वक्तव्य ही दें।

यहाँ एक उदाहरण प्रस्तुत है कि एक साक्षात्कार में ईमानदारी नीति का पालन कैसे करें। साक्षात्कार में अक्सर पूछे जाने वाला एक प्रश्न है: "आपने अपनी पिछली नौकरी क्यों छोड़ी/आप अपनी वर्तमान नौकरी क्यों छोड़ रहे हैं?" एक गलत जवाब होगा: "मेरा बॉस एक क्रूर इंसान था। मैंने उसकी कंपनी को आगे ले जाने के लिए खून पसीना एक कर दिया, परंतु उसने कभी मुझे प्रोत्साहन राशि तक नहीं दी।"

अगर यह सोलह आने सच भी है तो भी यह बोलने योग्य नहीं है। ध्यान रहे, आप इंटरव्यू देने आए हैं, किसी थेरेपी सीजन में नहीं। एक बेहतर जवाब होगा, "मुझे उस कंपनी की चाह है जो कि मुझे ऐसा वातावरण प्रदान कर सके जिससे मेरा करियर ग्रोथ हो और मैं आगे बढ़ूँ। अब दोनों में अंतर देखिए। एक बुराई पर केंद्रित है, वहीं दूसरा विकास उन्मुख।"

6. पॉज लें

प्रश्न का उत्तर देने के क्रम में साक्षात्कारकर्त्ता को ऐसा नहीं लगना चाहिए कि उत्तर इतना लंबा हो गया है और ऐसा लग रहा है कि आप बोल नहीं रहे, बल्कि बड़बड़ा रहे हैं। साथ ही, जरूरी नहीं कि आपके पास ब्रह्मांड के सभी प्रश्नों के उत्तर मौजूद हों। इसलिए, जब आपसे प्रश्न पूछा जाए तो आप उसका तर्कसंगत उत्तर दें, और फिर थोड़ा रूकें। यह शुरुआती 1-2 प्रश्न में थोड़ा अटपटा लग सकता है, किंतु बाद में साक्षात्कारकर्त्ता भी समझ जाएँगे कि आपके इस अल्प-विराम का एक सार्थक मतलब है। इससे आप उन्हें ये संकेत दे रहे हैं कि आपने उनके इस प्रश्न का उत्तर दे दिया है, और आप अगले प्रश्न के लिए तैयार हैं।

7. मानक प्रश्नों के लिए अपने आपको तैयार करें

बहुत सारे साक्षात्कारकर्त्ता आपसे कुछ इस तरह का सवाल करेंगे... "कल्पना कीजिए, एक ऐसा समय आ जाए जब..." और फिर उसके आगे आपके क्षेत्र और नौकरी से जुड़ा हुआ कुछ उपयुक्त प्रश्न पूछा जाए। इसके लिए आपको इसका तार्किक, समीचीन, और यथार्थपूर्ण उत्तर सदैव तैयार रखना होगा।

8. अपने प्रश्न तैयार करें

पहले से अपने प्रश्नों को अच्छी तरह से तैयार करें। लेकिन जब आप साक्षात्कार की मेज पर बैठे हों, तो कृपया धैर्य रखें। मैं बहुत सारे ऐसे उम्मीदवारों से मिलता हूँ जो कि प्रश्नों का उत्तर लेने में इतने उतावले होते हैं कि वे बैचेन हो जाते हैं। बैठने के साथ ही वे प्रश्नों की बौछार करने लगते हैं। यह सही तरीका नहीं है। इससे स्पष्ट संकेत मिलता है कि उस उम्मीदवार ने नौकरी और उससे संबंधित जिम्मेदारियों के बारे में पर्याप्त होमवर्क नहीं किया है।

इसके अलावा, आप साक्षात्कारकर्त्ता के लिए अपनी क्षमता दिखाने के लिए आए हैं न कि साक्षात्कारकर्त्ता के साथ प्रश्नोत्तर में शामिल होने के लिए आए हैं। साक्षात्कारकर्त्ता के सभी प्रश्नों के उत्तर आत्मविश्वास से देने के बाद, आपको कोई भी प्रश्न पूछने का अवसर दिया जाएगा जो आपके पास हो सकता है। फिर, यह समय है कि आप अप्रासंगिक प्रश्नों द्वारा साक्षात्कारकर्त्ता पर बमबारी न करें। शांत रहें और अपने चेहरे पर हल्की मुस्कान के साथ वैध प्रश्न

पूछें। ध्यान रखें कि प्रश्न पूछना भी साक्षात्कार का एक महत्त्वपूर्ण हिस्सा है।

आप जिस तरह के सवाल करते हैं, उससे आपको आँका जाएगा। उन प्रश्नों को न पूछें जिनका उत्तर कंपनी की वेबसाइट या नौकरी विवरण पर उपलब्ध है। स्थिति की चुनौतियों के बारे में सवाल पूछें, सफलता की क्या स्थिति है और यह स्थिति संगठन के लक्ष्यों के साथ कैसे फिट बैठती है। याद रखें, आप यह देखना चाहते हैं कि आप वास्तव में इस स्थिति में सफल होने में रुचि रखते हैं और ऐसा करने के लिए आपको इस जानकारी की आवश्यकता है।

९. अपने पूर्व नियोक्ता को बदनाम न करें

इस बात की पर्याप्त संभावना है कि आपसे पूछा जाए कि आप मौजूदा नौकरी क्यों छोड़ना चाहते हैं, या आपने पहले ही से छोड़ रखी है, तो आपने वह नौकरी क्यों छोड़ी? गलत बयानी न करें, न ही नकारात्मकता का अंबार ही लगाएँ। "मेरे बॉस जैसा क्रूर इंसान मैंने जिंदगी में नहीं देखा, इससे क्रूर कोई हो ही नहीं सकता। हमेशा राई को पहाड़ बनाने की उनकी आदत है (या थी), सचमुच मेरा बॉस बर्दाश्त के बाहर है।"

इस अत्यधिक संभावित प्रश्न की पूर्व तैयारी कर लें। सोचें कि सबसे उपयुक्त उत्तर इसका क्या होगा। आपका उत्तर काफी हद तक ईमानदार, किसी के प्रति शिकायत से परे और सूचनात्मक होना चाहिए। आपको अपने साक्षात्कारकर्त्ता को बेहतरीन ढंग से यह समझाना है कि आपने यह नौकरी क्यों छोड़ी, या आपकी नजर में किन वजहों से आपको निकाला गया, और इन सबसे आपने क्या सीखा, इसकी कर्णप्रिय व्याख्या करनी है। साथ ही आपको यह भी बताना है कि आप इस नौकरी के लिए कैसे सबसे उपयुक्त हैं।

१०. थैंक यू कार्ड को नजरअंदाज न करें

ध्यान रहे, यहाँ थैंक यू कार्ड का मतलब कोई कार्ड नहीं है। केवल एक ई-मेल यह काम कर सकता है। आपको बिना इसके भी काम पर रखा जा सकता है, परंतु अपने नियोक्ता या जिन्होंने भी आपको जॉब ऑफर भेजा है उनके ई-मेल का तुरंत जवाब देना एक अच्छा आचरण है, जिसका आपको अनुसरण करना चाहिए।

ऐसा करने से आप उनके दिमाग में एक खास जगह बनाने में कामयाब होंगे। आप अपने इंटरव्यू की शुरुआत और अंत सभी साक्षात्कर्त्ताओं के साथ विनम्रता का भाव रख कर करें। इससे आपके चयनित होने की संभावना बढ़ जाएगी। आने वाले साक्षात्कार के बारे में कभी भी न घबराएँ। आप इसे कुछ नए लोगों से मिलना ही समझें। इससे आपका दिमाग शांत रहेगा और आप साक्षात्कार के दौरान बेहतर प्रदर्शन कर सकेंगे।

साक्षात्कार के लिए पहले से ही अपने आपको तैयार करना शुरू कर लें। जम कर होम वर्क करें। जितनी तरह की सहायक सामग्री मिले, उसे पढ़ें, देखें, सुनें। यदि आप ऐसा कर पाते हैं, तो यकीन मानिए, आप निश्चय ही साक्षात्कार में सफल होंगे।

4. प्रस्तुति कौशल

सूचनाओं को सही और प्रभावकारी तरीके से पेश करना भी एक महत्त्वपूर्ण स्किल है। यदि[1] आप ये स्किल पा लेते हैं तो निश्चय ही आप अपने विचारों को लोगों के सामने बेहतर ढंग से रख पाएँगे।

आज, लगभग हर क्षेत्र में प्रस्तुति कौशल की आवश्यकता होती है, और हममें से अधिकांश को विभिन्न अवसरों पर प्रस्तुतियाँ देने की जरूरत होती है। हालाँकि कुछ लोग इसे प्रभावकारी बना लेते हैं, जबकि बहुतों के लिए यह काफी चुनौतीपूर्ण लगता है। कई लोगों को यह लगता है कि अच्छे प्रस्तुतिकर्त्ता पैदा होते हैं, इसे बनाया नहीं जा सकता। परंतु यह सही नहीं है।

निश्चित रूप से, कुछ लोग दूसरों के सामने बोलने में काफी सहज होते हैं, लेकिन इसका मतलब यह कदापि नहीं है कि बाकी लोग निराश हो जाएँ/ उनका भी दायित्व है कि वे भी इस स्किल को बढ़ाएँ, और अपनी कमियों को जल्दी पूरा करें। जल्दी सीखने वाले, भूल सुधारने वाले बनें तो निश्चित रूप से जल्द ही वे प्रभावशाली प्रस्तुतिकर्त्ता बन जाएँगे। आज के इस व्यापारिक वैश्विक माहौल में अच्छी प्रस्तुति एवं सार्वजनिक मंच से लोगों को संबोधित करने का कौशल महत्त्वपूर्ण जिम्मेदारी निभाने के लिए अनिवार्य हैं।

हाल ही में, मैं एक लंबे समय के बाद अपने एक स्कूल मित्र से मिला। हमने पास के ही एक रेस्तराँ में मिलने की योजना बनाई। मैं निर्धारित समय से कुछ मिनट पहले वहाँ पहुँचा। कुछ मिनट के इंतजार के बाद, काँच का दरवाजा खुला और वहाँ मेरा दोस्त चहकते-हुए मुस्कान के साथ मेरे पास आया।

हम दोनों ने एक दूसरे का अभिवादन किया और फिर गर्मजोशी से मिले। हमारी बातचीत के दौरान, मैंने देखा कि हर बार जब वह मुस्कुराता था, तो उसकी मुस्कान में कुछ असहजता सी प्रतीत हो रही थी। मैंने उसके हाथ को पकड़कर पूछा, "सब कुछ ठीक है ना दोस्त?" जिसका जवाब उसने हाँ में दिया। परंतु, महज कुछ मिनटों की बातचीत में ही उसने अपने दिल की बात कहनी शुरू कर दी। उसने कहा कि वह अपनी मौजूदा नौकरी से खुश नहीं है। 5 साल पहले ही वह मैनेजर बन गया था। परंतु, अभी तक उसकी पदोन्नति नहीं हुई है। 5 साल से एक ही तरह का काम और उतनी ही तनख्वाह मिल रही है उसे। जबकि उसके बाद आए लोग नेतृत्व की भूमिका निभा रहे हैं। वो यह सब बताते हुए काफी खिन्न लग रहा था।

मामले की तह तक जाने पर मुझे पता चला कि प्रस्तुति के नाम पर वह प्राय: इस कदर संकोची था कि उसे पदोन्नति नहीं मिल पा रही थी। हालाँकि उसमें कोई दो राय नहीं कि वह भी एक मेहनती कर्मचारी था। प्रस्तुति के नाम मात्र से ही उसके माथे पर पसीने की धार बन जाती थीं; उसके हाथ-पाँव काँपने लग जाते। इससे उसके वरिष्ठों ने उन पर विश्वास खो दिया और उसे अक्षम माना जाने लगा। उसके सहयोगी, यहाँ तक कि उसके जूनियर्स भी उसका मजाक उड़ाया करते थे।

इससे न केवल उसके पेशेवर बल्कि निजी जीवन पर भी असर पड़ा। वह अक्सर अपने बच्चों और पत्नी पर चिल्लाया करता था। लेकिन वह इतने ही पर नहीं रूका। अंतत: उसने बिना कोई दूसरी नौकरी के प्रयास किए अपनी इस नौकरी से इस्तीफा देने का मन बना लिया। मैंने अपने दोस्त की सारी बातें सुनने के बाद उसे कुछ टिप्स दीं, जो मैं यहाँ आपसे साझा कर रहा हूँ।

1. अभ्यास!

स्वाभाविक रूप से, आप कई बार अपनी प्रस्तुति का पूर्वाभ्यास करना चाहेंगे। हालाँकि, हर समय व्यस्त रहने वाले लोगों के लिए अभ्यास करने के लिए

खाली समय देना मुश्किल हो सकता है, परंतु यदि आप एक शानदार प्रस्तुति देना चाहते हैं तो यह आवश्यक है।

बेहतर यह होगा कि आप वहाँ पे अभ्यास करने की कोशिश करें, जहाँ पर आप वास्तव में अपनी प्रस्तुति देने वाले हैं। यह आपके कॉलेज का ऑडिटोरियम हो सकता है, या कोई सार्वजनिक स्थल। अभिनय रणनीतिकार अभ्यास करने के लिए तरह-तरह की मुद्राओं का सुझाव देते हैं, यथा खड़े होकर, बैठ कर, बाँहें फैला कर, एक पाँव पर खड़े होकर या फिर टॉयलेट में बैठे-बैठे ही (हालाँकि अंतिम विकल्प एच्छिक है)।

2. अपने आस-पास के वातावरण के अनुरूप अपने आपको ढालें

जितना अधिक आप अपनी स्थिति और सेटिंग को मिलाएँगे, आप अपने भाषण के दौरान उतना ही सहज महसूस करेंगे। एक दोस्त या सहकर्मी के सामने अभ्यास करें या अपनी प्रस्तुति रिकॉर्ड करें और जहाँ पर आपको उसे फिर से करने की आवश्यकता महसूस हो, इसे वापस अभिनीत करने की कोशिश करें।

अपने अतीत की बातचीत की रिकॉर्डिंग सुनकर आप अपनी उन बुरी आदतों के बारे में जान सकते हैं जिनसे आप अभी तक अनभिज्ञ थे। साथ ही आप अपने आपसे यह प्रश्न भी कर सकते हैं: "क्या मैं वास्तव में ऐसा लगता हूँ?" अपने परिवेश के साथ बेहतर तालमेल स्थापित करें। आप जितनी जल्दी अपने आस-पास के वातावरण के साथ अपनी अनुकूलता कायम कर लेंगे, आप उतना ही अधिक अपने आपको सहज महसूस करेंगे।

उस जगह अपनी उपलब्धता सुनिश्चित करें जहाँ आप अपनी प्रस्तुति देने जा रहे हैं। यदि संभव हो तो, माइक्रोफोन और लाइट के साथ अपनी प्रस्तुति दें। आप अपनी उस दर्शक दीर्घा को ऐसे ही महसूस करें जैसे कि प्रस्तुति वाले दिन आपको दिखने वाली है। साथ ही आपकी प्रस्तुति के दौरान होने वाली संभावित विघ्न आदि (जैसे कि बगल में ट्रैफिक की चलती सड़क पर शोरगुल आदि) को भी जानें।

3. सकारात्मक दृश्य का उपयोग करें

चाहे आप जेन मास्टर हों या नहीं, यह जान लें कि बहुत सारे अध्ययनों ने सकारात्मक दृश्यता की प्रभावशीलता को साबित किया है। जब हम अपने मन

में एक परिदृश्य के सकारात्मक परिणाम की कल्पना करते हैं, तो वही सब वास्तव में घटित होने की अत्यधिक संभावना होती है।

यह सोचने के बजाय कि प्रस्तुति के दौरान मेरी स्थिति भयावह होने जा रही है, मैं इस बीच में ही छोड़कर आने को मजबूर हो रहा हूँ, लोग मेरे ऊपर टमाटर फेंक रहे हैं, मेरा उपहास कर रहे हैं, एक सकारात्मक दृश्य को अपने मानस पटल पर रखें और उसी को बार-बार देखने का प्रयास करें।

आपके दर्शकों की तालियों की घड़घड़ाहट, प्रशंसा के स्वर, वाह-वाह की ध्वनि आदि को एक फिल्म के समान अपने मन-मस्तिष्क की आँखों से देखें। अपने आपको केंद्र बिंदु में रखें। यकीन मानिए, सकारात्मक सोच और उसका सजीव चित्रण आपके लिए काफी उपयोगी हो सकता है। इसको एक मौका दें।

4. तनाव से दूर रहें

आत्मविश्वास के बल पर आप इससे दूर रह सकते हैं। इसलिए इसे बढ़ाने की भरसक कोशिश करें। यदि आप चिंतित और हताश हो जाएँगे तो निश्चित रूप से आपको तनाव होगा। और फलस्वरूप आपको एक वायरस की तरह जकड़ लेगा, और फिर आपकी कार्य क्षमता और कार्य दक्षता काफी हद तक प्रभावित हो जाएगी। हालाँकि यहाँ पर मैं यह स्पष्ट कर दूँ कि थोड़ी बहुत घबराहट जरूरी है, आपको और अधिक तैयार करने के लिए, आपके अंदर ऊर्जा का संचार करने के लिए, परंतु यदि यह घबराहट निर्धारित हद से अधिक हो जाए तो फिर आप उसके वश में हो जाएँगे और फिर सारा मामला गड़बड़ हो जाएगा।

यदि आप प्रस्तुति देने से पहले तनाव में हैं तो इन तनाव प्रबंधन के तरीकों में से कुछ को अपनाएँ। अपने शरीर को शांत करने और अपने तनाव को कम करने के लिए गहरी साँस लेने जैसी शारीरिक विश्राम तकनीकों का उपयोग करें। प्रस्तुति देने से घबराने वालों के लिए यह सलाह काफी कारगर है। घबराहट का अनुभव करते ही हमारी माँसपेशियाँ अकड़ने लगती है और हमें ऐसा महसूस होता है मानों हम अपनी साँसों को रोकें खड़े हैं।

इस स्थिति से बचने के लिए अपने आपको तैयार करें और गहरी साँसें लें। इससे आपके मस्तिष्क को पर्याप्त ऑक्सीजन मिलेगी और साथ ही आपके शरीर को भी आराम मिलेगा। अपने आत्मविश्वास को बढ़ाने के तरीकों के बारे में जानें। जितना अधिक आप अपने बारे में और अपनी क्षमताओं के बारे

में आश्वस्त होते हैं, उतना ही बेहतर आपका प्रस्तुतीकरण होगा और उतनी ही मजबूती और दृढ़ता से आप लोगों के सामने वह सब कह पाएँगे जो कि आप कहना चाहते हैं।

5. बहुत अधिक सामग्री को कवर करने का प्रयास न करें

आपकी प्रस्तुतियाँ उपयोगी, व्यावहारिक और कार्रवाई से परिपूर्ण जानकारी से भरी होनी चाहिए, लेकिन इसका मतलब यह नहीं है कि आप एक विशाल और जटिल विषय को 10 मिनट की प्रस्तुति में ही समेटने का प्रयास करें। यह जानना कि क्या शामिल करना है और क्या छोड़ना है, एक अच्छी प्रस्तुति की सफलता के लिए महत्त्वपूर्ण है।

मैं आपको अपनी प्रस्तुति में डाटा या कोई स्लाइड न डालने की सलाह तो नहीं देता, किंतु इतना अवश्य चाहता हूँ कि आप उसे ज्यों का त्यों उपयोग न करें। अच्छे से उसको एडिट करें, ताकि वह आपके श्रोता को बोर न करें। यदि कुछ आपके टॉपिक से हट कर है, यदि यह आपके टॉपिक के लिए बहुत ज्यादा प्रासंगिक नहीं है, तो फिर उसे जाने दें। हालाँकि आप हमेशा किसी अन्य प्रस्तुति में अतिरिक्त सामग्री का उपयोग कर सकते हैं।

6. सक्रिय श्रोता संलग्नता

लोग अपने मनपसंद टॉपिक पर बात करना चाहते हैं और अपनी राय पर अपने श्रोता की राय जानना चाहते हैं। इसलिए, दर्शकों से यह पूछना कि वे क्या सोचते हैं, सवालों को आमंत्रित करना और दर्शकों की भागीदारी का स्वागत करना आदि श्रोता संलग्नता को बढ़ा सकता है और उपस्थित महानुभावों को यह महसूस करा सकता है कि वे भी किसी सार्वजनिक बहस का एक अहम हिस्सा है। यह प्रस्तुतकर्त्ता को, यानी आपको अपने श्रोता से सीधे संपर्क बनाने में मदद करता है। आप किसी सर्वेक्षण या वोट करने के साथ अपनी प्रस्तुति की शुरुआत कर सकते हैं। अप्रत्याशित प्रश्नों से अपने को दूर करने का प्रयास न करें– इसके बजाय, उन प्रश्नों को एक अवसर के रूप में देखें। आप यह सोचें कि शायद अभी तक इनके इन प्रश्नों का उत्तर कोई नहीं दे पाया है। और इसका उत्तर देकर मैं अब उनके साथ प्रभावशाली तरीके से जुड़ पाऊँगा।

7. मनोरंजक रहें

भले ही आपका प्रजेंटेशन उपयोगी जानकारी से भरा हो, लेकिन यदि आप उसकी डिलीवरी सही तरीके से नहीं कर पाएँगे तो चाहे आप कितना भी मेहनत क्यों न कर लें, सब बेकार हो जाएगा। कुछ चुटकुले, हल्की-फुल्की मनोरंजक स्लाइड्स आदि से आप अपने श्रोतागण को अधिक सहज रख पाएँगे, खास कर तब, जब आप उन्हें प्रस्तुति के उस हिस्से में कुछ बेहद ही महत्त्वपूर्ण जानकारियाँ दे रहे हों। परंतु यहाँ पर आपके लिए यह जानना बेहद आवश्यक है कि आपको संतुलन बनाना है। आपकी प्रस्तुति बहुत ही नीरस भी न लगे, और न ही आपकी प्रस्तुति से लोगों को यह लगे कि यह तो कोई लाफ्टर चैलेंज में परफॉर्म करने के लिए आया है।

क्हने का आशय है कि अपनी प्रस्तुत में हास्य विनोद डालने से परहेज न करें। यदि आप प्रस्तुति में गंभीरता और हल्केपन की मात्रा को लेकर आश्वस्त नहीं हैं तो इसे अपने दोस्तों को बताएँ और उन्हें साफ-साफ अपना मंतव्य देने के लिए कहें। एक बार जब आप जान लें कि आपकी प्रस्तुति में दोनों चीजें समुचित मात्रा में हैं, तो फिर उसे बेधड़क अपनी श्रोताओं के सामने रखें।

8. पावर स्टेंस का प्रयोग करें

पावर स्टेंस का मतलब है पाँवों को थोड़ा फैलाकर आराम से खड़े होना। अपनी प्रस्तुति को जानदार और शानदार बनाने के लिए आपको अपनी बॉडी लैंग्वेज आभापूर्ण बनानी होगी। जब आपकी बॉडी से विश्वास प्रकट होगा, आपका मन मस्तिष्क भी उसका अनुसरण करेगा। पूरे समय आगे झुक कर खड़े होने को अच्छा बॉडी लैंग्वेज नहीं माना जाता है और साथ ही इससे आत्मविश्वास की कमी भी प्रकट होती है। आधुनिक अनुसंधान से इस बात की पुष्टि होती है कि प्रस्तुति आरंभ करने से पहले पावर स्टेंस मुद्रा में खड़े रहने से प्रस्तुतिकर्त्ता में आत्मविश्वास जगता है और वह दर्शकों के बीच अच्छा फर्स्ट इम्प्रेशन बना पाता है। ध्यान रहे, अपनी प्रस्तुति के दौरान बैठने से परहेज करें। यह आपको शिथिल बना सकता है। इसके साथ ही इससे पहले कि आप मंच पर जाएँ, अपना सिर ऊँचा रखते हुए सुपरहीरो की तरह अपना रूख रखें। यह आपके आत्म-विश्वास को ऊँचा रखेगा।

९. डर से न डरें

डर से डरने के बजाय उससे लड़ना सीखें। यदि दर्शक आपकी घबराहट भाँप जाएँगे तो संभव है कि इसका आपकी प्रस्तुति पर नकारात्मक प्रभाव पड़े। लोग आपको प्रस्तुति को पूरा ही न करने दें, या आप खुद इसे बीच में ही छोड़ने को विवश हो जाएँ। इसलिए डर को अपने पास न फटकने दें।

याद रखें, परेशानियाँ हमेशा बुरी नहीं होती है। आवश्यकता इस बात की है कि उस परेशानी को आप कैसे अपनी ताकत में बदल सकते हैं। उसका उपयोग कर अपने अंदर विश्वास और उत्साह का संचार कर सकते हैं। यदि आप ऐसा करने में सफल हो जाएँ तो निश्चय ही आपको इस दिशा में कठिनाइयों के पलों का सामना नहीं करना होगा।

लगभग छह महीने के बाद, मुझे उसी दोस्त ने फोन किया। वह बहुत ही खुश था। उसने कहा, "अनुराग, उसी रेस्तराँ में, हम दोनों दोस्त भोजन करेंगे। मुझे बहुत खुशी होगी तुमसे इतने दिनों बाद मिलकर।"

हमेशा की तरह, मैं कुछ मिनट पहले पहुँच गया, लेकिन मुझे आश्चर्य तब हुआ जब मैंने उसे वहाँ पर मेरा इंतजार करते हुए देखा। वहाँ पर वह, अपने स्वभाव के विपरीत, पहले ही पहुँच चुका था। जिस क्षण उसने मुझे देखा, वह एक शिशु की तरह मुस्कुराया लेकिन इस बार उसकी खुशी स्वच्छंद थी, इसमें कहीं से भी किसी तरह की कोताही नहीं थी। बातचीत के दौरान उसने बताया कि उसने मेरे द्वारा बताए गए 9 उपायों का अभ्यास किया और उनको अपना अस्त्र बनाया।

उसने अपनी कमी को दूर करने का काम किया और आखिरकार अपने वरिष्ठों को प्रभावित करने में सफल रहा। जब हम मिले थे उससे एक दिन पहले, उसके नियोक्ता को प्रबंधन से संबंधित कोई दूसरा चुनौतीपूर्ण काम भी करना था जिसे अभी तक उसका नियोक्ता करा नहीं पा रहा था, और इस तरह वह स्थान रिक्त था। इस बीच मेरे मित्र ने मेरे 9 उपायों में महारत हासिल की और इस संबंध में अपने बॉस से संपर्क किया। फलस्वरूप उसे नेतृत्व की भूमिका के लिए पदोन्नत कर दिया गया जिसका वह वर्षों से आकांक्षी था। इतना ही नहीं, उसके वेतन में अच्छी-खासी बढ़ोतरी भी हुई।

मुझे यह सुनकर दिल की गहराई से प्रसन्नता हुई। परंतु साथ ही, मुझे उन सब काबिल कर्मचारियों और उद्यमियों के प्रति सोच कर पीड़ा भी महसूस हुई जिनकी काबिलियत में कोई कमी नहीं, परंतु प्रस्तुति कौशल के अभाव में वे एक अपराधी की भाँति इतने मात्र से संतोष कर लेते हैं जो कि उनको मिलता है। यह सब सोचकर मेरे अंदर किताब लिखने की इच्छा और भी अधिक बलवती हुई। मैं अपने दोस्त जैसे हजारों होनहार लोगों के लिए कुछ करना चाहता था।

आपको यह स्किल सीख जाने पर बधाई, जिसके उपयोग से आप एक जिनियस में परिवर्तित हो गए।

❑❑❑

अध्याय 6

यदि मैं पढ़ा-लिखा हूँ तो मुझे अभी भी नौकरी की आवश्यकता क्यों है?

आइए, इस प्रश्न को विपरीत भाग के साथ शुरू करें क्योंकि यह वही प्रश्न है जिससे आज के अधिकांश युवा रूबरू हैं- मैं पढ़ा-लिखा हूँ, प्रमाण पत्रों का तो अंबार है, परंतु फिर भी बेरोजगार क्यों हूँ?

मैं पढ़ा-लिखा हूँ। मेरे पास सर्टिफिकेट्स का अम्बार है, लेकिन नौकरी नहीं है। क्यों?

यह आज के परिदृश्य में सबसे अधिक पूछे जाने वाले प्रश्नों में से एक है। यह एक ऐसा सवाल है जो लाखों युवा अपने दिलों में दबाए फिरते हैं।

विडंबना यह है कि अधिकांश युवा अपने प्रमाणपत्रों की तुलना में बहुत कम महत्त्व वाले काम में लग जाते हैं और उसी से चिपके रहते हैं। जिन लोगों को कभी कोई नौकरी नहीं मिलती है, वे अपना पूरा जीवन निराशा में जीते हैं और हमेशा ईश्वर, समाज, परिवार, शिक्षा, भाग्य, राजनीति, आदि को कोसते दिखते हैं।

वैसे इस तरह के समझौते के पीछे सबसे बड़ा कारण 'स्पष्टता की कमी' है। लड़के हों या लड़कियाँ, काफी कम उम्र में हों या प्रौढ़, प्राय: सभी

लक्ष्यहीन भटकते रहते हैं। मैं ऐसे कई लोगों को जानता हूँ, जो काफी शिक्षित हैं, अच्छी कंपनियों में काम करते हैं, उत्तम दर्जे की नौकरी का टैग भी है उनके साथ, लेकिन वेतन से समझौता कर लेते हैं।

वे नियमित रूप से अपनी नौकरी बदलते रहते हैं लेकिन फिर भी उन्हें वांछित गंतव्य नहीं मिल पाता है। वे अपने जीवन और कैरियर को लेकर पूरी तरह से भ्रमित हैं। लेकिन फिर भी, यदि आप उनसे शिक्षा और जीवन में सफलता के बारे में बात करें, तो वे एक प्रतिभाशाली व्यक्ति की तरह बोलने लगेंगे।

विजय ने अपना अधिकांश समय एक नौकरी छोड़ने और दूसरी पकड़ने में लगाया, लेकिन फिर भी, वह वांछित पद तक नहीं पहुँच सका। वह एम. बी.ए. टॉपर था, लेकिन फिर भी स्पष्टता की कमी के कारण हर समय अपने परिस्थितियों को दोष देता फिरता है। जो हमेशा अपने औजारों से उलझता रहता था। अपनी सेवानिवृत्ति के दिन, उसे विदाई भाषण देने के लिए कहा गया। दर्शकों में बहुत सारे युवा एवं उत्साही कर्मचारी बैठे हुए थे। उसका पूरा भाषण जीवन में स्पष्टता पर आधारित था, लेकिन दुर्भाग्य से, यह उसके वास्तविक जीवन के लिए कुछ दूसरे ग्रह जैसा था। विजय के करीबी सहयोगी एक दूसरे से कानाफूसी करने लगे 'देखो, कौन बात कर रहा है'।

यहाँ पर मैं अपने पाठकों को बताना चाहता हूँ कि यह दुनिया भ्रमित लोगों से भरी पड़ी है और भ्रमित लोगों की एक बड़ी आबादी नियमित रूप से अपने आसपास के लोगों को भी भ्रमित कर रही है। शिक्षित और अशिक्षित वर्ग के बीच यह उलझन भरी भद्रता बहुतायत से देखी जा सकती है।

दुर्भाग्य से, सबसे बुरी बात यह है कि उच्च शिक्षित लोगों में भी बड़ी संख्या में ऐसे भ्रमित लोग पाए जाते हैं। यदि कोई दिल्ली से जयपुर की यात्रा करना चाहता है, तो सुपर-हाईवे पर जाने के बजाय, यदि वह अपना अलग रास्ता अपनाता है, तो वह अलग-अलग खेतों एवं ऊबड़-खाबड़ रास्तों से होकर गुजरता है, फिर यात्रा की विफलता या गंतव्य तक पहुँचने में देरी होना लाजमी है।

इसके अलावा, इससे कोई फर्क नहीं पड़ता कि वह शिक्षित है या अशिक्षित; परिणाम वही होगा। अब बड़ा सवाल यह है कि हममें से ज्यादातर लोग ऐसा क्यों सोचते हैं?

ईश्वर ने सोचने की स्वतंत्रता दी है और यह मानव मस्तिष्क का विलक्षण गुण है। हालाँकि, इस दुनिया में बहुत कम लोग खुद को स्पष्ट, तेज और सीधे विषय के प्रति सोचने के लिए प्रशिक्षित कर पाते हैं।

जीवन में स्पष्टता, कमोबेश व्यक्तिगत अनुभव, धारणा, पारिवारिक और सार्वजनिक जीवन में सफलता, असफलता, संगति, सीखने की शक्ति पर निर्भर करती है। हम में से अधिकांश स्वर्णिम क्षण की जगह दुखद क्षण और सफलता की जगह असफलता के दिनों को याद करने में अपना बहुमूल्य समय नष्ट कर देते हैं। इसलिए, हम गलत धारणाएँ बना लेते हैं। हम निंदनीय लोगों से जुड़ते हैं और फलस्वरूप हमारे सीखने की शक्ति कम होने लगती है। अंतत: नकारात्मकता इस कदर घर कर जाती है कि हमें लगने लगता है कि यह दुनिया रहने लायक नहीं है। परंतु इस सबके लिए हमारी गलत धारणा और सोच ही जिम्मेदार है।

इसलिए हमें सचेत रहना चाहिए जब हम किसी के पक्ष में अपना तर्क प्रस्तुत करें तो ध्यान रहे कि हमारा तर्क असरदार और व्यावहारिक होना चाहिए। यह दुख, भय या असुरक्षा फैलाने वाला नहीं होना चाहिए। कुछ इसी तरह का दृष्टिकोण हमें अपनाने की जरूरत तब भी होती है जब हम दूसरे से अपने जीवन और नौकरी से संबंधित राय माँगने जाते हैं। हमें ऐसी किसी राय पर अमल नहीं करना चाहिए, या उसे आत्मसात नहीं करना चाहिए, जो हमारे जीवन को और कुछ नया करने के उत्साह को धूमिल कर दे। अब हम उसी मूल प्रश्न की तरफ लौटते हैं:

मैं पढ़ा लिखा हूँ, प्रमाण पत्र भी है, परंतु फिर भी नौकरी क्यों नहीं है? मेरे विचार से, इस तरह की सोच से हमारे जोश और उत्साह पर गलत प्रभाव पड़ता है। सही प्रश्न होना चाहिए:

"मैं पढ़ा लिखा हूँ, प्रमाण पत्रों की भी कोई कमी नहीं है, तो मैं नौकरी के पीछे क्यों भागूँ?"

मुझे पता है कि हम में से ज्यादातर लोग मेरे सवाल से अपने आपको जोड़ नहीं पाएँगे और ऐसा इसलिए है क्योंकि हमारी विचार प्रक्रिया को इसी तरह से डिजाइन किया गया है। हमारी विचार प्रक्रिया मुख्य रूप से नौकरियों के

लिए डिजाइन की गई है। किसी ने हमारे मन में यह धारणा डाल दी है कि नौकरी के लिए शिक्षा का होना नितांत आवश्यक है और पैसे के लिए नौकरी का होना अनिवार्य है। पढ़ाई में कठिन परिश्रम करें, अच्छी नौकरी पाएँ, तभी आपका जीवन सफल माना जाएगा। दुर्भाग्य से, यह पारंपरिक मानसिकता हर साल भारत में लाखों युवाओं को भ्रमित करती है। उनके हाथों में डिग्री रख कर, उन्हें दूसरे से नौकरी की उम्मीद लगा कर बैठने के लिए तैयार किया जाता है ताकि उन्हें कुछ पैसे मिलें और उनका भरण पोषण हो सके।

खूब पढ़ो, एक अच्छी नौकरी पाओ। जीवन सफल हो जाएगा।

पहले मनुष्य जीवित रहने के लिए शिकार किया करता था। जैसे-जैसे मनुष्य विकसित हुआ, उसने अन्य आवश्यकताओं के लिए भोजन की अदला-बदली शुरू की। धीरे-धीरे, बाजार में नौकरियों की शुरुआत हुई। उस युग में नौकरी सबसे अच्छा उपलब्ध विकल्प था क्योंकि वह प्रचुर मात्रा में उपलब्ध था। हमारे दादाजी या दादाजी के दादाजी शायद अपनी नौकरी से इसलिए संतुष्ट थे क्योंकि उस समय बाजार में बहुत सारी नौकरियाँ उपलब्ध थीं। इसलिए, वे अपने पिता की ही परंपरा को अगली पीढ़ी तक ले जाते थे। हालाँकि, अब समय बदल गया है और हमें बदलते समय के साथ विकसित होने की आवश्यकता है। आज इनोवेटर्स, स्टार्टअप्स और जॉब जनरेटर्स का जमाना है। क्या आप 80 मॉडल वाली मारुति 800 चलाना पसंद करेंगे या नवीनतम तकनीक वाली कार, या शायद टेस्ला का इलेक्ट्रिक संस्करण?

फिर प्राचीन मानसिकता में क्यों रहना है? एक और बड़ा सवाल यह है कि अगर हम वास्तव में शिक्षित हैं तो हमें काम और पैसे के लिए किसी और पर निर्भर क्यों रहना पड़ता है? क्या हमारी शिक्षा ने हमें इतना आत्मनिर्भर नहीं बनाया है कि हम अपना रास्ता खुद बना सकें? यह कैसी शिक्षा है जो हमें यह नहीं सिखा सकती कि अपने जीवन के लगभग दो दशक इस शिक्षा प्रणाली को समर्पित करने के बाद आत्म निर्भर कैसे बनें? शिक्षा और प्रशिक्षण को इतने साल देने का क्या उद्देश्य है, जब हम पैसे कमाने के मामले में आत्मनिर्भर ही न बन पाएँ?

मैं कभी-कभी इस बात पर विचार करता हूँ कि एक एमबीए (मास्टर ऑफ बिजनेस एडमिनिस्ट्रेशन) नौकरी की तलाश क्यों करता है? आप आमतौर पर एमबीए को बहुत चिंतित और महत्त्वाकांक्षी पाएँगे। एम.बी.ए. के छात्र ये सोचते हैं कि यदि उन्हें कैंपस इंटरव्यू के दौरान उच्च भुगतान वाली नौकरी न मिले, तो उनकी सालों की मेहनत पर पानी फिर जाएगा। लेकिन मैं इस समीकरण को समझने में विफल रहा हूँ। व्यवसाय प्रशासन के मास्टर नौकरी की तलाश में! फिर से सोचो! क्या इसे कुछ "जॉबर्स एसोसिएशन" नहीं कहा जाना चाहिए, जिसका हैशटैग "सावधान रहें" हो।

एम.बी.ए. कॉलेजों के अधिकांश प्रोफेसर कभी कोई सफल व्यवसाय क्यों नहीं खड़ा कर पाते? वस्तुत, एम.बी.ए. स्कूलों के अधिकांश प्रोफेसर कभी भी किसी सफल व्यवसाय की नींव तक नहीं रख पाते हैं, परंतु फिर भी वे हर साल लाखों एम.बी.ए. का निर्माण करते हैं। मुझे नहीं लगता कि वे सभी समर्पित सामाजिक कार्यकर्त्ता हैं। वे बस इतना ही सिखा सकते हैं कि एक समय में विभिन्न व्यवसायों के लिए वित्तीय सलाहकार कैसे बनें।

वे अपनी ही शिक्षाओं का उपयोग क्यों नहीं कर पा रहे हैं? क्या ये प्रोफेसर वास्तव में व्यवसाय सिखाने के लिए उपयुक्त हैं? यदि वे हैं, तो उनका अपना खुद का व्यवसाय क्यों नहीं है? यदि नहीं, तो फिर उनसे सीख कर कौन अपना व्यवसाय निर्माण कर पाएगा? यह देश हर साल किस तरह का एम.बी.ए. तैयार कर रहा है? हर एम.बी.ए. पास आउट को अपने स्वयं से एक सीधा सा प्रश्न पूछना चाहिए: "अब मैं व्यवसाय या नौकरी में से किस समुदाय से संबंधित हूँ? और अगर मैं व्यवसाय समुदाय से संबंधित हूँ तो मैं अभी भी पैसा बनाने के लिए नौकरी पर निर्भर क्यों हूँ?" इतने प्रमाणपत्रों के बाद नौकरी! नहीं नहीं।

मुझे क्षमा करें यदि आप मुझे इस बात के लिए थोड़ा या अधिक दोषी पाते हैं लेकिन मैं निडरता से कहना चाहता हूँ कि हमारी शिक्षा प्रणाली कई मायनों में इस मानसिकता के लिए जिम्मेदार है। कई कारणों में से एक कारण आधुनिक मूल्यों की कमी है। भले ही दुनिया ने उल्लेखनीय क्रांतियों को देखा है, हमारी शिक्षा प्रणाली अभी भी सदियों पुराने मॉडल पर आधारित है। हमारी शिक्षा प्रणाली हमें असफल होने की अनुमति नहीं देती है।

हमारी शिक्षा प्रणाली में विफलता एक नकारात्मक शब्द है। लेकिन यदि आप विश्व स्तर पर इसका अवलोकन करें तो आप पाएँगे कि अपने क्षेत्र में महत्त्वपूर्ण सफलता प्राप्त करने वाले अनेक ऐसे लोग हैं जो कई बार असफल रहे हैं। चाहे वे विज्ञान, खेल, प्रौद्योगिकी, चिकित्सा आदि किसी भी क्षेत्र से हों, उनकी असफलताओं के कारण उल्लेखनीय आविष्कार हुए हैं।

> *"बड़ी सफलता केवल कई असफलताओं का परिणाम है।"*

उनके समुदाय, शिक्षाविद्, कभी-कभी बोर्ड और संस्थानों और यहाँ तक कि उनकी सरकारों ने भी उन्हें असफल होने के लिए प्रोत्साहित किया।

इस तरह वे असफलता की शक्ति को समझ गए। इसके विपरीत, हमारी दुनिया अभी भी विफलता के बारे में बहुत संकोच करती है। हम सभी को विफलताओं का अनादर करने के लिए प्रशिक्षित किया जाता है। हम असफल होने से डरते हैं। चाहे कक्षा के विषयों में, काम पर या किसी चीज की कोशिश करते समय, विफलता का विचार भी हम अपने जेहन में नहीं ला सकते। असफलता का मतलब है कि हम किसी भी चीज में अच्छे नहीं हैं। हमारा समाज सफलता में ही विश्वास करता है।

हमारा समाज केवल उन्हीं को स्वीकार करता है जो सफल होते हैं, बिना असफल हुए सफल होते हैं। लेकिन हमेशा याद रखें **"बड़ी सफलता केवल कई असफलताओं का परिणाम है।"**

इसलिए असफल होना सीखें। बल्कि असफल होने से न डरें। उसके साथ जीना सीखें, और वो भी प्यार से। असफल होते रहो, सीखते रहो और आगे बढ़ते रहो। साथ ही, असफलताओं को अपनी मंजिल न बनाएँ। बल्कि उनसे सीखें। कहीं असफल न हो जाएँ, यह सोच कर रूके नहीं। असफलता ही सफलता की तरफ बढ़ाने वाले कदम हैं। मास्टर-ब्लास्टर सचिन तेंदुलकर अपने पहले दो एकदिवसीय मैचों में डक पर आउट हो गए थे। अगर उन्होंने अपनी असफलताओं को सीखने के अवसरों के रूप में नहीं लिया होता, तो दुनिया शायद इतने सारे रिकॉर्ड बनते देखने से चूक गई होती। "बड़ी सफलता केवल कई असफलताओं का परिणाम है।" उन्होंने अपने बल्ले से कई वर्ल्ड रिकॉर्ड ध्वस्त किए, और कई नए बनाए और आज भी क्रिकेट के भगवान के रूप में याद किये जाते हैं।

इस लिटिल मास्टर के बारे में कुछ उद्धरण इस प्रकार हैं:

"मुझे क्रिकेट के बारे में पता नहीं है लेकिन फिर भी मैं सचिन को खेलते देखने के लिए क्रिकेट देखता हूँ। इसलिए नहीं कि मुझे उसका बैटिंग देखना अच्छा लगता है, बल्कि इसलिए क्योंकि मैं उसके बल्लेबाजी करने पर अपने देश का उत्पादन 5 प्रतिशत कम होने का कारण जानना चाहता हूँ।"

-बराक ओबामा

"जब सचिन बल्लेबाजी कर रहा हो तो आपको अपराध करने की खुली छूट मिल जाती है, क्योंकि उस समय भगवान भी उसकी बल्लेबाजी देखने में व्यस्त होता है।"

-एक ऑस्ट्रेलियाई फैन

"मैंने भगवान को देखा है। वह टेस्ट में भारत के लिए नंबर 4 पर बल्लेबाजी करता है।"

-मैथ्यू हेडन (ऑस्ट्रेलिया)

"हम भारत नामक टीम से नहीं हारे, हम सचिन नाम के एक शख्स से हार गए।"

-मार्क टेलर (ऑस्ट्रेलिया)

"अगर सचिन के साथ हम भारत में हवाई जहाज पर यात्रा करें तो हमारे साथ कुछ भी बुरा नहीं हो सकता।"

-हाशिम अमला (दक्षिण अफ्रीका)

अब यहाँ सवाल यह खड़ा होता है कि इतने सारे विलक्षण लोगों ने तेंदुलकर के लिए प्रशंसा के पुल क्यों बाँधे? इसलिए नहीं कि वे एक बार भी असफल नहीं हुए, बल्कि इसलिए कि उन्होंने अपनी असफलताओं को सीखने के अवसरों के रूप में लिया और इसे एक हथियार की तरह इस्तेमाल करते हुए निरंतर आगे बढ़ते चले गए। सचिन तेंदुलकर का नाम आज भी घर-घर में व्याप्त है, भले ही वह एक स्कूल ड्रॉपआउट हैं।

> **"कठिन परिश्रम करें और अच्छे अंक प्राप्त करें।"**

हमारी शिक्षा प्रणाली की एक और बड़ी खामी यह है कि इसमें प्रयोगों के लिए कोई जगह नहीं है। एक सेट पैटर्न है और आपको केवल इसके चारों ओर ही घूमना है। आप अपने विषयों में गूगल पर नहीं जा सकते। आपको इसके आसपास कोई शोध एवं विकास करने की अनुमति नहीं है। यदि कुछ छात्र उत्तर पुस्तिका में कुछ महत्त्वपूर्ण आँकड़े शामिल करने की कोशिश करते हैं, तो उन्हें उस उत्तर के लिए शून्य मिल सकता है क्योंकि यह पाठ्यपुस्तक का हिस्सा नहीं था। इसलिए, हमारे छात्र का एजेंडा केवल **"कठिन परिश्रम करें और अच्छे अंक प्राप्त करें"** है।

माता-पिता केवल प्राप्त अंकों को लेकर चिंतित रहते हैं, उनके बच्चे क्या कुछ सीख रहे हैं, या नहीं, इससे उनको कोई फर्क नहीं पड़ता। मुझे अपना विद्यार्थी जीवन याद है। किसी और की तरह मैं भी केवल अच्छे अंक प्राप्त करने के लिए कड़ी मेहनत करता था। लेकिन मैंने कभी पैसा कमाने का फॉर्मूला नहीं सीखा। क्योंकि यह कोई नहीं जानता था। दिन-रात मैं अलग-अलग विषयों के अलग-अलग अध्यायों को शब्दश: पढ़ता था और इसका प्रमुख कारण केवल मार्क्स, मार्क्स और मार्क्स था। मैं इस राष्ट्र के शिक्षाविदों के पास जाकर चिल्लाकर पूछना चाहता हूँ; **'इन परीक्षाओं और प्रमाण पत्र वितरित करने का उद्देश्य क्या है?'**

ये प्रमाणपत्र वास्तव में किसके लिए हैं? हमारी शिक्षा प्रणाली का एक और दोष यही है कि यह प्रगतिशील नहीं है। यह अभी भी सदियों पुरानी विधियों और कहानियों पर आधारित है। हमारे बोर्ड किताबों और कहानियों को सालों-साल बदलते नहीं हैं। और हर साल आपको वही किताबें खरीदने के लिए अधिक कीमत चुकानी पड़ती है। सबसे बढ़कर बात यह है कि वे आज की दुनिया

के साथ नहीं जुड़े हैं। वे नवीनतम नवाचारों और सफलता की कहानियों के बारे में नहीं सिखाते हैं। **वास्तव में, नई पीढ़ी गूगल के माध्यम से इस दुनिया को बेहतर तरीका से सीख रही है।** जैसा कि पहले उल्लेख किया गया है, हमारी शिक्षा प्रणाली ब्रिटिश शासन द्वारा थोपे गए षड्यंत्र पर आधारित है।

> *"यदि आप राष्ट्र के लिए एक संपत्ति हैं तो उसकी जनसंख्या आपके लिए संपत्ति है और यह विपरीत क्रम से भी सही होगा। अर्थात, यदि आप अपने देश पर बोझ हैं तो उसकी जनसंख्या भी अपके लिए बोझ साबित होगी।"*

इसलिए, यह कर्मचारी बनाती है, काम देने वाला नहीं क्योंकि यह "कठिन अध्ययन करें और अच्छे अंक प्राप्त करें" के सिद्धांत पर आधारित है। यही कारण है कि माँ-बाप और शिक्षा व्यवस्था बच्चों को अंतत: नौकरी करना सिखाते हैं, न कि व्यवसाय करना या फिर नौकरी देना।

तो समाधान क्या है?

यहाँ दो उपाय दिए जा रहे हैं जो हमें सीमित मानसिकता के चंगुल से मुक्त होने में मदद कर सकते हैं:

1. पहले तो हमें अपनी विचार प्रक्रिया पर काम करने की आवश्यकता है।

यहाँ मैं कहूँगा कि शिक्षकों और अभिभावकों को जवाबदेही देने की आवश्यकता है। उन्हें बदलते समय की माँगों के साथ खुद को अपडेट करने की आवश्यकता है, क्योंकि

> *"वास्तव में, नई पीढ़ी गूगल के माध्यम से इस दुनिया को बेहतर तरीके से सीख रही है।"*

आज की माँग उद्यमियों की है न कि नौकरी चाहने वालों की।" इसलिए, हमें अपने बच्चों पर अपने सपनों को थोपने से बचना है, बल्कि उन्हें अपने जुनून को हासिल करने के लिए प्रोत्साहित करना है। अधिकांश लोगों के सामने अभी तक इसका 'रहस्योद्घाटन' नहीं हुआ है।

हम आने वाली पीढ़ी से अभी भी वही उम्मीद करते हैं, जो हमारे जमाने में सफलता का मापदंड था– 'अच्छी और स्थाई नौकरी, जिसमें कमाई अपेक्षाकृत ज्यादा हो, यही जीवन का लक्ष्य होना चाहिए।'

> *"जिन लोगों ने जोखिम उठाने की हिम्मत की, वे सफल हुए।"*

अपने आपको सुरक्षित करने का यही भ्रम हमें जीवन में कुछ बड़ा हासिल करने से रोकता है और अपनी अगली पीढ़ी को भी ऐसा ही कुछ हासिल करने से हतोत्साहित करता है। सिर्फ वही सब चीजें करते रहना जो अन्य करते आए हैं, कभी भी आपके भाग्य को बदल नहीं सकता। यदि ये सच नहीं होता, तो कर्मचारी करोड़पति होते, उनके भाग्य खुल जाते, और दुनिया आज कुछ और ही होती। अपने आपको सुरक्षित करने के क्रम में स्व-रक्षा तो कर लेते हैं लेकिन स्व-निर्भर नहीं बन पाते। है ना?

यदि आपका लक्ष्य वित्तीय स्वतंत्रता प्राप्त करना है, तो नौकरी करना आपके लिए नहीं है। यह बात और है कि किसी नौकरी के प्रति आपका भावनात्मक लगाव हो, और उसके बिना आप अपने अस्तित्व की कल्पना ही नहीं कर पाएँ। "वास्तव में, नई पीढ़ी गूगल के माध्यम से इस दुनिया को बेहतर तरीके से सीख रही है।" जिन लोगों ने जोखिम उठाने की हिम्मत की, उसे नियंत्रित किया, जीवन में आगे बढ़ने का जिम्मा अपने हाथों में लिया, वे आगे बढ़ गए, करोड़पति बन गए। तनिक विचार करें: अगर आप दूसरे का पहिया चलाएँगे, तो उसकी ही राह आसान होगी, न कि आपकी।

इसी तरह जब आप किसी ओर के लिए काम करेंगे तो उस काम से वह व्यक्ति अमीर बनेगा, आप नहीं। इसलिए, यही समय है। चंद रुपए के लिए अपना समय गँवाना बंद करें। ऐसे लोग या ऐसी परिस्थितियों में काम न करें जिसको लेकर आप भविष्य की योजना नहीं बना सकते। आप अपना एक सिस्टम डेवलप कर सकते हैं, और धनोपार्जन शुरू कर सकते हैं। 9-5 वाली जॉब को छोड़ने पर गंभीरतापूर्वक विचार करें, और फिर एक ऐसा सिस्टम विकसित करें जो आपके करोड़पति बनने की राह आसान कर सकें।

आपको पहले चीजों को देखने का तरीका बदलना होगा, सही मानसिकता विकसित करनी होगी और इन सबसे भी अधिक महत्त्वपूर्ण **अपने अंदर एक विश्वास जगाना होगा कि आप धनवान बन सकते हैं।** यदि आप भयभीत और असुरक्षित महसूस करते हुए इस नए क्षेत्र में प्रवेश करते हैं, तो आप शायद खुद को उस दिन को कोसते हुए पाएँगे जिस दिन आपने कॉर्पोरेट दुनिया को छोड़ देने का निर्णय लिया था।

इसलिए कल सवेरे ऑफिस पहुँचते ही त्याग पत्र देना, जिसमें कारण यह लिखा हो कि आप एक स्टार्ट अप करने जा रहे हैं, सही विचार नहीं होगा। यहाँ

> *"अपने अंदर एक विश्वास जगाना होगा कि आप धनवान बन सकते हैं।"*

तक कि हवाई जहाज भी, उड़ान भरने से पहले, जमीन पर मंडराकर और टेकऑफ की तैयारी करके गति प्राप्त करता है। इसी तरह आपको नौकरियों की दुनिया को अलविदा कहने से पहले कुछ तैयारी कर लेने की आवश्यकता है। क्या आप जानते हैं कि अंग्रेजों के शासन तक, लगभग सभी का अपना व्यवसाय था। सभी लोग किसी एक क्षेत्र या किसी अन्य क्षेत्र में अपना-अपना व्यवसाय करते थे। तब हम 9-5 काम करने के लिए नहीं बने थे और हमारा उद्देश्य निश्चित रूप से किसी और के लिए काम करने का नहीं था।

हमें इस कंडीशनिंग को पूर्ववत् करने की आवश्यकता है और "वे जो जोखिम उठा सकते हैं," नौकरी हासिल करने से आगे की सोचें। अपने कौशल के बलबूते खुद नियोक्ता बन जाएँ। लोग आपके पास आने चाहिए नौकरी के लिए। हमें झुंड मानसिकता से मुक्त होने और इस दुनिया में अपनी विशेष पहचान बनाने के लिए खुद को विकसित करने की आवश्यकता है।

सही शब्दों में, हमें इस नई दुनिया के लिए खुद को तैयार करने की जरूरत है, एक नया भारत जो अवसरों और संभावनाओं से भरा हो। हमें इन सब का आनंद लेने के लिए एक स्वागत योग्य मन तैयार करना होगा।

2. हमें अपनी शिक्षा प्रणाली को चुनौती देने और खुद को इससे आगे बढ़कर प्रशिक्षित करने की आवश्यकता है।

मुझे पता है कि कहना आसान है, परंतु करना कठिन और एक अकेला व्यक्ति कुछ खास नहीं कर सकता है, लेकिन यही सोचकर किसी को महत्त्वपूर्ण कार्य

करने से चूकना नहीं चाहिए। यहाँ पर मैं उस एक आदमी का उदाहरण देना चाहूँगा जो वास्तव में वह अंतर कर सकता था यदि उनकी आयु कुछ वर्ष और होती; जी हाँ डॉक्टर ए.पी.जे. अब्दुल कलाम।

डॉ. ए.पी.जे. अब्दुल कलाम के उदाहरण की कुछ झलकियाँ साझा करने का कारण केवल मेरी व्यक्तिगत प्रेरणा ही नहीं है; बल्कि यह उदाहरण भँवर जाल में फँसी हुई हमारी मानसिकता, खासकर युवाओं की मानसिकता को निकालने के लिए आवश्यक है। इस (कलाम साहब) "सादा जीवन उच्च विचार" वाले व्यक्ति ने पूरी दुनिया में अपनी प्रतिभा का लोहा मनवाया और साथ ही अपनी सादगी का परिचय भी दिया। वे हमारी शिक्षा प्रणाली की कमियों को भलीभाँति जानते थे, परंतु उन्होंने उसकी कभी आलोचना नहीं की, बल्कि उससे आगे बढ़कर उनका समाधान सुझाया। साथ ही उस अंतराल को भरने के लिए प्रयास भी किया। उन्होंने शिक्षा प्रणाली के परिवर्तन में व्यापक भूमिका निभाई। उन्होंने स्कूलों का दौरा किया और छात्रों के साथ बातचीत की। दूर दृष्टि के साथ, कॉर्पोरेट क्षेत्रों का दौरा करने या विस्तृत सम्मेलन आयोजित करने के बजाय उन्होंने स्कूल के बच्चों के साथ काम करना चुना। उन्होंने अपने कभी न खत्म होने वाले उत्साह के साथ मूल्यवान शिक्षा और जीवन के सबक दिए। शिक्षा प्रणाली में क्रांति लाने के उद्देश्य से किया गया उनका नि:स्वार्थ प्रयास निश्चय ही सार्थक भी रहा।

अच्छाई और महत्त्वाकांक्षा से भरा हुआ यह महान इंसान, अपने कार्यों में दिल से नि:स्वार्थ था। "तुम अमीर बन सकते हो, यह विश्वास अपने मन में पैदा करो।" उन्होंने एक ऐसे जोश के साथ बात की, जो सबको कर्णप्रिय लगी। उनके शब्द शांत नदी में एक कंकड़ की भाँति गिरते थे, और अपनी तरंगों को व्यापक और प्रभावी रूप से फैलाते थे।

मेरी इच्छा थी कि यह उदार आत्मा इस धरती पर अगले 50-60 वर्षों तक और होती, ताकि शिक्षा प्रणाली में जो बदलाव उन्हें दृष्टिगोचर हो रहे थे, उन सबको लागू किया जा सकता।

राष्ट्रपति के पद से सेवानिवृत्त होने के बाद भी वे अपने कैरियर को उन्नत बनाने के लिए संयुक्त राष्ट्र जा सकते थे, या किसी और विश्व परिषद् अथवा संगठन में अपनी जगह बना सकते थे, परंतु उन्होंने ऐसा नहीं किया। वे

अंतर्राष्ट्रीय एजेंसियों में शामिल होकर अपनी किस्मत चमका सकते थे, लेकिन उन्होंने अपना पूरा जीवन राष्ट्र को समर्पित कर दिया। उन्होंने अपने अधिकांश भाषणों में छात्रों को कौशल-आधारित शिक्षा देने की वकालत की। उन्होंने हमेशा बच्चों को अपनी पसंद का कौशल सीखने के लिए प्रोत्साहित किया। वह गाँवों का दौरा करते थे और बच्चों को लीक से हटकर कुछ करने के लिए प्रोत्साहित करते थे।

> *"आज के समय में प्रमाण पत्र शैक्षिक संस्थानों नामक कम्पनी के उत्पाद हैं।"*

आज, जब हम अपनी विरासत के बारे में बात करते हैं तो देखते हैं कि आर्यभट्ट ने शून्य, सुश्रुत ने शल्य चिकित्सा का आविष्कार किया था। इन प्राचीन भारतीय विद्वानों ने मानसिक दूरदर्शिता का परिचय दिया और मस्तिष्क की कुशाग्रता संबंधी लकीर खींचने में महारत हासिल की। उन्होंने उल्कापिंडों की भविष्यवाणी की और विविधता के बारे में बात की। यह ज्ञान केवल हिंदुओं तक ही सीमित नहीं था। इसमें ईसाइयों, मुस्लिमों, सिखों, बौद्धों का भी समान रूप से योगदान रहा। प्राचीन भारत में ज्ञान, धर्म या धन की सीमाओं तक सीमित नहीं था। यहाँ के विद्वानों ने महत्त्वपूर्ण उपलब्धियाँ हासिल कीं, चाहे वह लेखांकन हो, वायुगतिकी हो, या पानी या उड़ान की आयुगतिकी हो, या पानी या उड़ान का अध्ययन।

लेकिन दुर्भाग्यवश आज की शिक्षा प्रणाली बहुत ही प्रमाण-पत्र केंद्रित हो गई है और यह संकीर्ण विचारों वाले दृष्टिकोण पर आधारित हो गई है। आज के समय में प्रमाण पत्र शैक्षिक संस्थान नामक कंपनियों के उत्पाद हैं। प्रमाण पत्र हासिल करने की होड़ के कारण आज हमारा समाज नौकरी देने वाला नहीं है, बल्कि नौकरी करने वाला बन कर रह गया है। मेरा मानना है कि यदि भारतीय विरासत को नकलची और ठप्पे मारने के अधीन न किया गया होता, तो आज हमारे देश में असंख्य आइंस्टाइन और उद्यमी होते।"

इसलिए, शिक्षा अधिक कौशल-आधारित होनी चाहिए। कौशल एक पुराना शब्द है लेकिन आज के परिवेश के लिए काफी उपयुक्त है। आज, कौशल-आधारित शिक्षा इतिहास में किसी भी अन्य अवधि की तुलना में सबसे अधिक प्रासंगिक है।

हमारे युवा प्रमाण पत्र/डिग्री पर बहुत अधिक निर्भर रहते हैं। हालाँकि, हमें यह महसूस करने की आवश्यकता भी है कि प्रमाण पत्र एक कौशल सीखने का सबूत नहीं है। इसलिए आपको क्षणिक सुख देने वाले प्रमाण पत्र से अपना मोह भंग कर, कुछ समय कौशल सीखने में लगाना चाहिए, क्योंकि इसी से आपको चिरस्थायी खुशी मिलेगी। अपना कुछ खाली समय अपने जुनून से संबंधित कौशल को सीखने में लगाएँ। याद रहे,

> *"यदि ये प्रमाण पत्र बाजार में रोजगार उत्पन्न नहीं कर पाते हैं, तो फिर इनका क्या उपयोग? क्या इन प्रमाणपत्रों के बदले लाखों ऐंठने वाले संस्थान धन की वापसी करेंगे।"*

"आज के समय में प्रमाण पत्र शैक्षिक संस्थानों नामक कंपनी के उत्पाद हैं" जो मनी-बैक गारंटी की पेशकश नहीं करते हैं।

आज के समय में संस्थान और कॉलेज कुकुरमुत्ते की तरह हर जगह विद्यमान हैं। यहाँ पर लगभग हर तरह के पाठ्यक्रम की शिक्षा दी जाती है। यह एक पैसा छापने के व्यवसाय से कम नहीं है। हमारे युवाओं को समझने की आवश्यकता है।

क्या ये पाठ्यक्रम वास्तव में आपको किसी प्रकार का कौशल सिखा रहे हैं?

क्या ये पाठ्यक्रम कौशल-आधारित पाठ्यक्रम हैं?

क्या इन पाठ्यक्रमों को पूरा करने पर कोई स्वरोजगार/नौकरी की गारंटी है?

यदि नहीं, तो क्या मेरे पाठ्यक्रम की फीस पर कोई धन-वापसी की गारंटी है?

मेरे दिमाग में अगला ज्वलंत प्रश्न आता है कि...

यदि ये प्रमाणपत्र बाजार में नौकरियों की गारंटी नहीं देते हैं, तो धन कौन वापस करेगा? इन प्रमाणपत्रों का क्या उपयोग है?

प्रमाणित लोग प्रतिभाशाली लोगों के लिए काम करते हैं। हम प्रमाणपत्रों पर इतना भरोसा करते हैं कि हम अपनी प्रतिभा को एकदम से नजरअंदाज कर देते हैं। हम इस तथ्य को नजरअंदाज करते हैं कि हममें से प्रत्येक व्यक्ति अपने भाग्य का द्वार स्वयं खोलने के लिए सक्षम है। यह हमारा कौशल है जो हमारे

लिए नए रास्ते खोल सकता है, कुछ ऐसा जो हमारे लिए ज्ञात वास्तविकता के दायरे से परे है।

यदि हम पर्याप्त रूप से कुशल हैं तो हमारे पास काम की कमी कभी नहीं होगी। एक कुशल व्यक्ति नौकरी पाने के लिए चिंतित नहीं है। उदाहरण के लिए एक गोलगप्पे वाला, पकोड़े वाला, चाय वाला, शेफ (भोजन वाला), एक लेखक, एक चित्रकार, आदि की आय नौकरियों पर आधारित नहीं है। वे सभी अपनी पसंद से स्व-नियोजित हैं और स्वतंत्र होकर अपने जीवन का आनंद ले रहे हैं, परंतु, यहाँ पर मैं फिर से एक बार स्पष्ट कर दूँ कि मेरा मतलब यह नहीं है कि हम में से प्रत्येक को उद्यमी ही होना चाहिए।

यदि आपको लगता है कि आप स्वाभाविक रूप से एक कर्मचारी बनना चाहते हैं और नौकरी में ही अच्छा कर सकते हैं, एक उद्यमी के तौर पर नहीं, तो आप निश्चय ही ऐसा कर सकते हैं।

> *"प्रमाणपत्र के पीछे न भागें, कौशल के पीछे भागें। याद रहे, प्रमाणित लोग प्रतिभाशाली लोगों के लिए काम करते हैं।"*

परंतु मेरा यह आशय है कि दूसरों के लिए कुछ करने से पहले यह देखें कि क्या यह मैं खुद के लिए कर सकता हूँ, क्या यह मुझे स्व-रोजगार दे सकता है। और यदि सेल्फ एम्प्लॉयड की संभावना न हो, तभी दूसरे के लिए काम करें। उदाहरण के लिए, यदि आप एक चार्टर्ड अकाउंटेंट (सी.ए.), डॉक्टर, अकाउंटेंट, शेफ, पेंटर, कारपेंटर, एक्टर, फोटोग्राफर आदि बन जाते हैं, तो आप हमेशा सेल्फ एम्प्लॉयड हो सकते हैं।

हमेशा याद रखें कि यदि आप स्वयं कार्यरत हैं तो आपके जीवन का नियंत्रण आपके हाथ में है। यदि ये प्रमाणपत्र बाजार में नौकरियों की गारंटी नहीं देते हैं, तो रुपए कैसे मिलेंगे? और जब नौकरियाँ ही न मिले, पैसा न आए, तो फिर इन प्रमाणपत्रों की क्या आवश्यकता है? यदि मैं वास्तव में अच्छे से पढ़ा हुआ हूँ, मेरे पास प्रमाण पत्रों की भी कोई कमी नहीं है, तो फिर मैं क्यों नौकरी के लिए दर-दर भटकूँ? वर्षों पुरानी इस कहावत को बदलें...

> *"कठिन अध्ययन करें, एक अच्छी नौकरी प्राप्त करें, क्योंकि तभी आपका जीवन सफल माना जाएगा।"*

इसके स्थान पर मेरी उक्ति को गाँठ बाँध लें और उसका अनुसरण करें:

> *"स्मार्ट बनें, कुशल बनें और समृद्ध बनें।*
> *भीड़ से आगे सोचने के लिए (स्मार्ट बनें)।"*

लीक से हटकर सोचें। जल्दी सोचें। आपके अलावा किसी को भी आपके बारे में सोचने का लाइसेंस नहीं मिला है। अपनी सफलता के बारे में सोचें, केवल सफलता ही नहीं बल्कि लगातार और हमेशा प्राप्त होने वाली सफलता। और हमेशा याद रखिए; कोई भी नौकरी आपको स्थायी सफलता नहीं दिला सकती। सेल्फ एम्प्लॉयड या एंटरप्रेन्योर्स को ये दुनिया बेहतर समझती है। एक होशियार व्यक्ति की तरह दुनिया के इस सिद्धांत को समझिए।

कर्मचारी एक दिन सेवानिवृत्त होते हैं, लेकिन उद्यमी कभी सेवानिवृत्त नहीं होते। उन्हें उनके काम से कोई रिटायर नहीं कर सकता। वे जब तक चाहें तब तक काम कर सकते हैं और अपनी इच्छानुसार अपने काम का आनंद ले सकते हैं। नौकरी के बंधन से मुक्त होने के लिए कुशल होना होगा। सेल्फ एम्प्लॉयड होने के लिए स्किल्ड बनें। उद्यमी बनने के लिए कुशल बनें। अगर आप पर्याप्त कुशल बन जाते हैं तो फिर टीम के एक हिस्से के रूप में काम करने की बजाय अपनी खुद की टीम बना सकते हैं।

> *"कठिन अध्ययन करें,*
> *एक अच्छी नौकरी प्राप्त करें,*
> *क्योंकि तभी आपका जीवन*
> *सफल माना जाएगा।"*
> *साथ ही...*
> *"स्मार्ट बनें, कुशल बनें*
> *और समृद्ध बनें।"*

इस तरह, आपको अपनी कीमत वसूलने की आजादी होगी, अपने जीवन के लक्ष्यों को तय करने की आजादी, अपनी पसंद का जीवन जीने की आजादी। लेकिन पहला कदम विचारों में समृद्ध होना है। सीमित विचार पैटर्न से ब्रेक-फ्री होना है। अमीर बनना अपने जीवन का जुनून बनाएँ। हर कोई जानता है कि किसी और के लिए काम करना हमें समृद्ध नहीं बना सकता है।

आज भारत एक स्वतंत्र देश है और इस देश को स्वतंत्र राष्ट्र बनाने के लिए स्वतंत्रता सेनानियों की आवश्यकता नहीं है। लेकिन यह देश एक आर्थिक

युद्ध के दौर से गुजर रहा है। आज हमारे स्वतंत्रता सेनानियों का नाम बदल गया है। आज हम उन्हें उद्यमी (एंटरप्रेन्योर) या सेल्फ एम्प्लॉयड के नाम से जानते हैं। इस राष्ट्र और स्वयं की प्रगति में एक सक्रिय योगदानकर्त्ता बनें। इस देश को अपने खोए हुए ब्रांड और पहचान को फिर से हासिल करने में यथासंभव योगदान दें।

आप इस दुनिया को अपना नाम बताइए। यह समय है खुद को विकसित करने का, नया भारत बनाने का। आइए, भारत को दुनिया का "स्किल कैपिटल" बनाने का संकल्प लें। "मेहनत से पढ़ाई करें, अच्छी नौकरी पाएँ और अपना जीवन सफल बनाएँ।" के स्थान पर "स्मार्ट बनें, कुशल बनें और समृद्धि के मंत्र को अपनाएँ।"

अध्याय 7

क्या भारतीय जनसंख्या बेरोजगारी का प्राथमिक कारण है?

जनता बनाम वर्ग

इससे पहले कि हम जनसंख्या के मुद्दे को अलग करें, इस अध्याय को चौंकाने वाले आँकड़ों के साथ समझने की शुरुआत करते हैं कि जनसंख्या का बड़ा हिस्सा क्या है। क्रेडिट सुइस की रिपोर्ट के अनुसार, दुनिया की सबसे धनी **१ प्रतिशत आबादी (वर्ग) अब दुनिया की आधी से अधिक संपत्ति की मालिक है।**

अगर हम भारत की बात करें तो ऑक्सफेम के अनुसार नीचे की 60 प्रतिशत आबादी (जनता) केवल 4.8 प्रतिशत संपत्ति की मालिक है। भारतीय अरबपतियों ने 2018 में एक दिन में 2,200 करोड़ रुपए की अपनी आमदनी देखी थी, जिसमें देश के सबसे अमीर 1 प्रतिशत लोग 39 प्रतिशत से अधिक अमीर हुए थे, जबकि आबादी के निचले हिस्से के लिए, धन में सिर्फ 3 प्रतिशत की वृद्धि हुई थी।

वैश्विक स्तर पर, अरबपति की किस्मत में एक दिन में 12% या 2.5 बिलियन डॉलर की वृद्धि हुई, जबकि दुनिया की सबसे गरीब आधी आबादी ने

अपने धन में 11% की गिरावट देखी। अंतर्राष्ट्रीय अधिकार समूह ऑक्सफेम ने अपने वार्षिक अध्ययन में यह जानकारी दी। ऑक्सफेम ने आगे कहा कि देश के सबसे गरीब 10% (136 मिलियन भारतीय) 2004 से कर्ज में बने रहे।

"भारत की शीर्ष 10% आबादी के पास कुल राष्ट्रीय धन का 77.4% है। इससे भी बढ़कर शीर्ष 1% के पास राष्ट्रीय धन का 51.53% है।" नीचे की 60 प्रतिशत जनसंख्या (जिनमें सबसे अधिक लोग आते हैं), राष्ट्रीय धन के केवल 4.8% की मालिक है। ऑक्सफेम के अनुसार शीर्ष 9 अरबपतियों की संपत्ति नीचे की 50 प्रतिशत आबादी के धन के बराबर है।

आखिर इतनी विषमता क्यों है? जैसा कि पहले उल्लेख किया गया है, हममें से अधिकांश लोगों की सोच वही हो जाती है जो आम लोगों की सोच है। और इसलिए, हमने अपना लगभग पूरा जीवन झुंड मानसिकता में बिताया।

लेकिन विडंबना यह है कि हममें से सभी अपने आपको एक खास वर्ग में कहलाना पसंद करते हैं, वहीं दूसरी और वही सब करना चाहते हैं, जो बाकी लोग करते आये हैं। फलस्वरूप, हमारी खुद की पहचान नहीं बन पाती, और हम महज एक वर्ग (मध्यम वर्ग) की पहचान बनकर रह जाते हैं। जबकि जो व्यक्ति भीड़ से अलग सोच पाते हैं, और कुछ अलग कर पाते हैं, विशेष वर्ग में अपनी खुद की पहचान बना पाने में सफल हो जाते हैं।

वहीं मध्यम वर्गीय इस तथ्य को पूरी तरह से नजरअंदाज कर देते हैं कि यदि वे एक ही तरह का काम करते रहेंगे, तो उन्हें एक ही तरह का परिणाम मिलता रहेगा।

हालाँकि, यदि आप अलग-अलग परिणाम चाहते हैं, तो आपको चीजों को अलग तरीके से करने की आवश्यकता है। इस सीमित दृष्टिकोण के साथ, बड़े पैमाने पर लोग एक दिन खुद को समझाते हैं कि अंगूर खट्टे हैं। वे स्वीकार करते हैं कि वे विशिष्ट वर्ग के नहीं, बल्कि आम सोच के साथ आम वर्ग के हैं, और इसी वर्ग में अपने को सहज पाते हैं।

अब, इस तरह की मानसिकता के पीछे क्या कारण है? विफलता का डर शायद इसके पीछे का सबसे बड़ा कारण है।

वे अपने-अपने जीवन को वही सब करके सुरक्षित कर लेना चाहते हैं, जो

बाकी सभी करते हैं। वे एक दिन के उस "चमत्कार" पर अपनी आँखें गड़ाए रहते हैं, उसी के बारे में सोचते रहते हैं, जिस दिन उनका जीवन चमत्कारी रूप से बदल जाएगा और उन्हें वो सब कुछ मिल जाएगा जिसकी आस में वे वर्षों से हैं। परंतु, "चिर-अभिलक्षित यह चमत्कार" मुस्कुराते हुए कहता है 'तुम इस योग्य नहीं हो'। इसमें सिर्फ 1% लोग ऐसे हैं जो लीक से हटकर सोचते हैं, और कुछ कर गुजरते हैं। वास्तव में, ऐसे लोग हम-खयालों से ही घिरे रहते हैं।

आम मानसिकता वालों की पहुँच तो बड़ी अधिक होती है, परंतु वे खास मानसिकता वाले तक अपनी पहुँच नहीं बना पाते हैं। यदि आप ऐसा सोचते हैं कि आप तब तक अपनी मानसिकता में गुणात्मक सुधार नहीं ला सकते जब तक कि आप धनी नहीं बन जाते, तो यह आपकी सबसे बड़ी भूल है जिसे आप सच्चाई समझ बैठे हैं। आपको सामूहिक मानसिकता को त्यागना होगा, और वो भी कल से नहीं, आज से, बल्कि अभी से।

बड़े पैमाने पर मानसिकता वाले लोगों की अन्य जन मानसिकता वाले लोगों तक असीमित पहुँच है लेकिन वर्ग मानसिकता वाले लोगों तक पहुँच लगभग शून्य है। अब अगर आप सोचते हैं कि आपके अमीर बनने के बाद ही मानसिकता बदली जा सकती है, तो यह आपके मार्ग का सबसे बड़ा शिलाखंड है जिसे आपने अपने लिए खड़ा किया है। आपको वर्ग की मानसिकता को आज से नहीं, बल्कि इसी क्षण से छोड़ने की जरूरत है।

इसके लिए आपको कुशल होना आवश्यक नहीं है, ना ही इसके लिए आपको गौरवमयी पृष्ठभूमि की आवश्यकता ही है, या फिर सफलताओं की फेहरिस्त की भी आवश्यकता नहीं है। आपको ऑलराउंडर होने की जरूरत भी नहीं है। आवश्यकता है तो सिर्फ ऐसी सोच की जो आपको दूसरे से अलग रखे, बेहतर बनाए। इसे आप राजाओं जैसी मानसिकता कह सकते हैं। यहाँ पर मैं एक उत्कृष्ट उदाहरण देना चाहता हूँ। हम सभी जंगल के राजा के बारे में जानते हैं: शेर।

वास्तव में, शेर जंगल में सबसे लंबा, सबसे बड़ा, सबसे बुद्धिमान या भारी जानवर नहीं है। कई और जानवर हैं जो शेर की तुलना में लंबे और शक्तिशाली हैं। फिर भी, शेर जंगल के राजा के रूप में जाना जाता है, चाहे अन्य जानवरों की आबादी कितनी भी क्यों न हो।

क्यों? जवाब एक ही शब्द का है; मनोवृत्ति! यह स्पष्ट करता है कि राजा होने के लिए, आपको सबसे बुद्धिमान, गठीले शरीर या चलने की किसी खास विशेषता से युक्त होने की आवश्यकता नहीं है। इसलिए आप ये बहाने नहीं बना सकते कि आप किसी खास सुविधा से वंचित होने के कारण (धन इत्यादि) खास वर्ग के लोगों जैसी मानसिकता नहीं रख पाते, या नहीं पा सकते हैं।

क्या जनसंख्या वास्तव में एक अभिशाप है?

आइए, जनसंख्या के इस मुद्दे का सूक्ष्म विश्लेषण करते हैं। विभिन्न लोग इस विषय पर अलग-अलग दृष्टिकोण रखते हैं। आपने ज्यादातर लोगों को बहुत सारी चुनौतियों के लिए बढ़ती जनसंख्या को जिम्मेदार ठहराते हुए सुना होगा। इन लोगों का सारा क्रोध, और आक्रोश जनसंख्या वृद्धि पर ही रहता है।

अधिकांश के लिए, जनसंख्या एक समस्या है लेकिन कुछ के लिए, यह एक आशीर्वाद भी है। कृपया आश्चर्यचकित न हों! यदि आप एक मध्यवर्गीय व्यक्ति हैं और बस या ट्रेन से कार्यालय जा रहे हैं, तो जनसंख्या आपके लिए एक समस्या हो सकती हैं, उसी समय यदि आप एक पेट्रोल पंप के मालिक हैं, मुख्य सड़क के पार दुकानदार या टूथपेस्ट निर्माता हैं, तो जनसंख्या आपके लिए एक आशीर्वाद है।

ठीक इसी तरह यदि आप स्कूल जाने वाले 3 बच्चों के पिता हैं और आप परिवार में अकेले कमाने वाले हैं, तो जनसंख्या एक समस्या है। लेकिन अगर आप स्कूल चलाते हैं या स्कूल यूनिफॉर्म या किताब सप्लाई करते हैं, तो जनसंख्या आपके लिए एक वरदान है। जनसंख्या कुछ के लिए आशीर्वाद है तो कई के लिए एक समस्या। यह इस बात पर निर्भर करता है कि आप कहाँ खड़े हैं। यदि आप उस जगह हैं जहाँ संख्या आपके लिए भार या बोझ है, ऐसी स्थिति में, बढ़ती जनसंख्या हमेशा आपकी चुनौतियों को बढ़ाएगी। इसे आम वर्ग कहते हैं। बढ़ती जनसंख्या का इस वर्ग पर बुरा असर पड़ता है। जैसे-जैसे जनसंख्या में बढ़ोत्तरी होती है, वैसे-वैसे उसकी चुनौती भी बढ़ती जाती है।

हालाँकि, यदि आप उस जगह हैं जहाँ जनसंख्या एक अवसर है और यह आपके दैनिक लाभों को बढ़ाती है तो आप निश्चित रूप से बेहतर वर्ग से संबंधित हैं जिसे क्लास या मालिकों के रूप में जाना जाता है। ऐसे परिदृश्य

में, बढ़ती जनसंख्या हमेशा आपके लिए अतिरिक्त लाभ या अवसर लेकर आती है। उदाहरण के लिए, विजय एक जूता के एक शोरूम में एकाउंटेंट के रूप में काम करता है। अब अगर आबादी ज्यादा है, तो वहाँ पर ज्यादा से ज्यादा लोग खरीदारी करने के लिए आएँगे।

इसलिए, बढ़ती जनसंख्या के कारण विजय को अधिक चुनौतियों का सामना करने की संभावना है। यदि मालिक व्यवसाय का विस्तार करने का निर्णय लेता है, तो संभवत: विस्तारित घंटे के लिए मिस्टर विजय को अपनी जगह पर बैठना होगा।

इसी तरह, बढ़ती बिक्री शोरूम मालिक के लिए एक सुपर बोनान्जा से कम नहीं होगी। उनके लिए, बढ़ती जनसंख्या का अर्थ है अधिक ग्राहक, और अधिक ग्राहक का अर्थ है अधिक लाभ अर्जन। इसलिए जनसंख्या उसके लिए एक आशीर्वाद है।

यहाँ, मैं आपके साथ एक और आँकड़ा साझा करता हूँ। सर्वेक्षण के अनुसार दुनिया की आधी गरीब आबादी सिर्फ 5 देशों में रहती है। क्या भारत इस गरीबी का हिस्सा है? इस समूह के 5 देश हैं: भारत, नाइजीरिया, लोकतांत्रिक गणराज्य कांगो, इथियोपिया और बांग्लादेश। लेकिन यही कहानी का अंत नहीं है। अन्य 4 देश भारत की तरह मोटे तौर पर आबाद नहीं हैं।

सबसे पहले, यह कथन गलत साबित हो जाता है कि बढ़ती जनसंख्या ही सभी प्रकार की समस्याओं का कारण है। दूसरी ओर सबसे महत्त्वपूर्ण बात, यह उत्कृष्ट गुण वालों के लिए बहुमूल्य संपत्ति से कम नहीं है। क्यों? क्योंकि पूरा विश्व भारत को आज एक संभावित बाजार के रूप में देख रहा है।

इसे ध्यान से समझने की कोशिश करें। भारत 130 करोड़ से अधिक आबादी या दूसरे शब्दों में, 130 करोड़ से अधिक ग्राहकों वाला देश है। खुद से पूछिए, क्यों पूरी दुनिया भारतीय बाजार को लेकर उत्साहित है? क्योंकि आज भारत दुनिया का सबसे बड़ा बाजार है। इसे सीधे शब्दों में कहें तो भारत एक ऐसा विशाल बाजार है जिसका विश्व ने अभी तक सही उपयोग नहीं किया है। यह 130 करोड़ से अधिक की आबादी का बाजार है। यहाँ के लोगों की जरूरतें और आकांक्षाएँ हमेशा बढ़ती रहती है। वस्तुत: भारत एक ऐसा बाजार है जो बहुत मजबूत और तेज गति से बढ़ रहा है। यह एक विकासशील बाजार

है जो खुद को एक विकसित राष्ट्र में बदलने के लिए रास्ते खोज रहा है।

जब यह राष्ट्र अन्य राष्ट्रों के लिए इतना फलदायी है तो हमारे लिए क्यों नहीं? कई लोग मुझसे पूछते हैं...

क्या भारत की आबादी आशीर्वाद है या फिर अभिशाप?

हर बार मेरा जवाब है: यह इस बात पर निर्भर करता है कि आप किस तरह के नागरिक हैं?

"यदि आप राष्ट्र के लिए एक संपत्ति हैं तो राष्ट्र की जनसंख्या आपके लिए एक संपत्ति है और यह विपरीत दृष्टि से भी ठीक है।"

मतलब यदि आप एक भार हैं तो यह जनसंख्या भी आपके लिए एक भार है। "हमें यह समझने की जरूरत है कि यह बढ़ती हुई आबादी केवल संख्याओं के बारे में नहीं है। वे जीवित मनुष्य हैं। वे खाते हैं, पीते हैं, कपड़े खरीदते हैं, यात्रा करते हैं, आनंद लेते हैं, लड़ाई करते हैं और क्या क्या नहीं करते। और उन्हें दिन-रात, 24 घंटे, 365 दिन, साल भर के लिए उत्पादों या सेवाओं की आवश्यकता होती है।" दुनिया भर के स्मार्ट लोग इन लोगों को सर्वोत्तम उत्पाद और सेवाएँ प्रदान करते हैं और इस तरह वे अपने जीवन को धन, सुरक्षा और मन की शांति के साथ सुसज्जित करते हैं।

स्वप्नदृष्टा, दूरदर्शी और मजबूत इरादों वाले व्यक्ति अपने जुनून और कौशल से अपना स्टार्टअप शुरू करते हैं और फिर धीरे-धीरे इसे एक बड़े व्यवसाय के रूप में बदल देते हैं। कई बार, वे अपने उत्पादों और सेवाओं में इतने अच्छे होते हैं कि वे बहुत बड़े आकार की कंपनियाँ बनाने में भी सक्षम होते हैं। ऐसे सपने देखने वाले हमेशा यही सोचते हैं कि लोगों को किन उत्पादों या सेवाओं की आवश्यकता है और वे लगातार इन जरूरतों और आवश्यकताओं के आस-पास उत्पादों और सेवाओं का निर्माण करते रहते हैं। ऐसे व्यवसायों के कुछ उदाहरण जो छोटे से शुरू हुए लेकिन काफी बड़े हुए, हल्दीराम, बीकानेरवाला, बिट्टू टिक्की वाला, ओयो रूम्स, ओला या उबर हैं। उन सभी ने कुछ इसी तरह से शुरुआत की थी लेकिन आज उनका नेटवर्क अकल्पनीय है। इसके अलावा, आप अपने शहर या गली में कुछ और भी जीवंत उदाहरण पा सकते हैं। ये कुछ फर्नीचर की दुकान के मालिक, चाट वाला, (प्रसिद्ध भारतीय स्थानीय डिश हॉकर) छोले भठूरे वाले या कई अन्य हो सकते हैं।

कुशल अमीर लोग दूसरों के लिए काम नहीं करते हें। वे अपने सपनों के लिए ही काम करते हैं।

130 करोड़ से अधिक आबादी वाले देश के रूप में भारत हर संभव उत्पाद और सेवा के लिए एक बड़ा बाजार है। अमेजन और वॉलमार्ट इस बाजार पर कब्जा करने के लिए कुछ भी करने को

> *"यदि आप राष्ट्र के लिए एक संपत्ति हैं तो राष्ट्र की जनसंख्या आपके लिए एक संपत्ति है और यह विपरीत दृष्टि से भी ठीक है।"*

तैयार हैं। वॉलमार्ट ने हाल ही में फ्लिपकार्ट में 15 बिलियन अमेरिकी डॉलर की भागीदारी हासिल की। और बाद में लगभग पूर्णता: मालिक बन गया। क्यों? क्योंकि वे भारतीय बाजार को खपत की जबरदस्त क्षमता के रूप में देखते हैं। यह अधिग्रहण अमेरिका के भारत के प्रति रवैये को स्पष्ट करता है। हमारे देश के लोगों को, विशेषकर युवाओं को इस दोस्ताना वैश्विक दृष्टिकोण को समझना चाहिए। वे अपनी उद्यमिता की शुरुआत 20 रुपए पैकेट नमक बेच कर ही कर सकते हैं।

यह धारणा रखा जाए कि विनिर्माण और अन्य लागत अधिकतम 30 प्रतिशत से ज्यादा नहीं होनी चाहिए। आपको ग्राहकों के रूप में केवल 100,000 भरोसेमंद घरों की आवश्यकता होगी। यदि आपके पास 1 लाख ग्राहक आ जाएँ तो आप निश्चय ही 20 लाख मासिक या 2.4 करोड़ सालाना कमाने के काबिल बन जाएँगे।

यदि आप पूरी सेल का केवल 50 प्रतिशत बचा सकते हैं, तब भी यह आँकड़ा कम से कम एक करोड़ रुपए का लाभ होगा। मुझे बताएँ कि कौन सी नौकरी आपको इतना पैसा देगी? तो उपरोक्त उदाहरण में जादू क्या है? जादू बस नंबर का खेल है। कोई भी व्यवसाय अपनी बिक्री संख्या के आधार पर जीतता है या हारता है और भारत में बिक्री संख्या प्राप्त करना अपने जनसंख्या आकार और बढ़ती जरूरतों के कारण आसान है।

यहाँ तक कि एक चाट वाला कठिन प्रयासों के साथ भारत में एक जादुई संख्या प्राप्त कर सकता है। और ये सभी इसी बात को सिद्ध करते हैं कि "यदि आप राष्ट्र के लिए एक संपत्ति हैं तो राष्ट्र की जनसंख्या आपके लिए एक संपत्ति है और यह विपरीत दृष्टि से भी सही है। मतलब, यदि आप स्वयं एक

भार हैं तो यह जनसंख्या भी आपके लिए एक भार ही साबित होगी।" जादुई आँकड़ा केवल और केवल बड़ी आबादी के कारण ही संभव है।

इसलिए, आपको इस खजाने की कुँजी प्राप्त करने के लिए स्वप्नदृष्टा के अलावा कुछ बड़ा हासिल करने वाला भी बनना होगा। सपने देखने वाले वे होते हैं जो अपने सपनों के लिए काम करते हैं, दूसरों के नहीं। वे ही हैं जो अपना भविष्य बनाने में विश्वास करते हैं और केवल अपने लिए काम करते हैं। उन्होंने अपने जीवन के हर मिनट को अपने सपनों को पूरा करने और खुद को अमीर बनाने में बिताया।

कोई भी राष्ट्र, इसीलिए, इन लोगों को एक संपत्ति के रूप में मानता है। ये वे लोग हैं, जो पूँजी पैदा करते हैं और दूसरों को रोजगार देते हैं। वे राष्ट्र के लिए आधुनिक युग के सच्चे स्वतंत्रता सेनानी हैं। अब आप पूछ सकते हैं कि यदि उपरोक्त सभी कथन सत्य है तो चारों ओर बेरोजगारी क्यों है? और बढ़ती जनसंख्या हमारी सरकार के लिए सबसे बड़ी चुनौती क्यों है?

दरअसल, हम सभी के पास इसका जवाब मौजूद है, परंतु वही मध्यम-वर्गीय मानसिकता आड़े आ जाती है। एक मानसिकता जो हमें बचपन से स्कूल जाने के लिए प्रशिक्षित करती है, अच्छे ग्रेड प्राप्त कराती है और फिर नौकरियों के लिए सरकारी या निजी क्षेत्र पर निर्भर रहने के लिए मजबूर करती है।

दुर्भाग्य से, मध्यवर्गीय मानसिकता हमें आजीविका के लिए दूसरों पर निर्भर बनाती है।

मेरे आदरणीय पिता श्री आनंद प्रकाश विधि एवं न्याय मंत्रालय, शास्त्री भवन, नई दिल्ली में एक बहुत ही वफादार एवं ईमानदार सरकारी अधिकारी रहे हैं। वे एक दृढ़ विश्वासी और सरकारी नौकरियों के पक्षधर रहे हैं। वह हमेशा सभी को सरकारी नौकरियों में शामिल होने के लिए प्रेरित करते रहते हैं। वे गर्व से कहते हैं "यदि आप सरकारी नौकरी में हैं तो आपका जीवन सुरक्षित है।"

उनके अनुसार 9 से 5 की नौकरी सबसे अच्छी नौकरी है। वे चारों ओर सभी को सरकारी नौकरी के लिए ही प्रेरित करते रहते हैं, और इसी का परिणाम है कि मेरी बहनें सरकारी कर्मचारी हैं। सौभाग्य से, मैंने सुरक्षित जीवन की उनकी अवधारणा को कभी नहीं समझा। मेरे लिए, यह जीवन बहुत महत्त्वपूर्ण

है। भगवान और मेरे माता-पिता, विशेष रूप से मेरी माँ, सभी ने मुझे इस जीवन के लिए शुभकामना दी है और मैं इसे केवल एक बार जीने जा रहा हूँ।

इसलिए, मैं ऐसा जीवन नहीं चाहता जिसमें मुझे 'सुरक्षित जीवन सिंड्रोम' के साथ परिरक्षित रहते हुए जीना पड़े। मैं अपने जीवन में रोमांच, उत्साह और चुनौतियाँ चाहता हूँ। और मुझे यकीन है कि आज का युवा भी इसके लिए तरस रहा है।

हम सभी लीक से हटकर जीवन जीने की आकांक्षा रखते हैं। आज मैं जो कुछ भी हूँ, अपने पिता की नौकरियों की अवधारणा को नजरअंदाज करने की वजह से ही हूँ। या यूँ कहें कि अपनी माताजी श्रीमती माला देवी, जिन्होंने मुझे हमेशा अपनी पसंद का जीवन जीने के लिए प्रेरित किया, उनकी बातों को मानने की वजह से हूँ।

उन्होंने हमेशा मुझे बड़ा सोचने के लिए प्रेरित किया है। वे मुझे हर चीज के शीर्ष पर देखने और वहाँ तक पहुँचने के लिए सदा प्रेरित करती रही। वह हमेशा मुझसे कहती थीं "हाँ, तुम इसे हासिल कर सकते हो।" बचपन से ही, वह मुझे "तू हाकिम बनेगा"... अपनी भाषा में बताती थी। इसका मतलब है "तुम एक बड़ा आदमी बनोगे।" उसने मुझे हमेशा सरकारी नौकरी में जाने के लिए मना किया था।

वह अपनी मजाकिया घरेलू भाषा में कहती थी, "सरकारी नौकरी के चक्कर में खुद को फँसाने के बजाय, गोलगप्पे की दुकान चलाना बेहतर है। (एक प्रसिद्ध स्थानीय भारतीय आहार जिसे पानी-पूरी के नाम से भी जाना जाता है) इसी दुकान से तुम अमीर बन जाओगे।"

यहाँ यह समझना महत्त्वपूर्ण है कि मैं किसी सरकारी या निजी नौकरी की आलोचना नहीं कर रहा हूँ। जैसा कि मैंने पहले उल्लेख किया है, अगर आपको लगता है कि नौकरी आपका जुनून है, तो आप उसी रास्ते का चुनाव कर सकते हैं।

हालाँकि, मेरी माँ ने हमेशा मुझे एक कर्मचारी होने के बजाय मालिक बनने के लिए प्रेरित किया। कुछ पसंदीदा संवाद जो मेरी माँ मुझसे अक्सर पूछा करती थी, मैं यहाँ उनका जिक्र करना चाहूँगा:

क्या आपको अपना घर अच्छा लगता है या किराये का?

मैं: अपना घर।

क्या आप अपना खुद का परिवार चाहते हैं जैसे माता-पिता और बच्चे या कोई और?

मैं: निश्चित रूप से खुद का।

आय का स्रोत...? अपना या किसी और का?

मैं: निश्चित रूप से, मेरा अपना।

आँकड़ों के अनुसार, भारत की जनसंख्या को 'युवा जनसंख्या' के रूप में जाना जाता है, क्योंकि यहाँ की अधिकांश आबादी युवा है। इसे उत्पादक युग माना जाता है और जनसंख्या का यह सेट काफी हद तक अर्थव्यवस्था के विकास में योगदान कर सकता है।

यह साबित करता है कि देश में प्रतिभाओं का एक विशाल साम्राज्य उपलब्ध है जो खेल, व्यावसायिक स्टार्टअप या किसी भी कुशल पेशे में पूरे विश्व में अपनी श्रेष्ठता साबित कर सकता है।

इसके अलावा, युवा आबादी की यह विशाल संख्या निर्भरता दर को कम करती है, जो बचत और फलस्वरूप निवेश को बढ़ा सकती है। यह अंतत: पूरी अर्थव्यवस्था को निर्बाध और द्रुत गति से आगे बढ़ा सकती है।

हमें केवल इस बात का एहसास करना है कि हम मध्यवर्गीय मानसिकता के चक्र में फंस गए हैं। यूरोपीय देशों में शून्य या नकारात्मक जनसंख्या वृद्धि दर देखी गई है। नतीजतन, उनकी अर्थव्यवस्था उथल-पुथल में है। इसलिए, वे अपनी आबादी बढ़ाने के लिए लोगों को अधिक बच्चे पैदा करने के लिए प्रोत्साहन के साथ आए हैं। यह फिर से स्पष्ट करता है कि हम पर्याप्त संख्या की संभावना को खारिज नहीं कर सकते।

दूसरी ओर, सिंगापुर जैसा देश भी कम जन्म दर और बूढ़ी होती आबादी की चुनौतियों से लड़ रहा है। इसलिए, सिंगापुर सरकार अपने लोगों से शादी करने का आग्रह कर रही है।

एक संभावित समाधान 2030 तक अपनी आबादी को लगभग 6.9 मिलियन तक बढ़ाने का हो सकता है। इस तथ्य से इनकार नहीं किया जा सकता है कि भारत और चीन दुनिया की सबसे तेजी से बढ़ती अर्थव्यवस्था हैं और साथ ही सबसे मोटी आबादी वाले भी। हालाँकि, चीन ने कई स्मॉल एंड मीडियम एंटरप्राइजेज को बढ़ावा देकर जनसंख्या को अपने पक्ष में मोड़ने में कामयाबी हासिल की है।

आज, चीन पूरी दुनिया को दैनिक जरूरतों के सामानों से लेकर उच्च टेक्नोलोजी से लैस सामानों की पूर्ति कर रहा है।

जबकि, भारत के इतिहास और जनसांख्यिकी पर विचार करते हुए, विशेषज्ञों ने इस बात पर जोर दिया है कि भारत में सबसे आगे जाने की क्षमता है। इस वर्ष भारत के लोगों की औसत आयु 29 साल रहने की संभावना है, जबकि चीन और जापान में यह क्रमश: 37 और 48 वर्ष होगी। यह हमारे देश की अथाह क्षमता को दर्शाता है, जिसे अगर सही तरीके से दिशा-निर्देशित किया जाए तो यह देश निश्चय ही अजेय बन सकता

> *"जब आपके साथी आपको कहते हैं कि आप उद्यमी नहीं बन सकते, तो उन पर ध्यान ही न दें।"*

है। और हाँ, मैं कोई 2050 की बात नहीं कर रहा हूँ, मैं 2021 की ही बात कर रहा हूँ, मैं इसी वर्ष की बात कर रहा हूँ।

इसलिए, हमारे पास अपने सपने को पूरा करने और इस देश की आर्थिक विकास को गति देने का एक स्वर्णिम अवसर है। जिस दिन इस देश के अधिकांश युवा इस अवसर के महत्त्व को समझते हुए, मध्यमवर्गीय मानसिकता से अपने को अलग कर लेंगे, उसी दिन से हमारे यहाँ नियोक्ताओं की संख्या बढ़ती जाएगी, और कर्मचारियों की संख्या कम होती जाएगी।

हमारे देश का डंका चारों ओर बजेगा। अधिक स्टार्टअप, अधिक एसएमई और अधिक उद्यमी होंगे। उद्यमशीलता इस देश की बेरोजगारी की समस्याओं का वास्तविक उत्तर है। मुझे पूरी उम्मीद है कि एक दिन हम सभी उस युग की कल्पना कर सकेंगे जब इस देश के अधिक से अधिक युवाओं को नौकरियों की अपेक्षा अपने स्वयं के स्टार्टअप के लिए हाँ कहने की हिम्मत होगी। और

मैं वास्तव में चाहता हूँ कि वह समय जल्द ही आ जाए। इसलिए मेरे लिए भारतीय आबादी किसी भी व्यक्ति की उद्यमी मानसिकता के लिए सबसे बड़ी संपत्ति है। उद्यमी इसे एक बहुत बड़ा अवसर मानते हैं। हमें अपने भारतीय होने पर गर्व है। यह हमारा सौभाग्य है कि हम भारतीय हैं। मुझे भारतीय होने पर गर्व महसूस होता है।

वास्तव में, यह एक बड़ी छलांग लगाने का सबसे अच्छा समय है क्योंकि हम भारतीय डिजिटल युग में कदम रख रहे हैं। हमारे पास अवसरों की भरमार है, जरूरत सिर्फ उसे खोजने की है, उस पर दिमाग लगाने की है, और उसे जीवन के लक्ष्य के रूप में बदलकर बड़ी सफलता हासिल करने की है। हमें केवल अपनी उद्यमी समझ विकसित करने की आवश्यकता है। एक कहावत है कि पैसा सड़कों पर पड़ा है, हमें इसे देखने के लिए सिर्फ सही दृष्टि की जरूरत है और इसका अभ्यास करने की आवश्यकता है।

मैं इस अध्याय को अब एक छोटी लेकिन व्यावहारिक कहानी के साथ समाप्त कर रहा हूँ। एक बार ऐसा हुआ कि दो मेंढक गलती से एक कुएँ में गिर गए। दोनों मेंढक आकाश जैसी ऊँची दीवार पर पहुँचने के लिए जी-जान से कोशिश में जुट गए। वे कुएँ की दीवार में मौजूद किसी भी संभावित टूट की तलाश में जुट गए, और छलाँग पर छलाँग लगाते गए। वे किसी तरह वहाँ से बाहर निकलना चाह रहे थे। तभी सभी साथी मेंढक ऊपर से चिल्लाने लगे "कोशिश मत करो तुम ऊपर आने में कभी भी सफल नहीं हो पाओगे (मध्यवर्गीय मानसिकता)। तुम्हारा सारा परिश्रम व्यर्थ जाएगा। एक मेंढक को अपने साथी मेंढकों की बात सही लगती है और वह प्रयास करना छोड़ देता है, परंतु दूसरा मेंढक अपना प्रयास जारी रखता है।"

वह अपने आस-पास मौजूद सभी चीजों को इकट्ठा करना शुरू कर देता है, और उसके सहारे कुएँ के ऊपर चढ़ने लगता है। धीरे-धीरे उसे दीवारों पर कुछ चिथड़े आदि भी दिख जाते हैं, जिसके बलबूते उसकी कुएँ के ऊपर की राह आसान होने लगती है और अंतत: वह कुएँ से बाहर (मध्यवर्गीय मानसिकता) निकलने में सफल हो जाता है। ऊपर के सभी मेंढकों को मानो करंट लग जाता है। सभी उससे एक स्वर में पूछते हैं "इस असंभव से लगने वाले कार्य को तुमने संभव कैसे किया?" मेंढक यह सुनते ही मुस्कुराता है

और फिर एक लंबी सी छलांग जंगल की ओर लगाता है।

अचानक, एक साथी मेंढ़क आगे आता है और समूह को सूचित करता है कि बहादुर मेंढ़क बहरा है।

यहाँ पर मैं भी आपको बहरा बनने की ही सलाह देता हूँ। **"जब आपके साथी आपको कहते हैं कि आप उद्यमी नहीं बन सकते, तो उन पर ध्यान ही न दें।"** तब तक ध्यान न दें जब तक कि उद्यमी बन न जाएँ। इसके बाद शायद ध्यान देने की जरूरत ही न पड़े।

जिस तरह उस मेंढ़क ने अपने साथी मेंढ़क की नसीहत अनसूनी कर दी उसी तरह से आपको भी दूसरों पर ध्यान देने की जरूरत नहीं है। जब वे कहते हैं कि आप एक उद्यमी नहीं हो सकते तो उसे एक चुनौती के रूप में लें, बिल्कुल उस मेंढ़क की तरह। उसे अपनी वास्तविकता न बनने दें। ऐसी मानसिकता रखने वाले और ध्यान भटकाने वालों से दूर रहें। वे आपको इसलिए कहते हैं कि आप ऐसा नहीं कर सकते क्योंकि उन्होंने खुद ऐसा प्रयास कभी नहीं किया और यदि किया भी तो आधे-अधूरे मन से। आप इन सबसे निकलें, इस सबसे ऊपर उठें और अपनी काबिलियत सिद्ध करें।

आप सभी को अपने प्रयासों के लिए मेरी तरफ से हार्दिक शुभकामनाएँ।

अध्याय 8

नए भारत के निर्माण के लिए नई मानसिकता

क्या आप जानते हैं कि एक पिछड़ा या विकासशील देश को विकसित देशों के क्लब में शामिल होने के लिए क्या करना पड़ता है? क्या इसके लिए बेहतर अर्थव्यवस्था चाहिए, या जनसंख्या पर नियंत्रण? रोजगार के बेहतर अवसर, उच्च साक्षरता या फिर उच्च तकनीकी? परंतु आपको यह जानकर आश्चर्य हो सकता है कि इनमें से कोई भी विकसित देशों के क्लब में एंट्री करने के लिए अनिवार्य नहीं है।

इसके लिए सबसे पहला चरण है मानसिकता में आमूल-चूल परिवर्तन। यदि भारत की बात करें तो यहाँ के लोगों को सदियों पुरानी मानसिकता से बाहर निकालने की नितांत आवश्यकता है। सही मायने में किसी देश के लोगों की मानसिकता ही उस देश का भविष्य (बेहतर) निर्धारण करता है।

किसी देश के लोगों की मानसिकता जितनी अधिक व्यावहारिक होगी, उस देश की पूरे विश्व में अग्रणी स्थान पाने की संभावना उतनी ही अधिक होगी।

क्या आप जानते हैं कि किस देश में सबसे ज्यादा अरबपति हैं? विकिपीडिया के अनुसार भारत की तुलना में अमेरिका में 585 अरबपति अधिक हैं।

मुझे एक और चौंकाने वाला आँकड़ा साझा करने दें। दुनिया भर में अरबपतियों की कुल संख्या 2,208 है, और उसका एक-चौथाई से भी अधिक अकेले यू.एस. में है। और इससे भी ज्यादा यू.एस. के अरबपतियों का दुनिया की अधिकांश अर्थव्यवस्थाओं पर दबदबा है।

अधिकांश प्रौद्योगिकियाँ जिसका आज हम उपयोग कर रहे हैं, उसे प्राय: अमेरिका ने ही सबसे पहले विकसित किया है। अब मेरा अगला सवाल है:

क्या अमेरिका सबसे विकसित देशों में से एक है, क्योंकि वहाँ सबसे अधिक अरबपति हैं? तो इसका जवाब है नहीं। अरबपति सिर्फ उप-उत्पाद हैं; यह वास्तव में अमेरिका के लोगों की मानसिकता है जो उन्हें दूसरों के मुकाबले अधिक विकसित और धनवान बनाता है।

निस्संदेह भारत अर्थव्यवस्था के मामले में पिछले कुछ वर्षों से शानदार प्रदर्शन कर रहा है। भारत अब अमेरिका और चीन के बाद पाँचवें स्थान पर है।

लेकिन हमें विकास में काफी हद तक तेजी लाने की जरूरत है। और यह विकास तेजी से कैसे संभव हो सकता है? जी हाँ, आपका अनुमान बिल्कुल सही है; मानसिकता विकसित करके; उसे दलदल से निकाल के, जो सदियों से एक ही तरह की मानसिकता को ढ़ोती आ रही है। यही मानसिकता सबसे बड़ा रोड़ा है विकास का, और इसी मानसिकता को बदलकर हमारा सर्वांगीण विकास संभव हो सकता है। दुर्भाग्यवश, अभी भी हमारी आबादी का अधिकांश हिस्सा सदियों पुरानी मानसिकता से ग्रसित है।

और युवा कोई अपवाद नहीं हैं। ये भी मानसिकता से युवा नहीं हैं, कुछ नया करने की सोच का अभाव है इनमें। वो भी मानसिकता को बदलने की संभावनाओं को तलाश नहीं कर पाते, हमारे युवा दकियानूसी मानसिकता को पीछे छोड़ देने की जरूरत नहीं समझते। आलोचकों का भी यही कहना है। लेकिन मैं आलोचना से परे, काफी आशान्वित हूँ। कोई असंभव सा काम भी नहीं है। यदि हम (इस) मानसिकता को बदलने में कामयाब हो जाएँ, तो यह हमारा अपने देश के लिए बहुत बड़ा योगदान साबित होगा। हमें बस इतना करना चाहिए कि दो क्रांतिकारी (हालाँकि सरल नहीं, लेकिन असंभव भी नहीं) कदमों का पालन करें।

याद रखें, भारी उपलब्धियाँ भारी बदलाव की माँग करती हैं। और इस बदलाव के लिए यहाँ पर मैं 2 चरण प्रस्तुत करना चाहूँगा:

चरण-1: मैक्रो-स्तर पर परिवर्तन

हमारी इस मानसिकता के लिए जिम्मेदार मूल प्रेरक शक्ति (ड्राइविंग फोर्स) क्या है? वह कौन सा एक पहलू है जो पीढ़ियों से उसी मानसिकता को चला रहा है?

शिक्षा तंत्र: मुझे पता है कि आप पहले भी शिक्षा प्रणाली के बारे में काफी कुछ पढ़ चुके हैं, लेकिन यदि यहाँ पर मैं अपनी वर्तमान शिक्षा प्रणाली में अवसरों की संभावनाओं को उजागर नहीं करूँ तो यह सर्वथा अनुचित होगा।

नये भारत के निर्माण के लिए नई मानसिकता: एक सदी पहले इस देश की शिक्षा प्रणाली को उद्योग और सरकार के लिए अधिक से अधिक कर्मचारियों के निर्माण के लिए तैयार किया गया था। यदि आप गूगल पर यह खोज करें कि "भारतीय शिक्षा प्रणाली का आविष्कार किसने किया?" तो यह निम्नलिखित परिणाम देगा: थॉमस बबिंगटन मैकाले ने 1835 में भारत में अंग्रेजी शिक्षा प्रणाली की शुरुआत की थी।

उनके अनुसार, यह एक ऐसी शैक्षणिक प्रणाली थी जो अंग्रेजों और भारतीयों के बीच सांस्कृतिक मध्यस्थ के रूप में काम करने वाले भारतीयों का एक वर्ग तैयार करती थी। यह शिक्षा प्रणाली प्राचीन गुण प्रणाली से बिल्कुल अलग थी, जो मैकाले पद्धति के रूप में सामने आई थी।

महर्षियों के समय में, भारत में शिक्षा की गुरुकुल प्रणाली थी, जहाँ कोई भी बालक जो अध्ययन शुरू करना चाहता था, वह अपने गुरु (शिक्षक) के घर जाता था। गुरु की अनुमति मिलने के उपरांत वे उनके घर पर ही रहने लगते थे। छात्र अपने गुरु की दैनिक घरेलू गतिविधियों में भी भाग लेते थे। इस प्रक्रिया से न केवल उनके बीच एक विशेष बॉन्ड बनता था, बल्कि छात्र गृहस्थ जीवन का अनुभव भी प्राप्त करते थे। गुरु संस्कृत, पौराणिक शास्त्र से लेकर गणित और मेटाफिजिक्स तक सब कुछ पढ़ाते थे।

जब तक गुरु चाहते, तब तक छात्र वहीं रुकते थे। गुरु उन्हें कमाई करने के लिए आवश्यक सभी कौशलों का प्रशिक्षण देते थे। तब के गुरु अपने शिष्यों के साथ आत्मिक जुड़ाव हमेशा बनाए रखते थे और छात्र सदा सीखने की चाहत वाला दिमाग और बेहद सामान्य रहन-सहन रखते थे। उन्हें जीवन की समस्याओं को हल करने और कुछ विलक्षण हासिल करने के लिए प्रशिक्षित किया जाता था। तब की शिक्षा व्यवस्था प्रकृति, जीवन और जीवन-कौशल के अनुरूप होती थी।

इन सभी प्रशिक्षणों के मूल में कौशल हुआ करते थे। कौशल की ही प्रधानता होती थी। लेकिन मैकाले शिक्षा प्रणाली ने हमारे मूल दर्शन और

आनुवांशिक कौशल को खत्म कर डाला। पाठ्यक्रम को आधुनिक विषयों को ध्यान में रखकर तैयार किया गया। इसने अंग्रेजी भाषा को शिक्षा और रोजगार के लिए अनिवार्य कर दिया। इसने कई विश्वविद्यालयों का राष्ट्रीयकरण कर दिया।

इस प्रणाली में फायदे से अधिक नुकसान ही हैं। इसका सबसे बड़ा नुकसान यह है कि इस प्रणाली ने हमारे आत्मसम्मान, भारतीय धरोहर और कौशल-आधारित शिक्षा संस्कृति को तहस-नहस करके रख दिया। यहाँ पर मैं मैकाले के एक पत्र का उल्लेख करना चाहूँगा:

12 अक्टूबर, सन् 1836 को उसने अपने पिता को लिखा: "हमारे द्वारा तैयार किए गए अंग्रेजी स्कूल आश्चर्यजनक रूप से फल-फूल रहे हैं; हम सभी को दिशा-निर्देश दे रहे हैं। हिंदुओं पर इस शिक्षा का अच्छा-खासा प्रभाव दिख रहा है।"

कोई भी हिंदू जिसने अंग्रेजी शिक्षा प्राप्त की है वह अपने धर्म से हमेशा ईमानदारीपूर्वक जुड़ा नहीं रह पाता। यह मेरा दृढ़ विश्वास है कि अगर हमारी शिक्षा की योजनाओं को यहाँ पूरी तरह से लागू कर दिया जाए, तो आज से तीस साल बाद यहाँ के अभिजात वर्ग में कोई भी अपने धर्म की वकालत करने वाला नहीं बचेगा। और इससे उनके सोच परिवर्तन का रास्ता आसान हो जाएगा, और वो भी बिना उनको धर्म परिवर्तन करवाए, क्योंकि तब उनके अंदर हिंदुस्तानी मूल्यों के प्रति आस्था ही नहीं बचेगी। उनका एक मात्र धर्म अंग्रेजी शिक्षा हो जाएगा। और मैं ये सब सोच कर मन ही मन बहुत ही हर्षित हो रहा हूँ।

इस तरह मैकाले द्वारा प्रेरित यह जहर इस राष्ट्र को कमजोर करता रहा, और हमने भारतीय मानसिकता, भारतीय समस्याओं और भारतीय मॉडलों के बारे में जानने की तनिक भी परवाह नहीं की। और इन सबसे महत्त्वपूर्ण, हमारे भारतीय लोग मैकाले की मानसिकता से अपने को अलग करना तो दूर, उसकी शिक्षा व्यवस्था की विभिषिका को समझ तक नहीं पाए।

और जैसा कि मैकाले ने भविष्यवाणी की थी, हमारे देश के उस समय के काफी पढ़े-लिखे लोग, अभिजात वर्ग इस भस्मासुरी विद्या को अपनाने की होड़ में लग गए। पश्चिमी मॉडल उनकी पहचान बनने लगी और फलस्वरूप बाकी लोग भी इस व्यवस्था का अंधाधुंध अनुकरण करने लगे। और इन सबका परिणाम यही हुआ जो मैकाले चाह रहा था। हमारी सोच बदल गई, राष्ट्र के

प्रति हमारी चेतना कमजोर होती चली गई।

अब यहाँ पर यह जानना आवश्यक हो जाता है कि आखिर एक राष्ट्र का अस्तित्व कैसे विलीन हो जाता है? एक कारण तो प्राकृतिक विनाश है। और दूसरा (बड़ा) कारण है वहाँ के लोगों का पहले से चली आ रही जीवन मूल्यों, सिद्धांतों और जीवन जीने के तरीकों से विश्वास उठ जाना। अब ग्रीक और रोमन सभ्यताओं को ही ले लीजिए... क्या बेहतरीन सभ्यता थी उन दोनों शहरों की। पूरा विश्व इनका उदाहरण देते थे। लेकिन एक ऐसा समय (बुरा) आया कि वहाँ के प्रबुद्ध वर्ग का अपने जीवन-यापन के सदियों से चली आ रही तरीके से विश्वास उठ गया, और फिर वही हुआ जिसका डर था, सभ्यता का सर्वनाश।

उन्होंने अपनी विरासत को छोड़ दिया, और एक बिल्कुल अलग और नई व्यवस्था को गले लगा लिया। और परिणामस्वरूप, ये सभ्यताएँ रसातल में चली गईं, हाँ संग्रहालयों और स्मारकों में इनके अवशेष अवश्य बचे हैं! इस तरह इस व्यवस्था ने पंगु मानसिकता वाले नागरिक दिये, जो उनके महाविनाश का कारण बना।

हिंदुस्तान में भी यही हुआ, लोग शिक्षित थे, परंतु एक कर्मचारी बनने की मानसिकता के साथ। उन्होंने ढीला-ढाला रवैया अपनाया और इस मानसिकता को अब लगभग एक सदी होने को आया है। आज भी, अधिकांश आबादी का लक्ष्य किसी और के लिए काम करने के लिए पर्याप्त शिक्षा लेना है, लेकिन अपने स्वयं की बेहतरी के लिए नहीं। यह प्रणाली उद्योगों और सरकार के लिए लगातार कर्मचारियों की सप्लाई के लिए उपयुक्त है। और इतना जान लीजिए, यह महज एक संयोग मात्र नहीं है, इसको डिजाइन किया गया है, बल्कि इसकी साजिश रची गई है।

और इस साजिश के पीछे एक बड़ा कारण है। यदि आप किसी राष्ट्र को नियंत्रित करना चाहते हैं तो वहाँ की शिक्षा प्रणाली को नियंत्रित करना होगा। अंग्रेजों ने 1835 में भारत के लिए भी यही किया था। हमारी वर्षों पुरानी कौशल-आधारित शिक्षा प्रणाली को उखाड़ फेंक कर उद्योग-आधारित अंग्रेजी शिक्षा प्रणाली की शुरुआत की गई थी। सच्चाई तो यह है कि आज भी सुबह की चाय पीते समय अंग्रेजों के वंशज हमारा मजाक उड़ा रहे होंगे। वे कुटिल

मुस्कान के साथ कह रहे होंगे, "हमने भारत के सैकड़ों साल पुराने सिस्टम को कुचल दिया ताकि वे हमारे आत्म-केंद्रित सिस्टम का पालन कर सकें और वे अभी भी उसी कुल्हाड़ी को तेज कर रहे होंगे, जो उन्हीं पर आखिरकार पड़ने वाला है।"

सत्य तो यह है कि हमने आजादी के इतने वर्षों के बाद भी मैकालेयियन मुद्दे का कोई समाधान नहीं ढूँढ़ा है। और इससे भी अधिक विडंबना यह है कि कुछ लोग सोचते हैं कि समस्या वास्तव में है ही नहीं। महात्मा गाँधी ने अपने किसी भाषण में कहा था, "हमारी शिक्षा-व्यवस्था का सुंदर वृक्ष तुम अंग्रेजों ने काट दिया था। और यही कारण है कि आज भारत 100 साल पहले की तुलना में कहीं अधिक निरक्षर है।" तुरंत, फिलिप हार्टोग, जो ब्रिटेन के सांसद थे, ने खड़े होकर कहा, "मि. गाँधी, ये हम ही थे जिन्होंने भारत की जनता को शिक्षित किया। और इसलिए आपको अपने बयान को वापस लेना चाहिए और माफी माँगनी चाहिए। और यदि आप माफी नहीं माँग सकते, तो फिर आपको अपने आरोप को साबित करना चाहिए।" "गाँधी जी ने कहा कि वह इसे साबित करेंगे। लेकिन समय की कमी के कारण बहस जारी नहीं रह सकी।

दुर्भाग्यवश, हम भारतीय पिछले 100 साल से भी अधिक समय से थोपी हुई जिंदगी (अंग्रेजों द्वारा) ही जी रहे हैं। उम्रकैद भी 14 साल की (विशेष परिस्थिति में) ही होती है। परंतु, हम गुलामी प्रथा में सदियों से जीने को मजबूर हैं।

अब यह प्रणाली हमारे खून में है, हमारी नसों में दौड़ रही है और हम इसे बदल पाने में असमर्थ हैं। लेकिन बदलना तो पड़ेगा, यदि हमें आगे बढ़ना है तो, यदि भारत को फिर से विश्व का सिरमौर बनना है तो।

यही समय है कि इस देश के शीर्ष नीति निर्माता सामने आएँ, और मौजूदा शिक्षा प्रणाली को एक नया स्वरूप दें। स्कूली शिक्षा से लेकर उच्च शिक्षा तक इसका सृजन करना आवश्यक है। या यूँ कहें तो पूरे सिस्टम को फिर से विकसित करने की जरूरत है।

मुझे पता है कि यह एक दिन में नहीं किया जा सकता है। लेकिन जैसा कि विद्वानों का मत है, "थोड़ा-थोड़ा करके ही सही, लेकिन निरंतर प्रयास करते रहने से बड़े-बड़े कार्य सिद्ध होते हैं।" आज हमारी शिक्षा प्रणाली को

वही सदियों पुरानी कौशल आधारित बनाने की आवश्यकता है।

हमारे बच्चों को कोई कौशल सीखने के लिए प्रोत्साहित किया जाना चाहिए क्योंकि उसी (कौशल) से उनका भविष्य उज्जवल हो सकता है। किंतु यहाँ पर यह जानना महत्त्वपूर्ण है कि उन्हें किसी खास कौशल को ही सीखने के लिए मजबूर नहीं किया जाना चाहिए। उन्हें बल्कि कौशल सीखने का भरपूर विकल्प देना चाहिए ताकि उनमें से वे अपने पसंदीदा कौशल को चुन सकें।

प्राथमिक प्रशिक्षण, पुस्तकों के बजाय व्यावहारिक ज्ञान पर आधारित होना चाहिए। उदाहरण के लिए एक 5वीं कक्षा के छात्र के सामने खाना पकाना, बिजली से संबंधित कार्य, कार की फिटिंग, संवाद, समस्या-निवारण, वृक्षारोपण, जीपीएस नेविगेशन, दुकानदारी इत्यादि का विकल्प प्रस्तुत करना चाहिए।

इसी तरह से 8वीं कक्षा के बच्चे के सामने मोबाइल रिपेयरिंग, ऐप डेवलपिंग के बारे में सरल कोडिंग, पैसे की समझ, क्रिटिकल थिंकिंग आदि का विकल्प होना चाहिए। 9वीं और 10वीं के छात्रों के सामने जूते, फर्नीचर, कार, दरवाजे, नल, आदि के डिजाइन बनाना, उद्यमिता का ज्ञान प्राप्त करना, स्वस्थ रहने के टिप्स, सही निर्णय ले पाने के टिप्स, बुनियादी बजट और अनुकूलन क्षमता आदि का विकल्प होना चाहिए।

समय आ गया है कि हम अपने शिक्षाविद् से यह प्रश्न करें कि आपका 10वीं पास छात्र जूता या दरवाजा या मोबाइल ऐप या यहाँ तक कि शर्ट भी क्यों नहीं बना सकता है? सच कहें तो हमारा हाईस्कूल पास बच्चा एक साधारण सी पेंसिल तक नहीं बना सकता है, जिसका वह बचपन से उपयोग करता आ रहा है।

और सबसे बुरी बात यह है कि उसने कभी इसके बारे में सोचा भी नहीं। हमारी इस दोषपूर्ण विचार प्रक्रिया के लिए काफी हद तक हमारी शिक्षा पद्धति जिम्मेदार है। इस देश की सरकार को बच्चों को कुछ नया करने को प्रेरित करने के लिए सतही स्तर पर काम करने की आवश्यकता है। हालाँकि, इसके कुछ अनुकरणीय अपवाद इस देश में मौजूद हैं।

तिलक मेहता उन युवा उद्यमियों में से एक हैं, जिन्होंने डब्बावालों के सहयोग से मुंबई में पेपर एन पार्सल्स सेवा नामक एक ऐप-आधारित कूरियर

लॉन्च करके (पूरे मुंबई प्रदेश में टिफिन बॉक्स पहुँचाने और वितरित करने वाले) अपनी उल्लेखनीय पहल से देश को गौरवान्वित किया है।

इन्होंने अपने चाचा जी घनश्याम पारेख (एक्स-बैंकर और वर्तमान में कंपनी के सी.ई.ओ.) की मदद से इस अनोखे विचार को वास्तविकता में बदला। मास्टरमाइंड वर्तमान में एक 13 साल का बच्चा है, जो अपने सप्ताह के दिनों में स्कूल में पढ़ाई कर रहा है और अपने सप्ताहांत पर अपनी कंपनी में काम करता है।

वह अपने सहयोगियों के साथ नियमित बैठकें करता था और सेवाओं को बेहतर बनाने के लिए लोगों की राय/प्रतिक्रिया लेता था। उसकी कंपनी का प्राथमिक उद्देश्य मुंबई क्षेत्र के भीतर उनके सामानों की उसी दिन डिलीवरी सुनिश्चित करना है। 13 साल का यह लड़का मुंबई में आठवीं कक्षा में पढ़ता है। उसने "2018 के इंडिया मैरीटाइम अवार्ड्स में युवा उद्यमी खिताब" जीता।

वह 2017 का साल था जब यह जीनियस अपनी कुछ पुस्तकें अपने चाचा के यहाँ ही छोड़ दिया। लेकिन जब वह पढ़ने के लिए बैठा तो उसे तत्काल ही अपनी भूल का एहसास हो गया। उन किताबों की उसे नितांत आवश्यकता हो गई। उसने बहुतों से अनुरोध किया, कोई नहीं मिला, जो उसकी किताब उसके चाचा जी के यहाँ से ले आए। शाम हुई तो उसके पापा आए। उस बच्चे ने पापा से भी गुहार लगाई, परंतु दिन भर काम करने की थकान से उनकी भी हिम्मत नहीं हुई कि वो चाचा के यहाँ जाते। चाचा जी का घर उसके घर से काफी दूर था।

इस घटना ने उस बालक को बहुत अधिक चोट पहुँचाई। उस दिन वह मन मसोस कर रह गया था। लेकिन तभी उसके मन में पूरे शहर में आवश्यक समानों की डिलीवरी जल्द से जल्द सुनिश्चित करने की बात आई। उसने अपना दिमाग दौड़ाया। इसके बारे में बहुत पढ़ा, लोगों से बात की। और फिर उसने शहर भर में कागजात और छोटे सामानों को ले जाने और उसकी इंट्राड डिलीवरी की गारंटी देने का निश्चय कर लिया। उन्होंने अपने पिता के साथ अंतिम चर्चा की और उसे अमली जामा पहना ही दिया।

सीलिंक लॉजिस्टिक कंपनी के मुख्य कार्यकारी अधिकारी होने के नाते, उसके पिता उसके लिए सबसे अधिक मददगार साबित हुए। उसने अपने पुत्र

के मन मस्तिष्क में चल रहे विचारों को पढ़ा और तत्काल ही इसे वास्तविक आकार देने में लग गए। शुरुआती चार महीना इसे बीटा के नाम से चलाया गया और फिर अंतिम कार्यान्वयन मुंबई स्थित डब्बावालों के सहयोग से किया गया।

उन्होंने मुंबई को 63 क्षेत्रों में विभाजित किया, जहाँ डब्बावाले को कूरियर ले जाना था। तरुण तिलक को डिब्बावाले का नेटवर्क मिला, जो शहर भर में सामान पहुँचाने का सबसे अच्छा स्रोत था। उसने डिब्बावाला कंपनी के अध्यक्ष के साथ इस पर चर्चा की और उन्हें इस ऐड-ऑन सेवा के लिए राजी कर लिया।

PNP पूरी तरह से एक ऐप-आधारित लॉजिस्टिक सेवा है जिसमें 300 से अधिक डिब्बावाला भागीदारों के साथ 200 से भी अधिक की कर्मचारी शक्ति है। अध्ययन के अनुसार, वर्तमान में यह प्रतिदिन 1250 से अधिक की डिलीवरी कर रहा है। इसमें डब्बावालों का एक बेहतरीन नेटवर्क है, जो अपने दैनिक कार्य को पूरा करने के बाद सामान को गंतव्य स्थान तक पहुँचाते हैं।

इस कंपनी ने स्थानीय कूरियर बाजार पर लोगों की निर्भरता को लगभग समाप्त कर दिया है। और अब वे इस व्यवस्था को विभिन्न शहरों में विस्तारित करने की योजना बना रहे हैं। महज 13 वर्ष की उम्र में करोड़पति बनने के बावजूद उसने अपने व्यवसाय का बेहतरीन ढंग से प्रबंधन करने के साथ-साथ अपनी पढ़ाई जारी रखा है।

तो, अगर एक 13 वर्षीय बालक अपनी बड़ी सोच से बड़ा जादू करने में सफल हो सकता है, तो फिर आप क्यों नहीं? मैं बहुत ही जिम्मेदारीपूर्वक यहाँ पर यह सुझाव देना चाहूँगा कि इस देश के प्रत्येक स्कूल और कॉलेज को कौशल प्रशिक्षण उपकरणों के साथ फिर से तैयार करने की नितांत आवश्यकता है। बल्कि एक कौशल प्रशिक्षण विभाग ही स्थापित करने की जरूरत है। प्रत्येक संस्थान में योग्य प्रशिक्षकों और परामर्शदाताओं की नियुक्ति की जानी चाहिए।

यहाँ, डिजिटल स्किलिंग एक महत्त्वपूर्ण भूमिका निभा सकती है। हालाँकि यहाँ पर मैं स्पष्ट कर दूँ कि इस तर्क का बड़ा परिवर्तन चंद दिनों में, चंद लोगों के प्रयासों से संभव नहीं हो पाएगा। परंतु, हम सभी इस परिवर्तन के लक्ष्य को ध्यान में रखते हुए, अपने-अपने स्तर से जो कुछ भी बन पड़े, वो कर सकते हैं, ताकि एक दिन इसे हासिल किया जा सके। और जैसा कि मैंने कहा, इस परिवर्तन को लाने के लिए मैं अपने स्तर से प्रयासरत हूँ।

परिवर्तन लाने में मेरा योगदान

इस पुस्तक में मेरा एजेंडा इस देश के प्रत्येक युवा को उस भविष्य के बारे में जानने के लिए है, जिसका उन्हें वर्षों से इंतजार है। मैं उन्हें यह बताना चाहता हूँ कि कैसे कौशल-आधारित शिक्षा सफलता की कुँजी है। जैसा कि पुस्तक का शीर्षक "इंडिया स्किल कैपिटल" है, मेरा मिशन इस मकसद पर ध्यान केंद्रित करना है और भारत को "दुनिया की कौशल राजधानी" बनाना है। लेकिन चूँकि यह एकल प्रयास नहीं है, मैं इस मिशन को पूरा करने के लिए, आप सबको सामूहिक प्रयास करने की पहल करता हूँ।

इसे एक सामूहिक प्रयास की आवश्यकता है। इसलिए मुझे यह कहते हुए हार्दिक प्रसन्नता हो रही है कि मैं उन सब पाठकों को अपने मिशन में शामिल करना चाहता हूँ जिनको 'स्किल' या 'स्किल इंडिया' शब्द में कोई रुचि है। www.indiaskillcapital.com एक बहुत ही महत्त्वाकांक्षी डिजिटल प्लेटफार्म है।

हम जानते हैं कि चाहे हम कितना भी बड़ा बुनियादी ढाँचा विकसित करने की कोशिश करें, हर युवा तक नहीं पहुँच सकते। हम उन सभी तक नहीं पहुँच सकते जिनको हमारी आवश्यकता है। तो फिर इसका समाधान क्या है? समाधान है-डिजिटल स्किलिंग। यदि हम कुशल और अकुशल, शिक्षक (प्रशिक्षक) और न्यूनतम मेहनताना पाने वाले, या (कभी-कभी) निशुल्क पढ़ने वाले के बीच के अंतर को पाट सकें, तो निश्चय ही इस देश में क्रांतिकारी परिवर्तन संभव हो सकते हैं।

इसलिए, हमने सभी संभावित डिजिटल कौशल पाठ्यक्रमों को एक मंच www.indiaskillcapital.com के तहत विशेषज्ञ प्रशिक्षकों के माध्यम से सीधे जोड़ने की पहल की है। आज हम सभी जानते हैं कि डिजिटल कौशल सबसे अधिक प्रभावकारी है।

और वैसे भी जब डिजिटल दुनिया हर उद्योग की मदद कर रही है तो हम डिजिटल स्कीलिंग पर ध्यान क्यों नहीं दें?

मैं डिजिटल स्कीलिंग पर ध्यान देने के लिए सरकार, निजी क्षेत्र और यहाँ तक कि प्रत्येक व्यक्ति से अपील करता हूँ।

मैं अपने देश के प्रत्येक सेवानिवृत्त व्यक्ति को इस विशाल एजेंडे में भाग

लेने का विनम्रतापूर्वक आग्रह करता हूँ।

आप सभी (वरिष्ठजन) अपने-अपने कौशल क्षेत्र में बहुत ही अच्छे हैं। यदि आप लोग इसे अपनाने की पहल शुरू कर दें तो कभी आपको अकेलेपन का एहसास नहीं होगा और ऐसा कभी भी महसूस नहीं होगा कि अब आपके जीवन में कोई एजेंडा ही नहीं बचा है।

यदि मैं अपनी बात कहूँ तो मेरी नजर में वे लोग (सेवानिवृत्त) सबसे कुशल लोग हैं। यदि हम इनकी सहायता लेकर सबसे कुशल और अकुशल के बीच के इस अंतर को पाट सकने में सफल हो सकें तो निश्चय ही इस देश की तस्वीर को काफी हद तक बदल सकते हैं।

मुझे यह कहते हुए संतोष और खुशी का अनुभव हो रहा है कि मेरे डिजिटल प्लेटफॉर्म www.indiaskillcapital.com के तहत, इस देश के सेवानिवृत्त नागरिक भी भाग ले सकते हैं और अपने विशिष्ट कौशल को डिजिटल पाठ्यक्रमों में साझा कर सकते हैं। पाठ्यक्रम मुफ्त या फिर भुगतान के साथ उपलब्ध हो सकता है।

इस प्लेटफॉर्म का उपयोग कर यहाँ तक कि सबसे कुशल और अनुभवी लोग खुद को व्यस्त रख सकते हैं। वे राष्ट्र की सेवा कर सकते हैं और एक सम्मानजनक राष्ट्रीय आय उत्पन्न कर सकते हैं। इस राष्ट्र की महिलाएँ इस क्षेत्र में बहुत बड़ी भूमिका निभा सकती हैं। हमारे देश की महिलाएँ माताएँ भी हैं और साथ ही बेहतरीन शिक्षक भी।

यदि वे इस मिशन में रुचि लेते हैं और कम से कम एक भारतीय युवा को कौशल सिखाने का संकल्प लेते हैं, तो मुझे पूरा विश्वास है कि हम इस देश की तस्वीर बदल सकने में सफल होंगे।

परंतु, हम महिलाओं को सदियों पुराने तरीकों को चुनते देखते हैं, जैसे कि ट्यूटोरियल कक्षाएँ लेना। इस तरह वे केवल एक्टिव इनकम ही उत्पन्न कर पाती हैं, न कि पैसिव इनकम। परंतु, यदि वे इंडिया स्किल कैपिटल का हिस्सा बनते हैं, एक नई मानसिकता विकसित करते हैं तो वे निश्चित रूप से अपने प्रभाव क्षेत्र को बढ़ा पाने में सक्षम होंगे।

अब समय बदल रहा है और पूरी दुनिया डिजिटल हो रही है, इसलिए हम

www.indiaskillcapital.com के साथ आप लोगों के समक्ष हैं। यहाँ महिलाएँ प्रशिक्षक के रूप में अपना योगदान दे सकती हैं या फिर अपने विषय या कौशल संबंधित डिजिटल कक्षाएँ तैयार कर सकती हैं। वे इसे अपनी पसंद के अनुसार मुफ्त या भुगतान के साथ उपलब्ध करा सकती हैं।

इस तरह वे राष्ट्र की सेवा कर सकते हैं और साथ ही एक अच्छी खासी रकम भी कमा सकती हैं।

मैं सभी उद्योगों के स्वयंसेवकों को भी इस दिशा में पहल करने और अपने कौशल को साझा करने का आह्वान करता हूँ। वे पहले से ही अपने बेहतरीन कौशल क्षमता के कारण एक सफल जिंदगी जी रहे हैं।

अब शायद इसे (अपनी कौशल क्षमता को) अपने मुल्क को वापस देने का समय आ गया है। वे अपने कौशल और अर्जित ज्ञान को इस दुनिया के साथ साझा कर सकते हैं। यह फ्री या फिर भुगतान के साथ उपलब्ध हो सकता है। इसलिए, यदि आप स्वेच्छा से इससे जुड़ना चाहते हैं तो मुझे यह मंच आपको प्रदान करने में बेहद खुशी होगी। आपको इसके लिए आधिकारिक तौर पर प्रशिक्षक होने की आवश्यकता भी नहीं है।

आपको इसके लिए रोज-रोज समय निकालने की आवश्यकता भी नहीं है। सिर्फ एक बार की साझेदारी ही महत्त्वपूर्ण हो सकती है। इसके अलावा, यह आपके लिए चल रही आय के स्रोत के साथ-साथ लाभ के लाखों रुपए भी बना सकता है। और अगर आपको पैसा बनाने में कोई दिलचस्पी नहीं है तो आप अपना यह कौशल लोगों के कैरियर निर्माण के लिए क्यों नहीं उपलब्ध करा सकते हैं?

लोग मुझे असमंजस के साथ कहते हैं "मैं रुपए-पैसे तो दान कर सकता हूँ लेकिन मैं अपना कौशल कैसे दान करूँ?" और मैं हमेशा उन्हें बताता हूँ कि यह आपके देश के लिए सबसे अच्छा काम है, साथ ही आसान भी। अपने पैसे का दान करने से इस देश के युवा सफल नहीं हो सकते हैं, लेकिन अपने कौशल का दान करने से बहुत बड़ा योगदान हो सकता है।

www.indiaskillcapital.com के तहत हमारे पास एक ऐसा मंच है, जिसमें आप अपने कौशल को डिजिटल पाठ्यक्रम के रूप में रिकॉर्ड कर सकते हैं और

इसे ऑनलाइन पाठ्यक्रम के रूप में प्रस्तुत कर सकते हैं। आप अपने सर्वोत्तम कौशल को वीडियो-रिकॉर्ड कर सकते हैं जो आपको लगता है कि किसी और के लिए भी उपयोगी साबित हो सकता है।

इसे हमारे पोर्टल पर भेजें, और हम यह सुनिश्चित करेंगे कि यह पूरे देश और दुनिया के लिए मुफ्त जारी किया जाए। यह आपको पर्याप्त ब्रांड निर्माण के अवसर भी प्रदान कर सकता है। इसी तरह, यदि आप इसका व्यवसायीकरण करना चाहते हैं, तो यह विकल्प भी उपलब्ध है।

आपको इसका व्यावसायीकरण करने और अच्छी-खासी आय बनाने के अवसर के रूप में बदलने के लिए भी मदद मिलेंगे।

चरण-2: माइक्रो-लेवल चेंज

जब मैं कौशल की दुनिया में माइक्रो लेवल कहता हूँ, तो इसमें हर एक युवा शामिल होता है। माइक्रो-लेवल परिवर्तन के लिए हर युवा की मानसिकता में बदलाव की आवश्यकता होती है। यह सफलता के लिए विजन के साथ एक मानसिकता होना चाहिए, सफलता के लिए योजना के साथ और एक ऐसी मानसिकता जिसका मनी (रुपए) के साथ फैलोशिप (दोस्ती) हो।

मुझे पता है कि जब मैं फैलोशिप विथ मनी (पैसे के साथ दोस्ती) कहता हूँ; तो ज्यादातर लोगों को यह समझ में नहीं आता कि वास्तव में इसका मतलब क्या है।

मनी और गॉड दोनों के विषय एक-दूसरे के पर्यायवाची हैं।

ज्यादातर लोग पैसे को लेकर बहुत हठी होते हैं। लोग पैसे के लिए मरते हैं, अपने मांस के प्रत्येक पाउंड का त्याग करने के लिए हमेशा तैयार रहते हैं।

कई लोग इसके मालिक होने का दावा करते हैं, जबकि वास्तविकता यह है कि किसी को पैसों का पूर्ण ज्ञान नहीं होता।

यह और भी अधिक आश्चर्यजनक है कि हमारी शिक्षा प्रणाली और युवा इसके बारे में पूरी तरह से अनुभवहीन हैं। विशेष रूप से युवा बहुत सारा पैसा अर्जित करना चाहते हैं; लेकिन दुर्भाग्य से, ऐसा कोई सोर्स (ऑनलाइन या

ऑफलाइन) नहीं है जहाँ से पैसों से संबंधित पूर्ण ज्ञान प्राप्त किया जा सके। हमारा युवा इतना अनजान है कि वह इसके लिए कोई जुनून या क्वेरी(सवाल) भी नहीं दिखाता है।

इसलिए, इस देश के लिए मेरे सबसे बड़े मिशनों में से एक है भारत के युवाओं को प्रश्न पूछने के बारे में प्रशिक्षित करना। पैसे के बारे में सवाल करना। उदाहरण के लिए:

1. पैसा क्या है?

2. हमें पैसे की आवश्यकता क्यों है?

3. बिना पैसे के जीवनशैली की क्या संभावनाएँ हैं?

4. मैं पैसे कैसे बना सकता हूँ?

5. मैं आज कितना पैसा बना सकता हूँ?

6. इस 'आज' का मतलब क्या है?

7. मैं अपने सभी प्रमाणपत्रों के साथ कितना पैसा कमा सकता हूँ?

8. आज मेरे संयुक्त कौशल क्या हैं, जो मुझे पैसा बनाने में मदद कर सकते हैं?

जब मैं बीस वर्ष की अवस्था में आया तो ऐसे ही प्रश्न मेरे दिमाग में भी आने लगे थे।

हमारी मध्यवर्गीय जीवन शैली में, हम मनी, टाइम और सिक्योरिटी के बारे में बहुत सारी बातें करते हैं, लेकिन सच्चाई यह है कि किसी भी व्यक्ति के पास ये तीनों नहीं होता है।

हालाँकि, सच्चाई यह है कि हमें आनंदित और सफल जीवन जीने के लिए इन तीनों को संतुलित करना होगा। मेरे मामले में, समय और सुरक्षा मेरी वरीयता श्रेणी में नहीं थे, लेकिन मैं वास्तव में पैसों को लेकर गंभीर था। क्योंकि मेरे दिमाग में एक बात बहुत स्पष्ट थी कि समय और सुरक्षा भले ही कम मिले, धन की प्रचुरता होनी चाहिए क्योंकि इसके अभाव में एक समृद्धशाली जीवन नहीं जी सकता हूँ।

जहाँ तक समय और सुरक्षा का सवाल है, मुझे इस बात की जानकारी नहीं

थी कि ये भी लगभग उतना ही महत्त्वपूर्ण है।

हालाँकि, इस पुस्तक में, मैं केवल पैसों के बारे में ही बात करने जा रहा हूँ। बचपन से ही मैंने अंग्रेजी, संस्कृत, भूगोल, इतिहास, रसायन, भौतिकी और यहाँ तक कि गणित जैसे कई विषयों को सीखा। मैंने एल्डिहाइड, केटोन, पाइथागोरस, ज्यामिति और ऐसी और कई और विचारधाराओं के बारे में पढ़ा।

मैंने हजारों सूत्र सीखे लेकिन दुर्भाग्य से "पैसा" के विषय का कभी कभी अध्ययन नहीं किया। मैंने एम.बी.ए. पास किया लेकिन कभी भी इसका वास्तविक अर्थ नहीं समझ सका। मैंने सोचा कि एम.बी.ए. का मतलब है 'मास्टर्स ऑफ बिजनेस एडमिनिस्ट्रेशन'।

जबकि वास्तविकता यह है कि प्रबंधन स्नातक का भविष्य लगभग पूरी तरह केवल नौकरियों की उपलब्धता पर ही निर्भर है और वे किसी भी व्यवसाय की ए बी सी डी तक नहीं जानते होते हैं।

और मैं कोई उपवाद नहीं था। सच्चाई तो यह है कि एम.बी.ए. करने के दौरान मुझे पैसों को जानने की उत्कंठा शांत नहीं हुई। ऐसा मुझे कोई विषय नहीं मिला, जिसमें इसपर विस्तारपूर्वक चर्चा की गई हो। यहाँ पर मैं भारतीय एम.बी.ए. स्कूलों के बारे में कुछ और आश्चर्यजनक तथ्य पेश करना चाहूँगा।

ज्यादातर प्रोफेसर (एम.बी.ए. कॉलेज के) सालों से नौकरी करते आ रहे हैं। और यही (सैलरी) उनकी आय का प्रमुख स्रोत है। वे कभी खुद का कोई व्यवसाय नहीं खड़ा कर पाए। वे व्यापार और उद्योगों के किताबी मामले के अध्ययन में भले ही अच्छे हों, परंतु वास्तविक समय में किसी भी व्यवसाय को चलाने के हुनर के मामले में वे निश्चय ही बहुत पीछे हैं।

यदि इस विशाल एम.बी.ए. उद्योग के संरक्षक इस तरह की विशिष्ट नौकरी की मानसिकता को बढ़ावा देते हैं, तो जाहिर है कि इस उद्योग (छात्रों) का उत्पाद नौकरी का आवेदक ही होगा, उत्पादक नहीं।

अरे....बंद करो अपनी ये बातें। क्या बक-बक किए जा रहे हो? तुम्हारी यह सोच सचमुच ही समाज को ले डूबेगा। क्या तुम पागल हो? हम जो भी सिखाते हैं और प्रशिक्षित करते हैं, अंत में तुम उसी से पैसा कमा पाओगे।

अरे भाई, पैसा कमाने का कोई शॉर्ट-कट फॉर्मूला नहीं है। तुमको क्या

लगता है, यहाँ पर सब अनपढ़ हैं, और तुम्हीं केवल स्मार्ट हो? मुझे अक्सर ऐसे कमेंट्स से तंग किया जाता है।

लेकिन ऐसे ताने मुझे विचलित नहीं करते, बल्कि इन सबसे मैं और भी अधिक उत्साहित हो जाता हूँ, कुछ बड़ा करने के लिए। मुझे लगता है कि मैं उनके लिए बेमेल हूँ, इसलिए शायद बेहतर कर सकता हूँ। एक बार, एक तथाकथित शिक्षाविद् ने मुझसे पूछा "क्या आपको लगता है कि हमें अपने पाठ्यक्रम का अनुसरण करना बंद कर देना चाहिए और केवल पैसों के बारे में बात करना और प्रशिक्षण शुरू करना चाहिए?"

मैंने विनम्रतापूर्वक उत्तर दिया, "आप यह नहीं कर सकते क्योंकि आप उस विषय को नहीं जानते हैं। यदि आप उस विषय को जानते होते, उद्यमिता आपकी पहली पसंद होती और आज आप एक सफल उद्यमी होते।"

नए भारत के निर्माण के लिए नई मानसिकता

यहाँ पर मैं यह स्पष्ट कर दूँ कि मैं किसी भी शिक्षा प्रणाली के खिलाफ नहीं हूँ, लेकिन साथ ही इस तथ्य से इनकार नहीं किया जा सकता है कि हमारी वर्तमान बेरोजगारी और युवाओं की मानसिकता इसी (शिक्षा) प्रणाली का एक उप-उत्पाद है। इसलिए, इसका पूरी तरह बदलाव आवश्यक है।

मैं बहुत दिन तक वर्तमान शिक्षा प्रणाली और इस प्रणाली की कौशल-उन्मख न होने के उधेड़-बुन में रहा। मुझे यहाँ एक बहुत बड़ा गैप दिख रहा था। मेरे लिए यह एक अनबुझ पहेली बन चुकी थी। परंतु सौभाग्यवश पैसे कमाने की मेरी प्यास और सफल होने की मेरी चाहत से मुझे इस पहेली का हल आखिरकार मिल ही गया।

मुझे अच्छी तरह से याद है यह वर्ष 1996 का था; मैं पैसे के बारे में अपने दोस्तों से बात और बहस करता था। मुझे पैसे बनाने के गूढ़ रहस्य को समझने में निराशा ही हाथ लगती रही, क्योंकि उस समय जो मेरे आसपास लोग थे, वे मेरे प्रश्नों को समझ नहीं पाए।

मुझे याद है, एक दिन मैं कुछ बहुत अमीर लोगों से मिला। वे एक ऐसी भाषा में बात कर रहे थे जो मेरे दिल के बहुत करीब थी। वे किसी भी पारंपरिक विषय के पारंगत होने के बजाय मनी, टाइम और सिक्योरिटी की बात

कर रहे थे। वे एक्टिव और पैसिव आय के सिद्धांतों के बारे में बातें कर रहे थे।

इस समुदाय ने पैसे के रॉयल्टी प्रारूप के बारे में बात की। उन लोगों ने 'एसेट आधारित आय सिद्धांत' पर भी चर्चा की। मुझे उन लोगों की बात सुनकर बेहद प्रसन्नता हुई क्योंकि उनके साथ बातचीत करने के बाद, मैं अपने उत्तर के बहुत करीब था। और उस दिन मैंने पाया कि शायद मुझे वो चीज मिल गई है जिसके लिए मैं वर्षों से प्रयासरत था। वो मेरे लिए 'यूरेका मोमेंट' जैसा था।

मुझे "धन का विषय", "धन का सिद्धांत" और सबसे महत्त्वपूर्ण "धन का प्रारूप" मिला। यहाँ पर मैं आप लोगों से सबसे महत्त्वपूर्ण सूत्र से परिचित करवाना चाहूँगा जो मैंने अपनी 20 साल की उद्यमिता यात्रा के दौरान हासिल किया है। लेकिन इसे शुरू करने से पहले मैं आपको अगले अध्याय में इस सूत्र के प्रभाव के बारे में बताना चाहूँगा।

हालाँकि, इससे पहले कि मैं इस अध्याय को समाप्त करूँ, मैं आपके साथ एक और विस्मयकारी कहानी साझा करना चाहूँगा। एक बार ऐसा हुआ कि एक राजा डाकुओं को दंड स्वरूप मौत की सजा सुनाया करता था। राजा लाल दुपट्टा उठाता था और जैसे ही दुपट्टा नीचे गिरता, जल्लाद फाँसी की रस्सी को खींच देता था।

हालाँकि, फाँसी देने से पहले, राजा हर अपराधी से पूछा करता, "इससे पहले कि आप फाँसी पर लटक जाएँ, क्या आप देखना चाहेंगे कि उस दरवाजे के पीछे क्या है?" अपराधी अपनी पीठ मोड़कर दरवाजे की ओर देखता। यह एक बड़ा जंग लगा हुआ लोहे का दरवाजा था, जिसमें भारी ताले लगे होते। अपराधी आश्चर्यचकित होकर दरवाजे की तरफ देखता और फिर सोचता, "उस डरावने दरवाजे के पीछे क्या हो सकता है? औ फिर अंदाजा लगाता... शायद मौत की रस्सी से भी बदतर। शायद प्रेतों का एक झुंड जो मेरी बारी की प्रतीक्षा कर रहा हो।"

कुछ डाकुओं को लगता कि "उस दरवाजे के पीछे भूखे शेरों का एक झुंड होगा और यदि वहाँ पर जाने की उन्होंने इच्छा प्रकट की तो वो झुंड, उनके साथ खेल के उसकी बोटी-बोटी नोंच डालेंगे।" इस तरह की डरावनी सोच के कारण हर अपराधी जल्लाद की प्रत्यक्ष दिख रही रस्सियों को ही चुनता।

एक दिन जब एक चोर अपनी सजा स्वरूप जल्लाद के सामने लाया गया तो राजा ने उससे भी वहीं प्रश्न किया, "क्या तुम देखना चाहोगे कि उस दरवाजे के पीछे क्या है?" चोर भयभीत नजरों से दरवाजे की ओर ताकने लगा। अन्य अपराधियों की तरह उसने भी जल्लाद की रस्सियों को ही मरने के लिए आसान रास्ता समझकर चुना। राजा ने भी उसकी मंशा समझकर अपना लाल दुपट्टा उठाया। अब चंद सेकेंड में उसके साथ भी वही होने वाला था, जो बाकियों के साथ हो चुका था।

लेकिन तभी चोर जोर से चिल्लाया, "रुको, तुम मुझे फाँसी दे सकते हो, लेकिन कम से कम मुझे बताओ कि उस दरवाजे के पीछे क्या है?" राजा मुस्कुराया और दृढ़ स्वर में बोला, "आजादी! लेकिन अब तुम ये अवसर गँवा चुके हो।" और ऐसा कहकर राजा ने दुपट्टा गिरा दिया, और जल्लाद ने रस्सी खींच डाली।

इसी तरह, हम में से ज्यादातर लोग वही करते हैं जो दूसरे कह रहे हैं; हम दूसरा मार्ग चुनने की जोखिम, या यूँ कहें कि हिम्मत नहीं जुटा पाते, जो हमें उन्मुक्त और सफल जीवन दे सकता है।

हम सोचते हैं कि एक व्यक्ति के रूप में हम क्या परिवर्तन ला सकते हैं। अकेला चना भार नहीं फोड़ता। परंतु यहाँ पर हम इस तथ्य को भूल जाते हैं कि क्रांति की मशाल लेकर कोई अकेला ही खड़ा होता है, पीछे-पीछे लोग जुड़ते जाते हैं और कारवाँ बनता जाता है।

निश्चय ही हममें से प्रत्येक के पास एक क्रांतिकारी परिवर्तन लाने की क्षमता है जो दूसरों के लिए अवसरों के द्वारा खोल सकती है और **न्यू इंडिया** बनाने में मदद कर सकती है।

तनिक इसके बारे में सोचें।

अध्याय 9

पैसे बनाने का फॉर्मूला

मैं आज आपको अपने उस फॉर्मूले के बारे में बताना चाहता हूँ जिसे मैं अपने संपूर्ण जीवन की कमाई मानता हूँ। वास्तव में, यह आजमाया और परखा हुआ फॉर्मूला मेरी अभी तक की जीवन यात्रा की सबसे बड़ी उपलब्धि है, ज्ञान का अमृत है।

हालाँकि, इसे आप लोगों के सामने रखने से पहले, मैं इसके प्रभाव को आप लोगों के साथ साझा करना चाहूँगा। इस फॉर्मूले की खोज मैंने अपने जीवन के बीसवें साल में की। मैं उस समय नया-नया स्नातक बना था। हालाँकि मेरे पास सैद्धांतिक ज्ञान और फॉर्मूले की कमी नहीं थी, परंतु नौकरी के सिवाय मेरे पास पैसा कमाने का कोई और उपाय नहीं था।

उस समय तक, मैंने अपने जीवन के 20 साल पहले ही बेसिक एवं प्रोफेशनल शिक्षा में लगा दिए थे। मैं उस समय सर्टिफिकेट संग्रह में लगा पड़ा था। परंतु मुझे निराशा तब मिली जब मैंने मैनेजमेंट कॉलेज के प्रोफेसर तक को नौकरी की स्थिति से संघर्ष करते देखा। वे खुद अपनी नौकरी के स्थायित्व को लेकर आश्वस्त नहीं थे। मैं मन ही मन सोचने लगा: भला इन्हें प्रमाण पत्रों की क्या कमी होगी? और जब इनकी नौकरी में स्थायित्व नहीं है, तो फिर मेरा क्या होगा? केवल प्रबंधन संस्थान के मालिक ही मजबूत स्थिति में थे। उनके पास रुपयों का प्रवाह निरंतर होता रहता था। उनके काम में भविष्य था। और यही वो समय था जबसे मेरी आँखों के सामने से भ्रम के बादल छँटने शुरू हो गए।

मुझे जानकारी मिली कि एमबीए कॉलेज के मालिक का पैसा बनाने का फॉर्मूला मेरे एमबीए के प्रोफेसर से अलग था। प्रोफेसर, जो वास्तव में सिस्टम

से चलने वाले थे, छात्रों को सिखा रहे थे कि कैसे अमीर बनें, जबकि वे खुद उसी गुलाम प्रणाली का हिस्सा थे। वे खुद सिस्टम का हिस्सा थे, सिस्टम नहीं थे।

अब मेरी आँखें चीजों को स्पष्ट रूप से देख पा रही थी। जो समृद्ध थे, वे मालिक थे, न कि उनके यहाँ काम करने वाला कोई कर्मचारी। इनमें से बहुत तो शायद स्नातक भी नहीं थे। अब मुझे पैसा कमानेवाले साफ दिख रहे थे, उनके रास्ते दिख रहे थे, और साथ ही यह महसूस भी होने लगा था, कि अब तक मैं गलत रास्ते पे था। जब मुझे पैसा बनाने का गुर सिखानेवाला खुद पैसे कमाने को लेकर आश्वस्त नहीं है, जो खुद एक ऐसी नौकरी पे निर्भर है जिसका भविष्य अधर में है, तो वो मुझे भला पैसे कमाना क्या सिखाएगा? और मैं भगवान का लाख-लाख शुक्रगुजार हूँ कि उन्होंने मुझे यह दिव्य दृष्टि इतनी छोटी उम्र में ही प्रदान कर दी। यही फॉर्मूला मेरी आज तक की सबसे बड़ी पूँजी है, जो मैं अपने युवा साथी को देना चाहता हूँ।

यदि आपको लगता है कि एकत्रित डिग्री आपको मिलियन-डॉलर क्लब में प्रवेश करने में सक्षम कर सकती है, तो फिर से सोचें! यहाँ 10 अधिकतम-सफल करोड़पति और अरबपतियों की सूची दी गई है जो कॉलेज ड्रॉपआउट हैं: 1. स्टीव जॉब्स 2. बिल गेट्स 3. सचिन तेंदुलकर 4. मार्क जुकरबर्ग 5. मुकेश अंबानी 6. माइकल डेल 7. अजीम प्रेमजी 8. गौतम अदानी 9. जन कौम 10. लैरी एलिसन, सूची अंतहीन है।

मैं यह नहीं कह रहा हूँ कि आप जो शिक्षा ग्रहण कर रहे हैं, उसे फौरन बंद कर दें, या मैं शिक्षा के महत्त्व को नजरअंदाज कर रहा हूँ, मेरे कहने का मतलब सिर्फ इतना है कि शिक्षा सिर्फ एक रास्ता है, न कि मंजिल। लेकिन इसको समग्र रूप से समझने की आवश्यकता है, न कि टुकड़ों में। आप शिक्षित होने के साथ-साथ ऐसे फॉर्मूले की खोज करते रह सकते हैं, जिससे शिक्षा पर आपकी निर्भरता कम हो सके, खासकर नौकरी पाने के लिए। आपकी शिक्षा कौशल आधारित होनी चाहिए, न कि किताब आधारित। ऐसे कई करोड़पति हैं जिन्होंने अपनी शिक्षा का उपयोग दुनिया की समस्याओं को हल करने के लिए किया है।

कई सारे आईआईटीयन हैं जिन्होंने अपनी नौकरी छोड़ दी और फिर स्टार्टअप्स में कदम रखा। उन्होंने अपनी सफलता की कहानियों से इतिहास रचा है। यहाँ यदि अपनी बात कहूँ तो मुझे जैसे ही दिव्य ज्ञान हुआ, मैंने किसी झुंड में शामिल होना सही नहीं समझा। मैंने किसी नौकरी के लिए आवेदन ही नहीं किया और मुझे यह कहते हुए गर्व का अनुभव हो रहा है कि अपना काम शुरू करने के महज 18 महीने के बाद ही मेरी गिनती स्व-निर्मित लखपतियों में होने लगी थी। वह साल 2000-2001 का था। तो फॉर्मूला क्या है....? आइए, मैं आपको एक ऐसे फॉर्मूले से रू-ब-रू कराता हूँ जो मेरी अब तक की सबसे बड़ी सीख है।

यह बहुत ही सरल, सीधा, सार्थक और सबसे शक्तिशाली सूत्र है:

मनी = रेट × टाइम

रेट

यह एक सामान्य शब्द है जिसका उपयोग हम रोजमर्रा की जिंदगी में करते हैं। जैसे आलू का रेट, शर्ट का रेट, अभिनेता का प्रति फिल्म रेट, आईटी पेशेवर की प्रति घंटे का रेट, आदि। यहाँ पर दो तरह की मानसिकता वाले लोग हैं; औसत दर्जे की मानसिकता वाले और अमीर मानसिकता वाले।

इसलिए, 'रेट' के लिए दो अलग-अलग सूत्र हैं जो क्रमश: प्रत्येक वर्गों पर लगभग समान रूप से लागू होता है:

1. मुझे पता है कि कुछ लोगों के लिए यह व्यंग्यात्मक लग सकता है, लेकिन सच्चाई यही है। गरीब, औसत और सभी प्रकार के मध्यम वर्ग के लोग किसी और के लिए काम करने की मानसिकता के साथ काम करते हैं, या पैसे कमाने के लिए किसी और पर निर्भर रहते हैं।

तो, उनके लिए, रेट का फॉर्मूला कुछ इस प्रकार है...

रेट ⟶ (निर्भर करता है) ⟶ शिक्षा + अनुभव

यहाँ, रेट शिक्षा + अनुभव पर निर्भर करता है। जितना अधिक शिक्षित, उतना ही अधिक रेट। उदाहरण के लिए, एक ग्रेजुएट 12वीं कक्षा पास की

तुलना में अधिक रेट वसूल सकता है। एक एम.बी.ए. किसी स्नातक या उससे कम पढ़े-लिखे से ज्यादा पैसे की उम्मीद करता है। इसी तरह जैसे-जैसे किसी जॉब में अनुभव बढ़ता है, ग्रोथ की भी संभावना उसी रेट से बढ़ती रहती है। उदाहरण के लिए, 5 साल के अनुभव वाले एक इंजीनियर को एक नए इंजीनियर की तुलना में अधिक वेतन की उम्मीद होगी। भारतीय मध्यम परिवार इसी में उलझा रहता है।

इस देश का प्रत्येक अभिभावक अपने बच्चों के अंक या परीक्षा में ग्रेड के पीछे पागल बना रहता है। वह अपने बच्चों के अंक के लिए किसी भी हद तक जा सकता है।

अभिभावकों के लिए, बच्चों के अंक ही उनकी सफलता और समृद्धि का एकमात्र तरीका है। हालाँकि, मैं यहाँ जो चुनौती देख रहा हूँ, रेट के इस फॉर्मूले का पालन करने वाले लोग एक निश्चित बिंदु के बाद इसे नहीं बढ़ा पाते हैं। कारण बहुत सरल है।

प्रत्येक व्यक्ति को इस पृथ्वी पर एक सीमित समय मिला है। हम अनंत समय के लिए पैदा नहीं हुए हैं। यदि कोई व्यक्ति 80 वर्ष तक जिंदा रहता है तो भी वह सिर्फ 29,200 दिनों के लिए ही पृथ्वी पर रह पाता है। व्यक्ति अमीर, मध्यम या गरीब वर्ग का हो सकता है; परंतु जीवन की वैधता सीमित है।

हालाँकि, अमीर वर्ग की तुलना में मध्यम और गरीब वर्ग के लिए जीवन अधिक परेशानियों से भरा है। इन वर्गों के लोग सीमित जीवन जीने को मजबूर होते हैं, अभाव उनके साथ जिंदगी भर चलता रहता है और फिर वे एक दिन इस संसार से चले जाते हैं, बिना वो जिंदगी जिए, जिसके वे हकदार हैं।

वास्तव में, मैं इस तथ्य को साझा करते समय थोड़ा हिचकिचा रहा था क्योंकि यह कुछ लोगों के लिए डरावना लग सकता है। आम तौर पर, लोग ऐसा पारदर्शी जीवन जीना नहीं चाहते। लेकिन दुर्भाग्य से, यह जीवन का सबसे बड़ा सच है। इसलिए हमें खुद को वास्तविकता से परिचित कराना होगा। हम इससे विमुख हो कर नहीं रह सकते। चूँकि हमारा जीवन काल सीमित है, इस सीमित समय में हमारे पास असीमित शिक्षा और अनुभव नहीं आ सकता।

यदि आप इस श्रेणी के अंतर्गत रह रहे हैं, तो आप स्वयं इसे सत्यापित कर सकते हैं। किन्हीं 10 लोगों की शिक्षा और अनुभव के स्तर को याद करने

का प्रयास करें जिन्हें आप जानते हैं। क्या यह सीमित है? यकीनन हाँ! इसलिए, जब हमारी शिक्षा और अनुभव सीमित हैं, तो निश्चय ही रेट भी सीमित होगी।

रेट ⟶ (निर्भर करता है) ⟶ शिक्षा + अनुभव

उपरोक्त फॉर्मूले को फिर से देखें। जब,

शिक्षा ⟶ सीमित

अनुभव ⟶ सीमित

इसलिए,

रेट (निर्भर करता है) ⟶ शिक्षा + अनुभव ⟶ सीमित

आप लोगों में से कितनों ने यह महसूस किया है कि, आप चाहे कितना भी मेहनत क्यों न कर लें, आपकी तनख्वाह पर इसका कोई खास असर नहीं पड़ता है?

आदर्श रूप से, यदि मुद्रास्फीति के अनुपात में भुगतान बढ़ता है, तो यह पर्याप्त से अधिक है। लेकिन आमतौर पर, मुद्रास्फीति दर और भुगतान में वृद्धि के बीच मामूली अंतर होता है।

और अधिकांश लोग इस संतुलन को बनाए रखने की कोशिश में दिन रात मेहनत करते दिखते हैं। इस तरह, जीवन में हमारा रेट, पैसे की आमदनी के आकार को निर्धारित करता है। हमारा रेट जितना ऊँचा होगा, उतनी ही ऊँची होगी हमारी आय।

हमारे करियर के शुरुआती चरण में, हमारा रेट बढ़ता है। ये हमारी शिक्षा की वजह से बढ़ता है। लेकिन एक निश्चित समय के बाद, शिक्षा आम तौर पर बंद हो जाती है क्योंकि कोई भी असीमित शिक्षा का विकल्प नहीं चुन सकता है।

उसी तरह, हम 50 वर्षों में 200 वर्षों का अनुभव प्राप्त नहीं कर सकते हैं। अनुभव में सीमित बैंडविड्थ है। इसलिए, हमारा रेट यथोचित रूप से स्थिर हो जाता है और फलस्वरूप हमारी आय भी।

2. अब अमीर लोगों के लिए रेट के फॉर्मूले का अध्ययन करते हैं। ये प्राय: ऐसे लोग होते हैं जो अपने सपनों के लिए काम करते हैं और

जो किसी भी तरह अपने सपनों को साकार करने के लिए काम करने वालों को ढूँढ़ ही लेते हैं।

रेट (निर्भर करता है) ⟶ कौशल

पर ऐसे लोग सर्टिफिकेट संग्रह करने के बजाय अपने कौशल से करामात करना चाहते हैं। उनके कौशल उनके एसेट बन जाते हैं, जिसे वे पैसे के बदले लोगों को देते हैं। वे लोग न केवल अपने कौशल को विकसित करते हैं, बल्कि वे अपने सपनों को पूरा करने के अपने मिशन के लिए अन्य लोगों को भी ढूँढ़ते हैं। वे एसेट और लायबिलिटी के वास्तविक मूल्य को जानते हैं। एसेट एक ऐसी चीज है जो नियमित रूप से नकदी प्रवाह पैदा करती रहती है। जबकि, लायबिलिटी एक ऐसी चीज है जिसमें नकदी प्रवाह उत्पन्न करने के लिए हमेशा आपकी शारीरिक भागीदारी की आवश्यकता होती है।

उदाहरण के लिए, मान लीजिए कि आप एक गायक हैं। इसलिए गायन आपका कौशल है। अब जब आप एक गीत गाते हैं, तो यह गीत आपका अपना उत्पाद बन जाता है। और आप इस गीत से पैसे कमाने के लिए अपना समय निवेश करते हैं। आपको नियमित नकदी प्रवाह उत्पन्न करने के लिए उस गीत को बार-बार गाने की आवश्यकता नहीं है। हालाँकि, एक बार जब आप पूर्णता के स्तर पर पहुँच जाते हैं, तो आप इस कौशल के साथ हमेशा के लिए नकदी प्रवाह उत्पन्न कर सकते हैं।

उदाहरण के लिए, भारत की प्रतिष्ठित गायिका श्रीमती लता मंगेशकर जी ने अलग-अलग समय में हजारों गीतों को अपनी मधुर आवाज दी। अब उन्हें उस गाने को बार-बार गाने की जरूरत नहीं है। उनका सुनहरा काम उनकी जेब में नियमित और भारी पैसा डालता रहता है। इस तरह की आमदनी को पैसिव इनकम के नाम से भी जाना जाता है।

लायबिलिटी वह है जिसमें नकदी प्रवाह उत्पन्न करने के लिए आपकी शारीरिक भागीदारी की आवश्यकता होती है। यदि आप एक इंजीनियर हैं और नौकरी कर रहे हैं, तो आपका एकमात्र आय स्रोत मासिक वेतन है। अब उस तनख्वाह को कमाने के लिए, आपको हर दिन, साल-दर-साल काम करने की जरूरत है। यदि आप किसी भी कारण से काम करना बंद कर देते हैं, तो आपकी आय रूक सकती है। इस प्रकार की आय को सक्रिय आय के रूप में जाना जाता है।

इसलिए स्मार्ट लोग एसेट्स एंड लाइबिलिटीज जैसे शब्दों से अच्छी तरह अवगत होते हैं। किसी भी काम को हाथ में लेने से पहले, वे हमेशा उससे होने वाले आय के बारे में सोचते हैं जो उन्हें आखिरकार मिलेगी।

क्या यह एक सक्रिय आय या पैसिव आय होगी? यदि आय का प्रकार सक्रिय है, और वे इसे पैसिव आय में परिवर्तित नहीं कर सकते हैं, तो ऐसे कार्य को वे अंतत: ना कह देंगे। इन्हें इसके लिए किसी भी प्रकार की झिझक नहीं होगी। इन स्मार्ट लोगों को ब्रांड्स बनाने का मूल्य पता है। वे हमेशा अपने ब्रांड के निर्माण में संलग्न रहते हैं। ये लोग कभी किसी और के लिए काम नहीं करते हैं। वे अपना पूरा जीवन अपने कौशल डोमेन के आसपास अपने स्वयं के ब्रांड को बनाने में बिताते हैं।

जब तक उनका ब्रांड मूल्य बढ़ता रहता है, उनका रेट भी उसी प्रकार से बढ़ता रहता है। इसके अलावा, वे अपने कौशल डोमेन के आसपास एक सिस्टम बनाने का मूल्य भी जानते हैं। यह वह प्रणाली है जो 24 घंटे उनके लिए काम करती रहती है और पैसा इसका एक उप-उत्पाद बन जाता है। इसलिए एसेट्स, पैसिव इनकम, ब्रांड बनाना और सिस्टम बनाना जैसे कुछ ऐसे प्रमुख बिंदु हैं जिन पर अमीर लोग ध्यान केंद्रित करते हैं।

उपरोक्त सभी शब्द कौशल सीखने और उसे इस्तेमाल करने से संबंधित हैं। आप किसी भी क्रिकेटर, एक्टर, फोटोग्राफर, सिंगर, पेंटर, कारपेंटर के बारे में बात करते हैं, वे सभी इसके उदाहरण हैं।

इसलिए इन सबके लिए रेट (निर्भर करता है)⟶ कौशल पर

स्किल की अलग-अलग गुणात्मक प्रकृति (जैसे ऐसेट, पैसिव आय, ब्रांड बनाना और सिस्टम बनाना) के कारण, इसका उपयोग करने वाले का रेट अनंत तक जा सकता है।

और यही कौशल की सबसे बड़ी विशेषता है। यदि कोई व्यक्ति अनंत रेट के फॉर्मूले को सत्यापित कर सकता है, तो वह आय के किसी भी आकार को उत्पन्न कर सकता है। बड़ा सपना, आय बड़ा! ऐसे व्यक्ति को कितने रुपए का भुगतान हो उसका निर्णय कोई और नहीं कर सकता। उसे कब और कितने पैसे की आवश्यकता है, वो यह खुद निर्णय लेता है और उस हिसाब से उसको प्राप्त करता है।

टाइम

वास्तव में, समय मानवता को प्राप्त ईश्वर प्रदत्त सबसे मूल्यवान तोहफा है। हम सभी के पास सीमित समय है। जैसा कि पहले उल्लेख किया गया है, यदि हम 80 वर्ष स्वस्थ जीवन जीते हैं ... फिर भी हमारे पास केवल 29,200 दिन हैं। और हर दिन में केवल 24 घंटे होते हैं। जिसमें से, हम दिन में लगभग 10 घंटे काम कर सकते हैं। यह हममें से अधिकांश के लिए औसत कार्य अवधि है। दुनिया भर में, लोग अपने पेशेवर जीवन की शुरुआत लगभग 25 साल की उम्र में करते हैं और 60 तक काम करते हैं।

इसलिए काम करने का साल = 35 साल = 12,775 दिन (बिना छुट्टी को ध्यान में रखते हुए) = 1,27,750 घंटे केवल (हर दिन काम करने के 10 घंटे को देखते हुए)। यह डाटा काफी चौंकाने वाला हो सकता है लेकिन यह ध्रुव सत्य है। आप इसे अनदेखा कर सकते हैं, इससे बचने की पुरजोर कोशिश कर सकते हैं लेकिन फिर भी, आप इसके परिणाम भुगतने से नहीं बच सकते। इसलिए ये काम के घंटे बहुत कम हैं।

जब मैंने अपना एमबीए पूरा किया, तो सौभाग्य से मैं इस अवधारणा को समझ गया। मैं उस समय बिल्कुल सदमे में था। मैं विभिन्न कैलकुलेटर का उपयोग कर रहा था और सोच रहा था कि कुछ गणना में गलती हो रही थी। लेकिन यह एक ध्रुव सत्य था, बिल्कुल अकथ्य। यह खबर न केवल मेरे लिए चौंकाने वाली थी, बल्कि आँख खोलने वाली भी।

मुझे तुरंत एहसास हुआ कि 1,27,750 घंटों तक काम करने से मैं अमीर नहीं बन सकता। तो फिर लोग बड़ा पैसा कैसे बनाते हैं? मैंने इस पर बहुत शोध किया और कुछ दिलचस्प अवधारणाएँ, जैसे टाइम कंपाउंडिंग, टाइम गुणक और पैसिव आय जैसी चीजों के बारे में जान पाया।

मैंने सैकड़ों बिजनेस मॉडल, केस स्टडीज का अध्ययन किया और विश्लेषण किया कि कैसे सभी बड़े उद्यमी समान रूप से समय के कंपाउंडिंग और गुणन सिद्धांत के आधार पर ही अपने व्यवसायों को बढ़ाते हैं। तो अब इसे बेहतर रूप से समझें... सबसे पहले, आइए समझते हैं कि टाइम कंपाउंडिंग

क्या है। आपको ऑनलाइन इसके कई किताबी परिभाषाएँ मिल जाएँगी, लेकिन मैं इसके बारे में व्यवहारिक परिभाषा पेश करूँगा।

"समय को पैसा समझें!"

मनी

हम या तो पैसा खर्च कर सकते हैं या फिर उसका निवेश कर सकते हैं। मान लीजिए कि आपके पास 100,000/- रुपए हैं। अब आप इस पैसे को कुछ मोबाइल फोन और कपड़े खरीदने पर खर्च कर सकते हैं।

या आप इस पैसे को किसी अच्छी और सुरक्षित निवेश योजना में निवेश कर सकते हैं। उदाहरण के लिए: निफ्टी डायरेक्ट के सिप का चुनाव। मान लें कि जब आप लंबी अवधि के लिए इसमें निवेश करते हैं तो आपको सालाना 10% का औसत रिटर्न मिलता है। और जब यह साल-दर-साल आगे बढ़ता है तो ब्याज में भी वृद्धि होती है।

अब अपने आप से पूछें कि आप इन 2 अलग-अलग तरीकों से क्या रिटर्न कमाएँगे।

1. पैसा खर्च करके

2. पैसा का निवेश करके

1. **पैसा खर्च करनाः** जीरो रिटर्न, जैसा कि आपने सारा पैसा मोबाइल और कपड़े खरीदने में खर्च किया है।

   इसलिए ट्रेडेड प्रोडक्ट सर्विस के लिहाज से अधिकतम एकमुश्त रिटर्न है।

2. **पैसा निवेश करनाः** निवेश योजना और वापसी नीति के आधार पर सुनिश्चित रिटर्न। बाद में, आप इस धन का उपयोग ऐसी संपत्ति के निर्माण में कर सकते हैं जो पैसिव आय को आकर्षित करती है। अब, इस पैसिव आय का उपयोग और भी बड़े सपनों को पूरा करने में किया जा सकता है।

टाइम

समय के यौगिकीकरण की अवधारणा कुछ ऐसा ही है जैसा कि पैसा का यौगिकीकरण।

आप या तो समय खर्च सकते हैं या समय का निवेश कर सकते हैं। आप किसी और के लिए काम करने में समय खर्च सकते हैं, जिसे नौकरी के रूप में जाना जाता है। या आप खुद के लिए काम करके और कुछ कौशल के आधार पर अपना ब्रांड बनाकर अपना समय निवेश कर सकते हैं। आपका ब्रांड आपके लिए एक संपत्ति बन जाता है और आपका एक बार निवेश किया गया समय आपको व्यवसाय की प्रकृति के आधार पर हर दिन, महीने और साल में (पर्याप्त) रिटर्न देगा।

अब इस अवधारणा को चाय व्यापार अवधारणा के एक बहुत ही मूल उदाहरण के साथ समझिए। मान लें कि कोई व्यक्ति व्यस्त जगह पर चाय की दुकान खोलता है और इसे सफलतापूर्वक चलाता है। यह मालिक एक दिन में लगभग 12 घंटे काम करता है। तो उसकी मासिक कार्यावधि लगभग 360 घंटे की होगी।

और उसका रिटर्न इस समय पर आधारित होगा। एक निश्चित लाभ बिंदु के बाद, यदि यह मालिक अपने व्यवसाय को बढ़ाना चाहता है, तो वह कुछ फ्रेंचाइजी आधारित व्यापार मॉडल पर एक और चाय की दुकान स्थापित करेगा। इस तरह वह 2 चाय की दुकानें चलाएगा और अपने मासिक काम के घंटे को दोगुना, 720 घंटे तक बढ़ाएगा। हालाँकि वह उसी मासिक घंटे, यानी 360 के लिए काम कर रहा होगा, लेकिन वह 720 घंटे के हिसाब से कमा रहा होगा। अब वह इसे किसी भी बिंदु तक बढ़ा सकता है।

मान लीजिए कि वह 100 चाय की दुकानें खोलता है, इसलिए उसके मासिक काम के घंटे 36,000 घंटे तक पहुँच जाते हैं। इस तरह इस चाय की दुकान उद्यमी ने अपने समय सीमा को तोड़ दिया है। Starbucks, Chaayos, Café Coffee Day, ये सभी समय के यौगिकीकरण के सिद्धांत पर काम करते हैं। 100 आउटलेट खोलकर, इन उद्यमियों ने अपने काम के समय को कई गुना कर दिया है।

और सफल ब्रांडों की स्थापना करके, उन्होंने अपना समय भी काफी अधिक बढ़ा लिया है। इसलिए हमारा लक्ष्य हमेशा यह होना चाहिए कि हम अपने समय को बढ़ाएँ।

निष्कर्ष: जब आप किसी और के लिए काम कर रहे हैं तो समय कारक सीमित रहता है। जब आप एक उद्यमी के रूप में अपने लिए काम करते हैं तो समय का कारक असीमित हो सकता है।

अब धन के सूत्र पर ध्यान दें।

मनी = रेट × समय

अब पैसा उन लोगों के लिए सीमित है जिनके रेट और समय सीमित हैं। यदि दर और समय असीमित हो जाएँ, तो पैसा भी काफी अधिक आ सकता है और यह सब संभव है यदि आप कुछ कौशल पर ध्यान केंद्रित करते हैं।

यह स्टारबक्स, चायोस, कैफे कॉफी डे या किसी भी कम प्रसिद्ध चाय और कॉफी निर्माताओं की तरह चाय और कॉफी बना सकता है। यह बीकानेरवाला, हल्दीराम और लाखों अन्य मिठाई निर्माताओं के लिए मिठाई तैयार कर सकता है। ये तो सिर्फ उदाहरण हैं। यह कुछ भी हो सकता है जहाँ आप अपने कौशल के आधार पर एक सिस्टम बना सकते हैं।

चूँकि दर कौशल पर निर्भर करता है, इसलिए कभी-कभी हम इसे कौशल दर भी कहते हैं, जिसमें हम आपूर्ति के साथ कौशल सेट की बाजार की माँग को जोड़ते हैं। इसलिए, हम कह सकते हैं:

मनी ∝ स्किल रेट × टाइम

या

मनी ∝ स्किल × टाइम

तो पैसा कमाना सीधे हमारे स्किल और उसके रेट पर निर्भर करता है। जैसे ही रेट बढ़ता है, पैसा भी उसी के अनुसार बढ़ता जाता है।

उदाहरण के लिए, अभिनेता शाहरूख खान का लाभ या पैसा कमाना उनके कौशल (अभिनय कौशल) पर निर्भर करता है। शाहरूख को किसी प्रमाण पत्र या डिग्री की आवश्यकता नहीं है। उनकी जीवन शैली और कमाई

उनके अभिनय कौशल पर निर्भर करती है। जब वे टी.वी. कलाकार के रूप में काम करते थे, तो स्किल रेट कम था, इसलिए उनकी कमाई कम थी। जैसे ही उनके कौशल को पहचान मिली, वह मुख्यधारा के सिनेमा में शामिल हो गए।

आखिरकार, उसकी दर में वृद्धि हुई, इसलिए उसकी आय भी बढ़ गई। और आज उसने सभी सीमाओं को तोड़ दिया है क्योंकि वह न केवल फिल्मों में पैसा कमा रहे हैं, बल्कि कई प्रसिद्ध ब्रांडों का समर्थन भी कर रहे हैं... तो, यह आप पर निर्भर है, कि आप पहले फॉर्मूला का पालन करना चाहते हैं या दूसरे का। आपका बाकी जीवन उस पसंद पर निर्भर करता है जो आप बनाते हैं; औसत क्लब या मिलियनेयर क्लब।

अध्याय 10

पैसा बनाने की मशीन बनें

मैंने इस अध्याय में पैसा बनाने की मशीन बनने के पूरे विचार को एकत्रित किया है। मुझे उम्मीद है कि अब आपको पैसा बनाने के बारे में बड़ा आइडिया मिल गया होगा। मुझे यह भी उम्मीद है कि अब आप अपने आपको पारंपरिक विचार प्रक्रिया और जंग लग चुके मध्यवर्गीय परिवारों के फार्मूले से अलग करने में सफल हो चुके होंगे। जी हाँ, वही पुराना फार्मूला: "अच्छा ग्रेड लें; एक अच्छी नौकरी पाएँ और आपका जीवन सफल हो जाएगा।" आपको इस सोच से छुटकारा पाने के लिए बहुत-बहुत बधाई।

हमने दशकों से इसके दूरगामी प्रभाव को देखा है। हमें अब पूरी तरह से यकीन हो चला है कि सफल होने का यह फार्मूला अब काम नहीं करता है। यह केवल हमें एक तंग जीवन देता है। ऐसा अभिशप्त जीवन जिसका अधिकांश भाग रोजमर्रा के खर्चों में सर पटकते हुए निकल जाता है। ऐसा इसलिए होता है क्योंकि कोई और हमारे जीवन, जीवन यापन के लिए जरूरी खर्च और जीवनशैली को नियंत्रित कर रहा होता है।

इतना ही नहीं, यह लोगों को उनकी नौकरी से तब निकालता है जब उन्हें इसकी सबसे ज्यादा जरूरत होती है। भारत में, घर खरीदना और बच्चे की शादी करना, ये दो बहुत ही खर्चीले काम हैं। और ये दोनों चीजें किसी भी मध्यम आय वर्ग के लोगों के जीवन का मुख्य काम होता है। सामान्य नौकरी करने वाला एक व्यक्ति तीस से चालीस वर्ष की उम्र में आवास ऋण लेता है जिसकी भुगतान अवधि लगभग बीस साल की होती है। यह बीस साल उसका बहुत ही कठिन गुजरता है। ऋण चुकता करने के लिए उसे हर छोटी-बड़ी खुशी का त्याग करना पड़ता है।

कुछ दिन पहले मेरा दोस्त अपने घर का समान मासिक किश्त (ई.एम.आई.)

15 साल तक भुगतान करने के बाद, एक दिन बकाया राशि की जाँच करने के लिए बैंक गया। उसके पाँव तले जमीन खिसक गई जब उसे वहाँ पर बताया गया की अभी तक उसने सिर्फ ब्याज भरा है, मूल राशि जस की तस है। कल्पना कीजिए, आप हर महीने पिछले 15 साल से ई.एम.आई. भर रहे हैं परंतु फिर भी मूल राशि अभी तक चुकता नहीं किया जा सका है। इसके अलावा, बच्चों की शिक्षा पर भी अच्छा खासा खर्च होता है।

इन दिनों शिक्षा एक आवश्यकता है जो विलासिता की कीमत पर उपलब्ध है। अब, शिक्षा एक पैसा बनाने वाले व्यवसाय से कम नहीं है। इसलिए, कर्मचारी मुद्रास्फीति के साथ गति बनाए रखने के लिए ओवरटाइम काम करता है, लेकिन अधिकांश समय इस लड़ाई में उसकी हार हो जाती है। वह उस चुनौती का सामना ओवरटाइम के हथियार के साथ कर पाने में अक्षम हो जाता है। अंतत:, कर्मचारी 10% या 20% वेतन वृद्धि के लिए अपनी नौकरी बदलने की सोचता है। यह समुद्र में पानी की एक बूंद की तरह काम करता है लेकिन इस एक बूंद के लिए व्यक्ति को उस समय के साथ समझौता करना पड़ता है जो वह परिवार के साथ बिताता था।

अब, यह कर्मचारी एक विस्तारित समय के लिए और कभी-कभी सप्ताहांत पर भी काम करता है। वह अपने बच्चे के जन्मदिन और परिवार के अधिकांश समारोहों को याद करता है क्योंकि उसे अपने काम को समय पर पूरा करना पड़ता है, नहीं तो उसे चेतावनी पत्र मिल सकता है। इस कठिन लड़ाई में, वह अपने बच्चे की उच्च शिक्षा, उनकी शादी और अपनी सेवानिवृत्ति के बाद की जिंदगी के लिए पैसे बचाने की कोशिश करता है।

ये फिर से बड़े बजट वाले एपिसोड होते हैं जिन्हें छोटे और असंगत बचत से पूरा किया जाता है। अंत में, जब कर्मचारी 50 वर्ष का हो जाता है, तो उसे बैंक से एक पत्र मिलता है जिसमें बताया जाता है कि पूरा ऋण चुका दिया गया है। इस समय, यह पत्र एक लंबे संघर्ष के बाद सुनामी से बचे रहने से कम नहीं है। लेकिन अब चूँकि बच्चे अपनी पहली नौकरियों में शामिल हो गए हैं, इसलिए कर्मचारी की पत्नी उसे अपने बच्चे की शादी के लिए लड़का/ लड़की देखने के लिए कहती है। अब उस कर्मचारी पर अपने बच्चे की शादी की जिम्मेदारी आ जाती है।

यह गरीब कर्मचारी फिर से अपनी पत्नी को अलमारी खोलने और भूरे रंग का फोल्डर लाने के लिए कहता है, जिसे 'बचत' के रूप में टैग (चिह्नित) किया गया है। फिर वह अपनी जोड़ी के चश्में अपनी नाक पर चढ़ाता है और फिर यह सोच कर की उसे कुछ लोन मिल जाएगा, अपने एफ.डी., पी.पी. एफ. वगैरह के कागजात देखने लग जाता है। वास्तव में, भारत में शादी की व्यवस्था करना एक महँगा फ्लैट खरीदने से कम नहीं है।

झुर्रीदार चेहरे के साथ, वह लगभग पूरे रविवार को कुछ-कुछ लिखते हुए बिताता है और फिर उन्हें काटता है। ये आँकड़े उसके मन मस्तिष्क में हमेशा छाए रहते हैं....कार्यालय में, बैठकों के दौरान, खरीदारी करते समय, वह फिर से अपने समान की फेहरिश्त से कुछ सामान को कम करने पर हँसी-खुशी राजी हो जाता है ताकि शादी में पैसों की कोई कमी न हो।

जब वह घर आता है, तो उसकी पत्नी उससे पूछती है, "आपने सर्फ एक्सेल क्यों नहीं खरीदा, यह लोकल डिटर्जेंट क्यों उठा लाए?" तो उसके उत्तर में वह मुस्कुराता है और कहता है कि "सर्फ एक्सेल स्टॉक में नहीं था। यह एक नया ब्रांड है, बेहतर और हाँ सस्ता भी (जोर देकर)।" यद्यपि उसके मन में लोकल डिटर्जेंट खरीदने का कारण स्पष्ट है। वह ऐसा करके कुछ पैसा बचाना चाहता है। और उस पैसे को बच्चे की शादी के कोष में डालना चाहता है। ऐसे ही छोटी-बड़ी जतन और प्रयास वह लगभग रोज करता है, उस दिन के बारे में सोच कर की उसे बहुत ज्यादा पैसों की आवश्यकता होगी।

कृपया ध्यान रखें, मैं एक मध्यम वर्गीय परिवार में शादी के बारे में बात कर रहा हूँ, न की किसी उच्च वर्गीय परिवार की। उच्च वर्ग के लोग शादी में पानी की तरह पैसा बहा देते हैं। आखिरकार, कुछ साल के बाद में, वह पगड़ी पहने किसी मैरिज पैलेस के गेट पर मेहमानों का स्वागत करते हुए दिखाई देता है। वह अपने दूर के रिश्तेदारों और दोस्तों को भी आमंत्रित करने से नहीं चूकता है। अपने बच्चे की शादी के लिए वह शीर्ष श्रेणी की व्यवस्था करता है। वह अपने चेहरे पर मुस्कान धारण करने में सफल हो जाता है, लेकिन उस मुस्कान में उसके अनगिनत बलिदानों की टीस छिपी होती है। इस शादी में वह बेचारा अपनी पूरी जिंदगी की बचत लगा चुका होता है।

अब रिटायरमेंट के बाद की जिंदगी जीने के लिए उसके पास चन्द रुपये

ही बचे हैं। जहाँ हर कोई दावत उड़ाने में व्यस्त है, इस आदमी के पास मुश्किल से एक गिलास पानी है। और कुछ वर्षों के पश्चात्, वह दिन भी आ ही जाता है जब यह आदमी रिटायर हो जाता है।

कार्यालय में आयोजित एक सीधे-सादे विदाई समारोह में उसके नाम के आगे कुछ विशेषणों का प्रयोग किया जाता है, कार्यालय में उसके बिताए गए कुछ अविस्मरणीय क्षणों को याद किया जाता है, और फिर उसे कुछ विदाई सामग्री के साथ विदा कर दिया जाता है। चेहरे पर टीस और होठों पर मुस्कान लिए वह अंतत: अपने घर पहुँचता है। अब उसे वहीं रहना है। वह फिर से अपनी पत्नी को वही भूरा फोल्डर लाने को कहता है।

अब पुन: वह कागजातों में खो जाता है। वह जोड़ने लगता है कि अब जबकि वह सेवानिवृत्त हो चुका है तो उसकी मासिक आय (पेंशन) कितनी रह जाएगी। उसकी आँखों के सामने अँधेरा सा छा जाता है जब उसे मालूम होता है कि महज चंद रुपयों में उसे अब जिंदगी काटनी है। एक ऐसे व्यक्ति की लाचारी की कल्पना कीजिए, उससे पूरी जिंदगी गधे की तरह काम लिया गया, और फिर उसे महज कुछ रूपये पर जीवन-यापन के लिए मजबूर कर दिया गया। लेकिन वो बेचारा क्या करे- अब उसे इसी भूरे फोल्डर में पड़े FD, PF, का मूल्यांकन करते-करते अपनी बची-खुची जिंदगी गुजारनी है।

यह आमतौर पर एक कर्मचारी के जीवन की विडंबना है।

वृद्धावस्था को सम्मान से क्यों नहीं जीया जा सकता है? एक और महत्त्वपूर्ण बिंदु यह है कि जब वे अभी भी काम कर सकते हैं तो रिटायर क्यों होते हैं? एक साधारण दुकानदार कभी रिटायर क्यों नहीं होता? एक राजनेता रिटायर क्यों नहीं होता? कोई भी व्यवसायी बल में कमी या आयु सीमा के कारण सेवानिवृत्त नहीं होता है। इसके बारे में जरा सोचिये।

ये बहुत ज्वलंत और बुनियादी सवाल हैं जिनका जवाब देने से लोग बचते हैं। दशकों पुराना फार्मूला आय का केवल सक्रिय हिस्सा दिखाता है। हालाँकि, पैसिव मनी-मेकिंग तकनीक को पूरी तरह से नजरअंदाज कर दिया गया है या इसे इस तरह से समझा जा सकता है कि कुछ दशक पहले इसका अस्तित्व नहीं था।

पैसिव आय

इसे उदाहरण से बेहतर ढंग से समझते हैं।

सैकड़ों साल पहले हमारे पूर्वज पास के किसी नदी से अपने घरों में पानी लाते थे। इसलिए जब भी उन्हें पानी की आवश्यकता होती थी, तो उन्हें मिट्टी या धातु के बर्तन लेकर किसी नदी में जाना पड़ता था और उसमें पानी भरकर, उसे अपने सिर, कमर आदि पर रखकर अपने घर तक ढोना पड़ता है।

कुछ समय बाद, उन्नति होने पर, उन्होंने अपने क्षेत्रों में ही कुएँ खोदने शुरू कर दिए। इसलिए दूर नदी तक जाना, एक साथ कई बर्तनों को ले जाना, और फिर छलकते पानी के साथ घर आना, इत्यादि मुश्किलों से उन्हें मुक्ति मिल गई। और फलस्वरूप पानी इकट्ठा करना तुलनात्मक रूप से आसान हो गया। अब वे चरखी के सहारे कुएँ से पानी निकालते थे। फिर भी, जब भी उन्हें पानी की आवश्यकता होती, तो किसी को चरखी की मदद से पानी की बाल्टी खींचनी पड़ती थी। परंतु फिर भी पानी पाने के लिए यह प्रक्रिया तुलनात्मक रूप से आसान थी।

फिर कुछ दशकों के बाद, प्रौद्योगिकी उन्नत हुई और इस चरखी को हैंड-पंप तकनीक में बदल दिया गया। इस तरह काम और भी आसान हो गया। तकनीकी प्रगति अब भी हो रही थी।

नई-नई तकनीकी से काम आसान होने लगा था। पानी खींचने के लिए हैंड-पंप तकनीक से भी बेहतर तकनीक अब हमारे पास है। अब लोगों के पास इस कुएँ से पानी खींचने के लिए एक मोटर का उपयोग करने का विकल्प है। उन्हें बस एक बटन दबाने की जरूरत है और पूरी प्रक्रिया (पानी खींचने की) अपने आप हो जाती है।

अब भागीरथ प्रयासों के साथ कुछ किलोमीटर दूर स्थित नदी तक मार्च करने या पानी को खींचने या पानी को हाथ से पंप करने की आवश्यकता नहीं है।

बटन का एक पुश ही काफी है। अगर हम आज के समय के बारे में बात करें तो आपको कुएँ पर जाने की भी जरूरत नहीं है। आपको बस नल चालू करने की आवश्यकता है, चंद ही मिनटों में आपकी बाल्टी पानी से भर

जाएगा। आपके बाथरूम और रसोई में भी ऐसे नल लगे होंगे।

अब आपको पानी की व्यवस्था करने में एक मिनट भी खर्च नहीं करना है।

यही फार्मूला पैसा बनाने पर लागू होता है। पुराने पैतृक फार्मूलों का पालन करते हुए, जहाँ हम या तो किसी और के लिए काम करते हैं (जो कि नौकरी के रूप में जाना जाता है) या ऐसा कुछ करते हैं जहाँ पर काम करना पूरी तरह से किसी के व्यक्तिगत प्रयास और प्रदर्शन पर आधारित होता है। दूसरे शब्दों में, हम अभी भी नदी से पानी ला रहे हैं, जबकि घर पर लगा एक नल पानी का उन्मुक्त प्रवाह सुनिश्चित कर सकता है।

इन मामलों में, पैसा बनाने का फार्मूला पूरी तरह से सक्रिय-कार्य की स्थिति पर निर्भर करता है। यह कमोवेश "अधिक काम——▶अधिक पैसा", "कम काम ——▶ कम पैसा", "कोई काम नहीं ——▶ कोई पैसा नहीं... जैसा है।

काम काम काम = पैसा पैसा पैसा

काम काम = पैसा पैसा

काम = पैसा

अधिक काम = अधिक पैसा

कम काम = कम पैसा

कुछ काम नहीं = कोई पैसा नहीं

आप में से अधिकांश अभी अपनी स्थिति का विश्लेषण कर सकते हैं।

मुझे यकीन है, आप मेरी बात से सहमत होंगे। पैसिव आय फार्मूलों के मामले में, स्मार्ट लोग कुछ वर्षों के लिए एक बार काम करते हैं। एक बार जब उन्हें अपने काम की सफलता के सूत्र का पता चल जाता है, तो वे इसके चारों ओर एक सिस्टम का निर्माण करते हैं। और अब यह सिस्टम उनके लिए काम करती है। इन स्मार्ट लोगों को एक ही काम के लिए बार-बार काम करने की आवश्यकता नहीं होती है और पैसा दिन-रात बरसता रहता है। इसका मतलब यह नहीं है कि ये स्मार्ट लोग काम करना बंद कर देते हैं। अब वे एक अलग स्तर पर काम करने की स्वतंत्रता का आनंद लेते हैं और अपने काम या व्यवसाय को अगले चरण में ले जाते हैं।

McDonald, KFC, PAYTM, Amway, Amazon, Flipkart, HDFC Bank, Reliance Jio, Bata, Tata, LIC, Microsoft, APPLE, ISC (India Skill Capital) कुछ महत्त्वपूर्ण उदाहरण हैं। अब बड़ा सवाल यह है कि हमारे युवाओं को क्या सीखना है? युवाओं से ज्यादा, यह हर माता-पिता की जिम्मेदारी है कि वे अपने बच्चों को शिक्षित करें जो अपना करियर शुरू करने जा रहे हैं। हमारे युवाओं को आय की पैसिव प्रकृति को भी जानना होगा।

अन्यथा, ये स्मार्ट जनरल यूथ पूरे जीवन के लिए स्मार्ट आय के बजाय केवल कड़ी मेहनत में विश्वास करेंगे। लेकिन एक चुनौती है। आज भी, 90% से अधिक भारतीयों को इस तरह की आय के बारे में कोई जानकारी नहीं है। यह उनके लिए इस पृथ्वी से परे कोई चीज है। और यहाँ सबसे चिंताजनक पहलू यह है कि यह तबका अपनी अगली पीढ़ी को कभी भी पैसिव आय की शिक्षा नहीं देता। यही कारण है कि मैं अपने साथी भारतीयों को आय के इस स्रोत पर दृढ़ता से विचार करने के लिए आग्रह कर रहा हूँ।

आज, मेरी आय का एक महत्त्वपूर्ण हिस्सा इस पैसिव चैनल से आता है। मैं कई व्यवसाय सफलतापूर्वक चला रहा हूँ। जब भी मैं एक नए उद्यम में कदम रखता हूँ, तो मैं हमेशा पैसिव आय की मात्रा पर विचार करता हूँ जो मैं इस नए स्रोत से लाऊँगा।

उदाहरण के लिए, इस पुस्तक को लिखते समय मैं बहुत स्पष्ट रूप से जानता हूँ कि यह आने वाले भविष्य में मेरे लिए नियमित (पैसिव) आय के लिए एक और पाइपलाइन बनने जा रहा है।

जब भी आप अपना करियर शुरू करते हैं या अपनी नौकरी बदलते हैं या खुद को खोज-क्षेत्र में पाते हैं, तो आपको कई नौकरियों और प्राफाइलों पर विचार करना चाहिए। आमतौर पर, लोग केवल एक विचारधारा का पालन करते हैं, एक्टिव आय का सिद्धांत। और यही कारण है कि आपके सभी करियर निर्णय केवल एक्टिव आय सिद्धांत पर आधारित हैं। हालाँकि, हर भारतीय को मेरा सुझाव है, अब जब भी आप विकल्पों की जाँच करें, पैसिव इनकम के फार्मूले को हमेशा प्राथमिकता दें। क्योंकि अब आप सभी समझ गए हैं कि सीधे शामिल होने से, आपके पास रेट और धन वापसी सीमित होगी। उदाहरण के लिए, कुछ लोग हो सकते हैं, जो वर्षों से चाय बेचने का व्यवसाय कर रहे हों। वे इन सभी वर्षों से एक ही दुकान चला रहे हैं और एक जीविका

बनाने की कोशिश कर रहे हैं। कई बार, मैंने पीढ़ियों को उसी दुकान का शटर खींचते देखा है।

लेकिन कुछ स्मार्ट ऐसे होते हैं जो एक ही स्थिति में बने रहने के बजाय स्केल-अप करने की कोशिश करते हैं। वे इसके चारों ओर एक सिस्टम बनाते हैं, (जिसे "फ्रैंचायज़िंग सिस्टम के रूप में भी जाना जाता है) और चाय के एक साधारण व्यवसाय को चाय पॉइंट या चायोस जैसे विशाल ब्रांड में परिवर्तित कर देते हैं। इन ब्रांड्स में कई चेन (दुकानें) हैं, कभी-कभी तो 100 से भी अधिक संख्या में।

एक साधारण चाय वाला और इन बहु-फ्रेंचाइजिंग व्यवसायों के बीच के अंतर को समझने की कोशिश करें। लगभग 7 से 10 मिनट के निवेश के बाद, साधारण चाय वाला खुद से हर कप चाय बना रहा है। वह एक दिन में कितने कप चाय बेच सकेगा? शायद 100-200-300 या शायद अधिकतम 1000 कप।

उनकी कमाई उनके द्वारा बेचे जाने वाले कपों की संख्या के आधार पर होगी। अगर किसी दिन, वह किसी कारण से अपनी दुकान नहीं खोल पा रहा है, तो उस दिन की आय शून्य होगी। हालाँकि, एक बार जब वह अपने व्यवसाय को ब्रांडेड दुकानों में बदल देता है, तो वह सभी आउटलेटों को ऑटोपायलट सिस्टम पर चला सकेगा। यहाँ मालिक चाय के हर कप को खुद से तैयार नहीं करते हैं।

प्रति दिन बिकने वाले कप की संख्या छह-आकँ ड़े तक भी पहुँच सकती है और इस प्रकार आय को कई गुना बढ़ा सकती है। यही नहीं, ब्रांड और गुणवत्ता के कारण, अब वे 10-20 रुपये की जगह 100 रुपये तक वसूल सकते हैं। बुद्धिमानी से उन्होंने अब चाय के एक्टिव आय प्रकृति को पैसिव आय प्रकृति में परिवर्तित कर दिया है। यही वह जगह है जहाँ मैं भारतीय युवाओं का ध्यान केंद्रित करने की जोरदार वकालत करता हूँ। एक बार जब कोई व्यक्ति पैसिव आय के इस फार्मूले से अवगत हो जाता है, तो वह किसी भी व्यवसाय की प्रकृति को विकसित कर सकता है या इन लाइनों पर काम कर सकता है।

अब इससे संबंधित एक बड़े विचार के बारे में बात करते हैं, जो जुनून-आधारित कौशल विशेषज्ञता पर आधारित है। अपने जुनून को अपना पेशा

बनाता है फिर और फिर इसमें एक अच्छा खासा मुकाम हासिल करता है। आप भी कुछ इन-डिमांड स्किल को विकसित कर सकते हैं जो आपका जुनून हो। ध्यान रहे, जब आपका जुनून ही जॉब बन जाएगा, तो बहुत अच्छा परिणाम देगा।

यहाँ पर दो महत्त्वपूर्ण बिंदुओं पर विचार करने की आवश्यकता है:

1.   आपका जुनून

2.   इन-डिमांड स्किल

1. जुनून जुनून क्यों?

जब आपका स्किल आपके जुनून के अनुसार होता है, तो आप कभी भी थका हुआ महसूस नहीं करेंगे। कोई फर्क नहीं पड़ता कि आपको काम करने के लिए कितनी मेहनत करनी पड़ती है। भले ही इसके लिए आपको दिन-रात काम करना पड़े, लेकिन आपको कभी थकान महसूस नहीं होगी, क्योंकि यह आपका जुनून है।

> *"जुनून ऊर्जा है। उस शक्ति को महसूस करें जो*
> *आपके जुनून पर आधारित है।"*
>
> *-ओपरा विनफ्रे*

मेरा जुनून आस-पास के लोगों से बात करना और उन्हें जीवन कौशल और उद्यमिता के बारे में प्रशिक्षित करना है। कई बार, मुझे एहसास होता है कि मैं काम करते आ रहा हूँ और पिछले 2 दिनों से सोया तक नहीं हूँ। ऐसे कई मौके आए हैं जब मैं सुबह 6 से दोपहर 2 बजे तक काम कर रहा हूँ और फिर भी थकान महसूस नहीं करता। आम तौर पर, लोग मुझसे पूछते हैं, "आप अभी भी इतने ऊर्जावान कैसे हैं?" कभी-कभी, मैं खुद भी इसके बारे में सोचकर हैरान हो जाता हूँ।

लेकिन जब मैं इसका गहराई से विश्लेषण करता हूँ तो मुझे लगता है कि वास्तव में, मेरा काम मेरी ऊर्जा को कम नहीं कर रहा है। बल्कि उल्टा यह मुझे ऊर्जा दे रहा है। मैं जितना अधिक काम करता हूँ उतना ही ऊर्जावान महसूस करता हूँ। यहाँ, मेरा काम मेरी ऊर्जा का स्रोत बन गया है क्योंकि मेरा काम

मेरे लिए हर रोज के बोझ की तरह नहीं है। यह मेरा जुनून है। मुझे यह करना पसंद है। और भला कौन 24 घंटे, 365 दिन अपने जुनून के साथ नहीं जीना चाहेगा? इसलिए मैं अपने सभी पाठकों और अनुयायियों (फॉलोवर्स) को यही सलाह देता हूँ। अपने काम को अपने जुनून के इर्द-गिर्द बनाने की कोशिश करें।

> *"जिस तरह हर सफल शादी का आधार प्यार होता है, उसी तरह से हर एक पेशे का आधार "जुनून" होता है।"*

जुनून सफलता की कुंजी है। आपका जुनून कुछ भी हो सकता है। यह पेंटिंग, डांसिंग, सिंगिंग, कुकिंग, बुनाई, रीडिंग, टीचिंग, एक्टिंग,, डिजाइनिंग, कारपेंटिंग, मॉडलिंग आदि हो सकता है, इनमें से आपका जुनून चाहे जो भी हो, बस इसे फॉलो करें। आप बढ़ई, गणितज्ञ, वैज्ञानिक, मैकेनिक, डॉक्टर, इंजीनियर, पायलट, एयर होस्टेस, कॉमेडियन, गोल्फर, क्रिकेटर, सेल्स या किसी अन्य क्षेत्र में पारंगत हो सकते हैं। अपने जुनून को अपना पेशा बनाने पर विचार करें।

आपको अपने जुनून को जॉब बनाने को लेकर गंभीर होना होगा। करियर निर्माण के पारंपरिक विचार का त्याग करना होगा। अधिकांश समय लोग किसी और का जीवन जीते हैं। उदाहरण के लिए, हमारे देश में ऐसे कई इंजीनियर हैं जो कभी इंजीनियर नहीं बनना चाहते थे। वे एक इंजीनियर बन गए हैं क्योंकि उनके माता-पिता उन्हें इंजीनियर बनते देखना चाहते थे या उनके अधिकतर दोस्तों ने इंजीनियरिंग पेशे को चुना था। ये उनका सहज करियर चुनाव नहीं था। यह उनका जुनून नहीं है और प्राय: इसीलिए वे हर शाम थकान और निराशा महसूस करते हैं।

वे बस अपने आस-पास की व्यवस्था को कोसते हुए दोष निकालते हैं। एक बहुत प्रसिद्ध उद्धरण है जिसे अक्सर कई इंजीनियरिंग कॉलेजों में जोक के रूप में साझा किया जाता है....."पहले हम इंजीनियर बन जाते हैं और फिर हम सोचते हैं... आगे क्या करना है।" इसके अलावा, यह सिर्फ इंजीनियरों के मामले में नहीं है। दरअसल, यह हर एक क्षेत्र में काफी आम है। लोग अपने "जुनून" को छोड़कर हर दूसरे कारण के चलते अपना पेशा चुनते हैं।

जिस तरह हर सफल शादी का आधार प्यार होता है, उसी तरह से हर एक पेशे का आधार "जुनून" होता है।

इसलिए, मैं दृढ़ता से आपको, आपके जुनून को पहचानने की सलाह देता हूँ। इससे पहले कि आप किसी भी पेशे में कदम रखें, अपने जुनून के बारे में जान लें। पैसे या सफलता के बारे में चिंता न करें। "लोग क्या कहेंगे इसका ख्याल भी अपने दिमाग से निकाल दें।

हमेशा याद रखें: **लोग ब्रांड के पीछे भागते हैं और ब्रांड पैशन के पीछे भागता है** यदि आप अपने जुनून को जॉब बनाते हैं, तो सफलता और पैसा अपने आप आपको मिलता रहेगा। इसलिए, आप

> *"लोग ब्रांड के पीछे भागते हैं और ब्रांड पैशन के पीछे भागता है।"*

जो भी करते हैं उसमें हमेशा एक ब्रांड बनने की कोशिश करें। जो भी आप अपने पेशे के रूप में चुनते हैं, उनमें शीर्ष नामों में से एक होने की कोशिश करें।

"यदि आप अपने जुनून को जॉब बना लेते हैं, तो सफलता और पैसा आपके कदमों में होगी।"

मैं डॉक्टर बनने के बजाय कार मैकेनिक बनना पसंद करूँगा अगर मुझे कारों के कल-पूर्जे के बारे में पर्याप्त जानकारी हो और उसे ठीक कर देने का शौक हो। मैं यह सुनिश्चित करूँगा कि मैं अपने देश के शीर्ष श्रेणी के कार तकनीशियन में से एक हूँ। अतीत में, गलत विकल्प चुनने या प्रतिकूल समय पर कदम उठाने के कारण अरबों लोगों ने अपना पूरा जीवन बर्बाद कर दिया है। लेकिन अब समय बदल गया है। हम इस अद्भुत 21वीं सदी में जी रहे हैं जो डिजिटल युग की शुरुआत है।

यह अनुपयुक्त करियर विकल्प चुनने और अपने जुनून को छोड़कर बाकी सभी चीजों पर ध्यान केंद्रित करने का परिणाम है। सही करियर विकल्प वह है जो आपके जुनून के इर्द-गिर्द हो। अब दूसरे महत्त्वपूर्ण बिंदु के बारे में जानें।

2. इन-डिमांड स्किल

इन-डिमांड स्किल का मतलब है स्किल जो कि ज्यादा डिमांड में है। 'डिमांड' शब्द कई आवश्यक चीजों को पूरा करता है जैसे—

डिमांड-सप्लाई समीकरणः इसे एक उदाहरण से समझिए। श्रीमान एक्स नोटपैड बनाने के लिए प्लांट लगाने की सोचता है। अब, एक संभावना यह है कि श्री एक्स के इस विचार से उनको अपेक्षित लाभ की प्राप्ति न हो।

श्रीमान एक्स के पास नोटपैड की भरमार हो सकती है, परंतु संभव है कि उनके नोटपैड की बाजार में माँग ही न हो। क्यों? क्योंकि पूरी दुनिया डिजिटल हो चुकी है। कोई नोटपैड खरीदने के बजाय टैबलेट या लैपटॉप खरीदना पसंद कर सकता है। विशेष रूप से, तब जब पेड़ों को बचाने के लिए हरेक स्तर पर व्यापक मुहिम चलाए जा रहे हों, तो लोग भला ऐसी चीजों को क्यों लेना चाहेंगे जिससे प्राकृतिक संपदाओं को नुकसान पहुँचाने और किसी प्राकृतिक आपदा की संभावना बने?

> *"यदि आप अपने जुनून को पेशा बना लेते हैं, तो सफलता और पैसा आपके कदमों में होगी।"*

अब एक दूसरा उदाहरण लेते हैं। मान लीजिए कि श्री वाई टैबलेट बनाने के लिए एक संयंत्र स्थापित करते हैं। उससे एक दिन में 100 टैबलेट का निमार्ण होता है लेकिन माँग 1000 टैबलेट की है। और एक अन्य कंपनी है जो समान मूल्य और गुणवत्ता के भीतर उक्त माँग को पूरा करने में सक्षम है। अब, विक्रेताओं का उस निर्माता के लिए विकल्प चुनने की अधिक संभावना है जो माँग को पूरा करने में सक्षम है।

इसलिए, इससे पहले कि आप अपने जुनून को अपना पेशा बनाएँ, इस बात पर भी विचार करें कि क्या उत्पाद या सेवा जो आपको वास्तव में पेश करना है वास्तव में माँग-पूर्ति के समीकरण के अनुरूप है? यदि इसका जवाब हाँ में आता है, तभी आप उस उत्पाद के बारे में आगे विचार करें। साथ ही इस पर भी विचार करें कि क्या आपका उत्पाद माँग में है और क्या आप आवश्यक मात्रा में इसकी आपूर्ति कर पाएँगे?

मार्केट सेगमेंट: उस मार्केट सेगमेंट का मूल्यांकन करें, जहाँ आपके उत्पादों की खपत होने वाली है, या जहाँ आप अपने उत्पादों को बेचना चाहते हैं। क्या आप फैंसी टोपियों का निर्माण करके एक छोटे सेगमेंट को लक्षित कर रहे हैं या आप एक बड़े सेगमेंट को जूते बनाकर लक्षित कर रहे हैं? यह अनुमान लगाया गया है कि फुटवेयर बाजार में इस साल अब तक 7,525 मिलियन डॉलर का राजस्व प्राप्त हुआ है।

बाजार में सालाना 12.6% की वृद्धि होने की उम्मीद है। फुटवेयर की दुनिया के खेल सबसे पुराना नाम, बाटा ने महसूस किया है कि विश्वसनीय, मजबूत जूते प्रदान करने के मामले में सबसे ऊपर होने के वावजूद उसे "फेरी सिस्टम" की मार्केटिंग पद्धति से उसके हितों की अनदेखी हो रही है।

वर्तमान और भविष्य की तकनीक के साथ संगतता: क्या आप जानते हैं कि डाबर और बैजनाथ जैसे पुराने दिग्गज बाजार में अपने को बचाए रखने के लिए क्यों संघर्ष कर रहे हैं? क्योंकि वे विकसित तकनीक के साथ खुद को अपग्रेड करने में विफल रहे। दूसरी ओर, पतंजलि ने जनवरी, 2006 में बाजार में कदम रखा और यह अरबों की कमाई के साथ बाजार में अग्रणी बना हुआ है। हर साल, वर्तमान वर्ष का शुद्ध मूल्य पिछले वर्ष के शुद्ध मूल्य के रिकॉर्ड को एक बड़े अंतर से तोड़ रहा है। ऐसी कंपनियों ने एक ऐसी तकनीक या उत्पादों को विकसित किया है जो न केवल आज की आवश्यकताओं के अनुकूल हैं, बल्कि भविष्य की जरूरतों के मुताबिक भी हैं।

उत्पाद की संभावनाएँ: क्या आपका उत्पाद एक सीमित सीमा या समय तक ही अपग्रेड करने योग्य है या फिर इसका दायरा असीमित है?

उदाहरण के लिए, आपको वही बल्ब दीवालों पर जलते मिल सकते हैं जो आपने 10 साल पहले देखा था। लेकिन ये भी हो सकता है कि पिछले 10 साल में इस बल्ब में कई क्रांतिकारी परिवर्तन आया हो।

उदाहरण के लिए, थॉमस एडीसन के द्वारा डिजाइन की गई बल्ब से लेकर आज-कल की ऊर्जा-बचत करने वाली एल.ई.डी. लाइट्स तक। और अब तो रोशनी भी स्मार्ट हो गई है। अब आप दुनिया के किसी भी हिस्से से अपने घर की रोशनी को चालू या बंद कर सकते हैं। इसे ही हम असीम-प्रौद्योगिकी या लिमिटलेस टेक्नोलॉजी कहते हैं।

ब्रांड निर्माण की संभावनाएँ: क्या आपने किसी गली के कोने में एक रेस्तराँ खोला है जो उस रेस्तराँ में सीधे आने वाले ग्राहकों पर निर्भर है। या आपने अपने मेन्यू को जोमैटो या उबेर ईट्स जैसे बड़े नामों के साथ टाई-अप करके उसे शहर भर में या फिर पड़ोसी शहरों में भी वितरित करने का मन बना लिया है?

> "आपके सपने का आकार आपके भविष्य का आकार तय करेगा।"

आप अपने प्रांत में ही नहीं बल्कि पूरे देश और फिर दुनिया भर में अपने रेस्तराँ की एक शृंखला बना सकते हैं। इससे आपको अपने ब्रांड को बढ़ावा देने के पर्याप्त अवसर मिलेंगे। सबसे अच्छा तरीका है, अपने मन में अंत तक सोच लेने के साथ शुरुआत करना। यह आपके ब्रांड के संभावित उपभोक्ताओं को निर्धारित करके किया जा सकता है। उदहारण के लिए, मान लीजिए की आपने किसी उत्पाद को ऑनलाइन बेचने का मन बनाया है। विश्लेषण करें कि क्या आपके उत्पाद को दुनिया भर में विक्रय करने की पर्याप्त क्षमता है या फिर इसकी पहुँच आबादी के केवल एक हिस्से तक ही सीमित है?

यह आपके ब्रांड निर्माण की संभावनाओं का विस्तार करता है। हम अगले अध्याय में 'ब्रांड बिल्डिंग' के बारे में विस्तारपूर्वक जानेंगे। बिग थिंकिंग (बड़ी सोच) अगला सबसे महत्त्वपूर्ण बिंदु है। अपने जुनून और बाजार की माँग के अनुसार सही काशैल सेट चुनने के बाद, यह आपकी दृष्टि या ड्रीम का आकार है जो आपके भविष्य को तय करेगा।

"आपके सपने का आकार आपके भविष्य का आकार तय करेगा।"

उदाहरण के लिए, मान लीजिए कि कूकिंग आपका शौक है। लोग कहते हैं कि आप बहुत ही लजीज खाना बनाते हैं। लोग आपके खाने की तारिफ करते नहीं थकते, उँगलियाँ चाटते रहते हैं। आपके पास यहाँ 2 विकल्प हैं:

पहला की आप अपने कौशल को विकसित न करें, चंद लागों तक ही सिमट के रह जाएँ, अपने नजदीकी मित्रों, पारिवारिक सदस्यों तक ही आपके कौशल की पहचान बने और दूसरा की आप अपने इस कौशल का भरपूर विकास करें, आज के उपलब्ध साधनों से (यूट्यूब वगैरह) इसका भरपूर प्रचार करें और फिर एक पेशेवर शेफ के रूप में अपने आपको स्थापित कर लें।

एक औसत कुक के रूप में, बिना किसी पेशेवर प्रशिक्षण के, आपके दायरे काफी सीमित होंगे। यदि आप इसे (बिना प्रचार-प्रसार के) कमाने का जरिया बना भी लें, फिर भी आप अपने आपको गली-मोहल्ले के किसी छोटे भोजनालय में इन-हाउस कुक के रूप में काम करते हुए पाएंगे। आपकी आय सीमित और असुरक्षित होगी।

इसके विपरीत, यदि आप पेशेवर प्रशिक्षण लेने के बाद एक पेशेवर शेफ बनने का विकल्प चुनते हैं, तो अब पूरी दुनिया आपके लिए खुली है। आप 5-सितारा होटल जैसे बड़े संगठनों में काम कर सकते हैं, या आप अपना स्वयं का एक फूड आउटलेट शुरू कर सकते हैं। वास्तव में, यह महान शेफ संजीव कपूर की सफलता का राज है। उन्होंने 1981 में दिल्ली के स्कूल ऑफ प्लानिंग एंड आर्किटेक्चर में प्रवेश पाने के बाद एक वास्तुकार बनने का विकल्प चुनने के बावजूद होटल प्रबंधन संस्थान (पूसा) से एक डिग्री हासिल करने का फैसला किया। "लोग मुझ पर तब हँसे थे," उन्हें याद है।

यदि हम एक शेफ के करियर पर विचार करें, तो उच्चतम बिंदु बीस साल तक काम करने के बाद किसी पाँच सितारा होटल में मास्टर शेफ बनने का हो सकता है। लेकिन संजीव ने एक शेफ की नौकरी पाने से आगे की सोची। उन्होंने एक रसोइये के रूप में अपने को बेहतर से बेहतर किया और फिर वो सम्मान और शोहरत हासिल की, जो दुर्लभ है।

लेकिन शुरू में उन्हें बहुत सारी चुनौतियों का सामना करना पड़ा। जब वह कॉलेज में थे तो उन्हें अपने दोस्तों द्वारा एक शेफ का करियर नहीं चुनने की वकालत की गई थी, लेकिन उन्होंने विरोध को दरकिनार कर दिया और अपने जुनून को आगे बढ़ाने का फैसला किया। और इसके बाद जो हुआ वो कहने की आवश्यकता नहीं है। आज, संजीव कपूर एक घरेलू नाम बन गया है। आज इस खाना-खजाना शेफ संजीव कपूर के देश और विदेश में 17 अलग-अलग ब्रांड के रेस्तराँ हैं।

जब कोई व्यक्ति अपने जुनून का पालन करके एक उच्च और सम्मानजनक स्थान प्राप्त करता है, तो इससे अधिक संतोषजनक कुछ भी नहीं हो सकता है। संजीव कपूर ने वह कर दिखाया जो वह हमेशा से करना चाहते थे, जिसे करने से उसे वास्तविक खुशी का अहसास होता था। और अपने इसी जुनून,

मेहनत और लगन के कारण इन्हें 2017 में चौथा सर्वोच्च भारतीय राष्ट्रीय पुरस्कार पद्म श्री मिला।

संजीव कपूर उन सबसे सम्मानित लोगों में से एक बन गए हैं जिन्होंने अपने जुनून को जीया है और इसे बड़ा बनाया है। उन्होंने अपना ज्ञान साझा किया और लोगों को वह करने के लिए प्रोत्साहित किया है, जो उनका जुनून है। इसलिए, आप पैसे बनाने की मशीन बन सकते हैं यदि आप अपने जुनून को जीते हैं और अपने कौशल को पहचानते हैं। यदि आप अपने जुनून को ही अपना जॉब बना लेंगे तो आपका काम उत्कृष्ट होगा। और याद रहे, उत्कृष्ट लोगों की जरूरत हमेशा बनी रहेगी।

> *"अपने जुनून को जीयें, कड़ी मेहनत और बलिदान देने के लिए तैयार रहें, और सबसे बढ़कर, किसी को भी आप अपने सपनों को सीमित करने की अनुमति न दें।"*
>
> *-डोनोवन बेली*

एक ब्रांड बनिए

ब्रांड इन दिनों एक महत्त्वपूर्ण पहलू है। यदि इसका चैप्टर मैं अपनी पुस्तक में नहीं देता तो शायद यह पुस्तक इस अध्याय के बिना अधूरी रह जाती। मुझे पता है, आप सभी ब्रांड के शाब्दिक अर्थ से भली-भाँति परिचित होंगे। फिर भी, मैं आपको बताने जा रहा हूँ कि विकिपीडिया एक ब्रांड को कैसे परिभाषित करता है।

> *"ब्रांड एक नाम, शब्द, डिजाइन, प्रतीक या कोई अन्य विशेषता है जो एक विक्रेता की उत्पाद या सेवा को अन्य विक्रेताओं से अलग पहचान देता है। ब्रांड का उपयोग बिजनेस, मार्केटिंग और विज्ञापन में किया जाता है। नाम के आधार पर ब्रांडों को कभी-कभी सामान्य या स्टोर ब्रांडों से अलग पहचान दिया जाता है।"*

-स्रोत: विकिपीडिया

हमारे अधिकांश युवा के लिए 'ब्रांड' शब्द का अर्थ कोई बड़ी कंपनी या कोई बहुत ही लोकप्रिय प्रोडक्ट होता है।

लेकिन इस अध्याय में मेरा ध्यान **व्यक्तिगत ब्रांडिंग** पर है। जुनून आधारित कौशल, व्यक्तिगत ब्रांड बनने में किसी की भी मदद कर सकते हैं।

और अपने आपकी ब्रांडिंग करना वह कला है जो आपको अपने शहर, देश या शायद विश्व स्तर पर ख्याति दिला सकता है। आपके मोहल्लों में दर्जनों गोलगप्पे विक्रेता हो सकते हैं लेकिन आप किसी एक ही (अपने पसंद का)

गोलगप्पे वाला का गोलगप्पा खाना पसंद करते होंगे। इसी प्रकार, आपके शहर में कपड़े की दुकानों की संख्या अनगिनत भले ही हो, किंतु आप अपनी पसंद की दुकान में ही कपड़े की खरीददारी करते होंगे, भले ही वह दुकान आपके निवास स्थान से काफी दूर ही क्यों न हो।

आपके शहर में पर्याप्त डॉक्टर हो सकते हैं, लेकिन आप हमेशा एक विशिष्ट चिकित्सक से परामर्श करते हैं, जिसे आप पारिवारिक चिकित्सक भी कहते हैं। आपको उस डॉक्टर को थोड़ा अधिक शुल्क देने में भी कोई परेशानी नहीं होगी। इसी प्रकार, यदि आपके नाम का उद्घोष होना है तो आप इसके लिए एक घंटा भी इंतजार कर सकते हैं, और वो भी बिना रिसेप्शनिस्ट पर गुस्साए।

क्यों? क्योंकि इन सभी लोगों ने अपने ब्रांड बनाए हैं। हर शहर में आपको एक प्रसिद्ध समोसा वाला, मिठाई वाला, डोसा वाला, मैकेनिक, आर्किटेक्ट, हेयर कटर इत्यादि मिल जाएँगे। अब समोसा वाला भले ही मिठाई बेच रहा हो, लेकिन विशेषकर उसके समोसे बनने के साथ ही बिकने शुरू हो जाते हैं। ऐसा दरअसल इसलिए होता है क्योंकि इन सभी लोगों ने एक विशेष कौशल से अपने ब्रांड नाम का निर्माण किया है।

> **"व्यक्तिगत ब्रांडिंग सबसे बड़ी पूँजी होती है।"**

अब अगर हम शहर के स्तर से निकलकर राष्ट्रीय और अंतर्राष्ट्रीय स्तर पर जाते हैं, तो हम पाते हैं कि अमिताभ बच्चन, रजनीकांत, कमल हसन, शाहरुख खान, सलमान खान, अक्षय कुमार, लता मंगेशकर, सचिन तेंदुलकर, मैरी कॉम, पहलवान सुनील शर्मा, मकबूल फिदा हुसैन, ए.आर. रहमान, डॉ. नरेश त्रेहान, ई. श्रीधरन, मिल्खा सिंह, सुंदर पिच्चई और इस तरह के कई अन्य प्रसिद्ध व्यक्तित्व मजबूत व्यक्तिगत ब्रांडों के उदाहरण हैं। ये सभी लोग अपने-अपने कौशल क्षेत्रों में चैंपियन हैं। उन्होंने वास्तव में कड़ी मेहनत की है और अपने-अपने कौशल क्षेत्र में एक महान हस्ती बन गए हैं।

हालाँकि, यहाँ पर यह जानना महत्त्वपूर्ण है कि स्व-ब्रांड केवल मशहूर हस्तियों के लिए ही नहीं है। यह आपके लिए भी इतना ही आवश्यक है जितना कि किसी सेलिब्रिटी के लिए। यह (स्व-ब्रांड) एक ऐसी चीज है

जो आपको भीड़ से अलग करती है। प्रत्येक युवा को अपने जुनून आधारित कौशल से संबंधित एक ऐसे व्यक्ति के पद चिह्नों पर चलना चाहिए जो कि ब्रांड बन चुके हैं और उन्हीं का अनुसरण करते-करते एक ऐसा मुकाम हासिल कर लेना चाहिए जिससे कि वे खुद ही अनुकरणीय व्यक्तियों की श्रेणी में आ जाएँ। "व्यक्तिगत ब्रांडिंग सबसे बड़ी संपत्ति है।" इस मूल-मंत्र को उन्हें अपना लेना चाहिए।

अपने कौशल को अधिक-से-अधिक विकसित करने के लिए उन्हें दिन-प्रतिदिन कड़ी मेहनत करने की आवश्यकता है। उन्हें अपने पेशे में विश्व स्तरीय पहचान बनाने की उत्कट अभिलाषा होनी चाहिए। इस तरह वे एक बहुत मजबूत ब्रांड बन सकते हैं। सोचिए अगर 70 करोड़ युवा आबादी अपने हुनर क्षेत्रों में एक ब्रांड बन जाएँ, तो यह देश कितना भव्य हो जाएगा। स्व-ब्रांडिंग किसी भी व्यक्ति के लिए सबसे बड़ी उपलब्धि है।

और एसेट एक ऐसी चीज है जो नियमित रूप से आपके लिए पैसा कमाती रहती है। इतना ही नहीं, इस तरह के एसेट (ब्रांडों) को उत्तराधिकारियों द्वारा पीढ़ी दर पीढ़ी आगे बढ़ाया जा सकता है। आप एक दुकान से मिठाई खरीद रहे होंगे जहाँ आपके दादा और फिर आपके पिता आमतौर पर खरीदते थे। जिस व्यक्ति ने उँगलियाँ चाटने वाले स्वाद की मिठाई बनाई, और इस तरह मिठाई प्रेमी के दिलों-दिमाग पे छा गया, उसे गुजरे हुए हो सकता है दशकों बीत गए हों। लेकिन उसके वंशज अभी भी उस दुकान से कमा रहे हैं। ये है ब्रांडिंग की शक्ति।

"व्यक्तिगत ब्रांडिंग सबसे बड़ी आर्थिक ताकत है।"

आय कई तरीकों से उत्पन्न की जा सकती है। काम के प्रसिद्ध फार्मूलों में से एक है किसी और के लिए काम करना। जिसे हम बोलचाल की भाषा में नौकरी कहते हैं। अपने बचपन से ही हम इतनी मेहनत से पढ़ाई करते हैं और आखिरकार पैसे कमाने के लिए कोई पेशा चुनते हैं। लेकिन हमारी सोच यहीं तक सीमित नहीं रहनी चाहिए। ठीक उसी तरह, जैसे आप स्कूल से कॉलेज जाते हैं और फिर विश्वविद्यालय, उसी तरह आपको किसी डोमेन (जिसमें आपकी अत्यधिक अभिरुचि हो) में स्नातक होना चाहिए और फिर निरंतर आगे बढ़ते रहने का प्रयास करते रहना चाहिए।

इसलिए, मैं अपने भारतीय युवाओं को कुछ अलग संकायों से परिचित कराना चाहता हूँ। हम अपने पैसे बनाने के फार्मूले को चार डोमेन में विभाजित कर सकते हैं:

1. **कर्मचारी**—इस फार्मूले के अनुसार आपको अपना करियर किसी और के लिए लगा देना चाहिए ताकि वह पैसा कमा सके। यह वह डोमेन है जो आपको पैसे के महत्त्व और उसे कमाने के लिए आवश्यक प्रयासों से अवगत कराएगा। नौकरी करने वाले व्यक्ति नई-नई चीजें सीख सकते हैं और अपने कौशल की बेहतरी के लिए सतत् प्रयास कर सकते हैं। हालाँकि, आपको एक ही डोमेन में रहकर अपने पूरे जीवन को सीमित करने की आवश्यकता नहीं है।

2. **स्व-नियोजित**—अब स्वयं के लिए काम करके अपने सीखे हुए कौशल को नियोजित करने का समय है। आप उस कौशल सेट की पहचान कर इसे अपना पेशा बना सकते हैं। यह पेशा चार्टर्ड एकाउंटेंट का हो सकता है, या फिर ऑनलाइन भोजन बनाने की विधि बताने वाला क्लास हो सकता है, या ऐसा ही कुछ। परंतु इस डोमेन का दोष यह है कि इसमें आपकी सक्रिय भागीदारी की निरंतर आवश्यकता बनी रहती है। इसलिए, एक बार जब आप इस डोमेन के विशेषज्ञ बन जाते हैं, तो आपको अगले स्तर पर जाना चाहिए।

3. **व्यवसाय**—अब आपके लिए विस्तार का समय है। तो अब आप एक सिस्टम या व्यावसायिक साम्राज्य बनाते हैं जो आपके लिए काम करता है और पैसे बनाता है। आप उन लोगों को नियुक्त करते हैं जो अब आपके लिए काम करते हैं। एक बार जब आप ब्रांड बन जाते हैं, तो फ्रैंचाइजी की पेशकश कर सकते हैं या अधिक आउटलेट खोल सकते हैं, और पैसे के लिए अधिक स्रोतों को अनलॉक कर सकते हैं। फिर से, इस डोमेन की एक विशंगति यह है कि इसमें अभी भी एक हद तक आपकी सक्रिय भागीदारी की आवश्यकता होती है। आपको एक ऐसे डोमेन पर स्विच करने की आवश्यकता है जिसमें आपकी कम-से-कम या यूँ कहें कि तनिक भी संलग्नता की आवश्यकता न हो, परंतु फिर भी पैसे का प्रवाह बना रहे।

4. **निवेशक**—व्यवसाय डोमेन से स्नातक होने के बाद, आपको उस भव्य डोमेन पर स्विच करना होगा जिसे हम निवेशक के डोमेन के नाम से जानते हैं। यह वह डोमेन है जहाँ आपका पैसा आपके कर्मचारी के रूप में काम करता है। आप लाभदायक उपक्रमों में धन का निवेश करते हैं और बदले में अधिक धन कमाते हैं। आप उस बाजार में निवेश करते हैं जो आपको सर्वोच्च लाभ पहुँचाता है। यह वह डोमेन है, जहाँ आपके पास काम नहीं करने, या फिर कुछ ही समय के लिए काम करने का विकल्प होता है, किंतु पैसों का प्रवाह निरंतर बना रहता है। वॉरेन बफे, राकेश झुनझुनवाला, विजय केडिया, जेफ बेजोस और एलोन मस्क जैसे लोग इस डोमेन के मास्टर खिलाड़ी रहे हैं। ये सभी लोग अपनी इच्छा के अनुसार काम कर रहे हैं, न कि इसलिए कि उन्हें इसे करना ही है।

उपरोक्त सभी मामलों में, सबसे महत्त्वपूर्ण चीज है संपत्ति निर्माण की बारीकियों को समझना। यदि कोई व्यक्ति अपनी व्यक्तिगत संपत्ति (उसका/ उसके नाम का) बनाने में सक्षम है, तो निश्चय ही वह व्यक्ति अपने लिए अगला बड़ा अवसर तलाशने में सक्षम होगा।

जितना बड़ा अवसर होता है, उतना ही बड़ा लाभ भी। तो आपका डोमेन (जैसे कर्मचारी, स्व-नियोजित, व्यवसाय, निवेशक) ही आपके जीवन के लिए लाभ का अंश निर्धारित करता है। अब आप अपने आपको केक या पूरे केक के एक स्लाइस तक ही सीमित रखना चाहते हैं, तो यह चुनाव आपका है।

हमारे युवाओं को यह ध्यान रखने की जरूरत है कि एक चीज है जिसे पूरी जिंदगी के लिए अलग नहीं किया जा सकता है, और यह है आपका नाम। इसलिए अपने नाम को अपनी सबसे बड़ी संपत्ति बनाना सबसे अधिक आवश्यक है। यदि आपने अपना पूरा जीवन किसी क्षेत्र के लिए समर्पित कर दिया है परंतु फिर भी उस क्षेत्र के लोग आपका नाम तक नहीं जानते हैं, तो इसका मतलब साफ है कि आप अपने नाम को अपने लिए ब्रांड या एसेट नहीं बना सके।

एक ब्रांड के रूप में अपना नाम विकसित करना इस दुनिया में सबसे बड़ा अवसर है। इस पुस्तक में कई उदाहरण हैं जिनमें व्यक्तिगत नाम इतना बड़ा हो गया कि यह एक प्रीमियम ब्रांड में बदल गया। व्यक्तिगत ब्रांडिंग से आने

वाले समय में विशेष उत्पादों और कंपनियों को विकसित किया जा सकता है।

यदि आपके पास एक अच्छा व्यक्तिगत ब्रांड है, तो लोग आपको अपने उत्पादों और सेवाओं के लिए अधिक भुगतान करेंगे और इसके विरोध में तर्क देने से बचेंगे। यही नहीं, इंडिविजुअल ब्रांडिंग बहुत सारी जिम्मेदारियाँ भी लाता है। कई बार, यह आपको बार-बार खुद को साबित करने के लिए एक चुनौती देता है और मेरा मानना है कि यह एक अद्भुत खेल है, "गेम ऑफ द रिच"। हम सभी रतन टाटा को जानते हैं, जो जमशेदजी टाटा के पोते हैं, टाटा समूह के संस्थापक। रतन टाटा 1991 में इस समूह के अध्यक्ष बने थे। आज उनका कारोबार दुनिया भर के 100 देशों में फैला हुआ है। उनका नाम सोने के दिलवाला उद्यमियों में शुमार है क्योंकि वे अपनी आय का 66% दान कर देते हैं।

दो दशक पहले, 1998 में, टाटा ने टाटा इंडिका कार बाजार में लॉन्च की, जो उनका ड्रीम प्रोजेक्ट था। उन्होंने कार को लॉन्च करने के लिए कड़ी मेहनत की थी। हालाँकि, इंडिका कार बाजार पर अपनी श्रेष्ठता साबित करने में विफल रही। नतीजतन, टाटा मोटर्स को भारी नुकसान उठाना पड़ा। नुकसान की भरपाई के लिए रतन टाटा को कंपनी को

बेचने का सुझाव दिया गया था। नाराज होकर रतन टाटा ने टाटा मोटर्स को बेचने का फैसला किया और फोर्ड मोटर्स के मालिक बिल फोर्ड से मिलने के लिए अमेरिका चले गए। करीब तीन घंटे तक बैठक चलती रही।

बैठक के दौरान बिल फोर्ड ने अपनी अनुभवहीनता के लिए और कार को लॉन्च करने के ऐसे मूर्खतापूर्ण निर्णय लेने के लिए रतन टाटा का मजाक उड़ाया। साथ ही उन्होंने रतन टाटा को यह भी कहा कि टाटा की कंपनी यदि वह खरीदता है तो टाटा को इसके लिए अहसानमंद होना होगा। रतन टाटा को ये शब्द छू गया। उन्होंने इसे अपने स्व-ब्रांड के अपमान के रूप में लिया। उन्हें लगा कि उनकी छवि धूमिल हो गई है। इस सौदे को पीछे छोड़, टाटा फौरन ही स्वदेश लौट आए। उन्होंने अपने स्व-ब्रांड को फिर से हासिल करने का फैसला किया और बिक्री को बढ़ावा देने के लिए दिन-रात एक कर दी। उन्होंने विफलता के पीछे के कारणों को समझने की कोशिश की और उन पर काम करने लगे। आखिरकार, रिकॉर्डतोड़ बिक्री हुई और फलस्वरूप कंपनी मुनाफे में आ गई।

कुछ वर्षों के बाद, 2008 में, फोर्ड को गंभीर आर्थिक कठिनाइयों का सामना करना पड़ा। उसकी कारों की बिक्री सबसे निचले स्तर तक पहुँच गई। स्थिति बद से बदतर होती चली गई और देखते ही देखते कंपनी दिवालियेपन के कगार पर पहुँच गई। और उस समय रतन टाटा ने बिल फोर्ड के सामने एक प्रस्ताव रखा। उन्होंने फोर्ड को उसकी ब्रांडेड कार जगुआर और लैंड रोवर खरीदने की पेशकश की।

चूँकि बिल फोर्ड को इन दोनों कारों के कारण नुकसान हो रहा था, इसलिए वह इस प्रस्ताव पर खुशी-खुशी सहमत हो गया। इस बार बिल फोर्ड टाटा के मुख्यालय में आए, ठीक उसी तरह जैसे रतन टाटा ने एक दशक पहले किया था। इस सौदे को उन्हीं शब्दों के साथ अंतिम रूप दिया गया था...“आप जगुआर-लैंड रोवर खरीदकर हमारे लिए एक बड़ा उपकार कर रहे हैं।”

“ब्रांड बनें और समृद्ध बनें।”

व्यक्तिगत या स्व-ब्रांडिंग अभी भी हमारे देश में सबसे कम समझी जाने वाली अवधारणा है, खासकर मध्यमवर्ग के बीच। सामूहिक स्तर पर व्यक्तिगत ब्रांडिंग अवधारणा को अपनाने की सख्त आवश्यकता है। व्यक्तिगत ब्रांडिंग आपके नाम या आपके कौशल के चारों ओर एक छाप छोड़ता है। आप अपने कौशल, मूल्यों और व्यक्तित्व को व्यक्त करने और संवाद करने के लिए इस मंच को प्रभावी ढंग से नियोजित कर सकते हैं। आज, शीर्ष-श्रेणी के ब्रांड, व्यक्ति एक प्रसिद्ध अभिनेता, शेफ, क्रिकेटर, कॉमेडियन, फैशन डिजाइनर, हेयर-स्टाइलिस्ट, सार्वजनिक वक्ता, उद्यमी आदि हो सकते हैं, विज्ञापन के लिए ये पैसे के ढेर लगाते हैं। यहाँ तक कि अगर उन्हें मीडिया के सामने एक कलम या कॉफी मग पकड़ना पड़ता है, तो वे उसके लिए एक भी बड़ी राशि लेते हैं। यदि उन्हें लोगों के एक समूह को संबोधित करने के लिए कहा जाता है, तो वे इसके लिए भी बड़ी रकम की माँग करते हैं।

इस स्तर पर, यह उनका काम नहीं है, लेकिन उनके ब्रांड का नाम है जो बिकता है, जिसे हम ‘रिवॉर्ड्स रीपिंग’ भी कहते हैं। कई बार तो पूरी कंपनी और व्यापार भी अपने ब्रांड नाम के पीछे भागते हैं। सोशल मीडिया इन्फ्लुएंसर के लिए भी यही स्थिति है। ये प्रभावशाली लोग बड़ी संख्या में लोगों को

यूट्यूब, फेसबुक, इंस्टाग्राम और अन्य प्लेटफार्मों पर अपने अनुयायियों के रूप में आकर्षित करने में सक्षम होते हैं।

अब उनका नाम बड़ा ब्रांड हो चुका है जो पैसा कमाने का स्थाई श्रोत बन गया है। मेगा-कंपनियों के उत्पादों और सेवाओं को शुरू करने में इन प्रभावितों की महत्त्वपूर्ण भूमिका है। मुझे यह कहते संकोच नहीं हो रहा है कि इनमें से कई तो बॉलीवुड सितारों से भी अधिक की माँग करते हैं। इतना ही नहीं, आज, कई कंपनियाँ अपनी मार्केटिंग रणनीति के रूप में इन्फ्लुएंसर का उपयोग करती है।

वैश्विक स्तर पर, डायरेक्ट सेलिंग उद्योगों की कई कंपनियों ने अपने उत्पादों और सेवाओं को बढ़ावा देने के लिए इसे एक प्रमुख उपकरण के रूप में पाया है। वे सोशल मीडिया पर सक्रिय इन्फ्लुएंसर बनने के लिए अपने बिजनेस पार्टनर्स को प्रेरित कर रहे हैं। अब, जब आप एक ब्रांड बन जाते हैं, तो लोग आपका अनुसरण करने लगते हैं। लोग यहीं नहीं रुकते हैं, वे आपके सिफारिश की गई उत्पादों और सेवाओं को खरीदना शुरू करते हैं। तो आपका ब्रांड अब आपकी जेब में नियमित रूप से पैसा डालना शुरू करता है।

हमारे बेस्ट फ्रेंड का नाम इंटरनेट है।

"Internet is becoming the town square for the global village of tomorrow."

–Bill Gates

हम डिजिटल युग में जी रहे हैं। सोशल मीडिया जैसे फेसबुक, लिंक्डइन और ऐसे कई चैनल काफी लोकप्रिय हैं और बहुत तेज गति से बढ़ रहे हैं। लगभग हर किसी की एक या दूसरे तरीके से ऑनलाइन उपस्थिति होती है। आज हम जिस दौर में जी रहे हैं वह पहले कभी नहीं था। हमें इसके लिए इस युग का शुक्रगुजार होना चाहिए। आज कोई भी व्यक्ति दुनिया के किसी भी हिस्से में संदेश भेज सकता है, जितने लोगों को चाहे उतने लोगों को। हमारे पास दुनिया के किसी भी हिस्से में मौजूद व्यक्ति से बात करने की सुविधा है, और वो भी

लगभग बिना किसी शुल्क के। यदि हमारे देश के युवा इस तरह के चैनलों का विवेकपूर्ण तरीके से उपयोग करना सीखते हैं, तो वे अपना प्रभावशाली व्यक्तिगत ब्रांड बना सकते हैं, और वह भी लगभग मुफ्त।

आज, GoDaddy जैसी कंपनियाँ हर व्यक्ति को अपनी वेबसाइट बनाने के लिए प्रेरित करती हैं। फेसबुक और लिंक्डइन अपने पेज बनाने और समझदारी से इसे बढ़ावा देने के लिए व्यक्तियों को सिखाते हैं, उसका प्रशिक्षण देते हैं। हमारे पेज या हमारे बिजनेस पेज को बनाना अब कोई कठिन काम नहीं है। हम वैश्विक स्तर पर असीमित लोगों से जुड़ सकते हैं और अपने संदेश और सेवाओं को फैला सकते हैं। हम कितने स्वर्णिम समय में जी रहे हैं। मैं वास्तव में आश्चर्य महसूस करता हूँ जब मैं इस तरह के शानदार क्रांतियों के बारे में सोचता हूँ। एक शक्तिशाली व्यक्तिगत ब्रांड बनाना इतना आसान शायद कभी नहीं था। मैंने 20 साल की उम्र में उद्यमिता की दुनिया में कदम रखा। उस समय, लोगों के साथ संवाद करना बहुत मुश्किल काम था। मुझे उनसे सीधे संपर्क करना था। यह प्रक्रिया कमर तोड़ देने वाली और समय लेने वाली थी। यह वह समय था जब पेजर्स ने ज्यादातर भारतीय बाजार पर कब्जा कर लिया था और मोबाइल फोन अपना रास्ता बना रहा था।

इसलिए, मास मीडिया चैनलों के माध्यम से संवाद करना बहुत महँगा मामला था। यह अखबार के विज्ञापन या टीवी विज्ञापनों के माध्यम से संभव था। चूँकि मैं एक मध्यम-वर्गीय परिवार से आता हूँ, जहाँ सीमित स्रोत उपलब्ध थे, इसलिए इन मीडिया चैनलों में अपनी उपस्थिति दर्ज कराना मेरे लिए बहुत ही कठिन था, लगभग असंभव। फिर भी, मैं कई-सारे जन-सुलभ संभावनाओं पर विचार करके, उसे अपना के, अपने लिए एक मजबूत व्यक्तिगत ब्रांड बना पाने में सफल रहा हूँ। मैंने अपनी पत्नी निधि के साथ मिलकर, स्किल डोमेन में बड़े व्यवसाय खड़े किए हैं। आज मैं गर्व से इस बात को कह सकता हूँ कि मैंने वैश्विक स्तर पर एक व्यक्तिगत ब्रांड छवि बनाने में सफलता हासिल की है।

यही नहीं, मैं भारत और विदेशों में अपने ब्रांड मूल्य को स्थापित करने में लाखों लोगों की मदद कर रहा हूँ। और यह संख्या निरंतर बढ़ रही है। जब मैं कई लोगों को वैश्विक स्तर पर मेरे काम की प्रशंसा करते हुए सुनता हूँ तो मैं अपने आपको भाग्यशाली महसूस करता हूँ, साथ ही भगवान के प्रति

अपनी कृतज्ञता भी व्यक्त करता हूँ। मैं आज के युवाओं की मदद के लिए कई सत्र (मुफ्त) आयोजित करता रहता हूँ। कोई भी मेरे इस सत्र में भाग ले सकता है। यहाँ तक कि आप www.AnuragAggarwal-online पर या मोबाइल ऐप (ANURAG AGGARWAL) के माध्यम से पंजीकरण कर सकते हैं, जो Android और iOS दोनों संस्करणों में सहजता से उपलब्ध है।

हाल ही में मैंने एक यूथ हेल्पलाइन शुरू की है, जिसमें कोई भी पेशा या व्यक्तिगत मुद्दों पर सहायता और परामर्श लेने के लिए जुड़ सकता है। आप www.AnuragAggarwal.online या www.Youth-Helpline.com के माध्यम से हमसे संपर्क कर सकते हैं।

यदि आप भी सत्र में भागीदारी करने में रुचि रखते हैं, तो आप मुफ्त सत्र के लिए ऑनलाइन नामांकन कर सकते हैं। हम जल्द ही आपको सत्र के लिए आमंत्रित करेंगे। सत्र के दौरान, मैं सभी प्रतिभागियों के साथ सफलता के सूत्र साझा करता हूँ। मैं अनुराग अग्रवाल के नाम से एक YouTube चैनल भी चलाता हूँ, जिसमें मैं निःशुल्क वीडियो सबक और अपनी बातचीत लगभग नियमित रूप से साझा करता हूँ।

कई लोग मुझसे पूछते हैं, आप इतने सारे सत्र और मुफ्त काम क्यों करते हैं? और इसका जवाब है कि मैं दिल कि गहराइयों से यह मानता हूँ कि भारत ने मुझे पर्याप्त दिया है। और यह समय राष्ट्र को वापस देने का है। तो मेरा जवाब इन सभी लोगों के लिए बहुत ही सरल है... "क्योंकि जीवन में मेरा सपना और मिशन भारत को **'विश्व की कौशल राजधानी'** के रूप में देखना है।"

और यह पुस्तक **"इंडिया स्किल कैपिटल"** उसी की ओर एक कदम है। हमारा समूह मंच www.indiaskillcapital.com एक ऑनलाइन पाठ्यक्रम मंच है।

यहाँ, कोई भी वीडियो पाठ्यक्रम तैयार करके अपने ज्ञान को साझा कर सकता है। ये पाठ्यक्रम मुफ्त या शुल्क के साथ उपलब्ध कराये जा सकते हैं। भारत में या विश्व स्तर पर कोई भी इन ऑनलाइन पाठ्यक्रमों के माध्यम से सीख सकता है और अपनी इच्छा के अनुसार कौशल हासिल कर सकता है। फिर, इस मंच को संरचित करने के पीछे मुख्य कारण इस देश को "पूरे विश्व की कौशल राजधानी" बनाना है। मैं हर पाठक को शुभकामनाएँ देता हूँ।

आपका भविष्य आपके हाथों में हैं, आप या तो इसे बर्बाद कर सकते हैं या अपने ब्रांड का निर्माण करके एक लंबी उड़ान भर सकते हैं। और मजे की बात यह है कि आप आज ही इसे शुरू कर सकते हैं, बल्कि अभी। यह दुनिया उत्सुकता से आपके अगले कदम की प्रतीक्षा कर रही है, आपको स्टैंडिंग ओवेशन (उत्साहपूर्ण स्वागत) देने के लिए। आपको बस अपने आप पर विश्वास करने और लक्ष्य की प्राप्ति के लिए कमर कसने की आवश्यकता है।

और मेरा दृढ़ विश्वास है कि "आप यह कर सकते हैं।"

❑❑❑

अध्याय 12

भारत के समक्ष संभावित चुनौतियाँ और स्वर्णिम अवसर

क्या होगा अगर हमारे देश के युवाओं की कुल आबादी का 65% अकुशल रह जाएँ और फलस्वरूप अनुकूल करियर अवसर पाने से वंचित रह जाएँ? मैंने अध्याय 7 में विस्तार से बताया है कि कैसे हमारी जनसंख्या एक वैश्विक संपत्ति बन सकती है। लेकिन अगर हम सिक्के के दूसरे पहलू का विश्लेषण करते हैं, तो दृश्य काफी डरावना प्रतीत होता है।

क्या होगा अगर हम इस विशाल (युवा) आबादी को कौशल युक्त नहीं कर पाएँ?

किस तरह से युवाओं की यह विशाल संख्या अपनी ऊर्जा का उपयोग (सही या गलत) करेगी?

संभावित खतरा

भारत में बेरोजगार युवाओं की संख्या किसी भी देश की तुलना में अधिक है। इसे भारतीय अर्थव्यवस्था की रीढ़ की हड्डी भी कहा जा सकता है। इसमें कोई शक नहीं है कि इन युवाओं में प्रतिभा और ऊर्जा का विपुल भंडार है। लेकिन अगर इनकी ऊर्जा का सदुपयोग न हुआ, तो ये रचनात्मक के बदले विध्वंसक कार्य करने लगेंगे। सब कुछ गड्ड-मड्ड हो जाएगा और यह स्थिति समाज और राष्ट्र के लिए विनाशकारी साबित होगा।

यदि हमारे युवा दिशाहीन हो जाएंगे, उनमें स्पष्टता और दूरदर्शिता का अभाव हो जाएगा, तो शायद वे ऐसे कार्य करके अपना जीवन यापन करने की कोशिश करेंगे जो समाज को स्वीकार्य न हो। भला भूख से कौन मरना पसंद करेगा? आखिर हमारे युवा कुछ-न-कुछ काम तो अवश्य ही करेंगे, अपनी रोजी-रोटी के लिए। और उनमें से कुछ युवाओं को यदि ऐसा लगने लगे कि उनकी ईमानदारी की नीति उनके लिए दो वक्त की रोटी नहीं जुटा पा रही है तो संभव है कि वे गलत कदम उठाने से भी परहेज न करें। यहाँ पर बेरोजगारी के कारण उत्पन्न हुई कुछ गंभीर समस्याओं का वर्णन है—

शिक्षा व्यय एक डूबी रकम में बदल जाता है: अधिकांश माता-पिता अपने बच्चों को नामी-गिरामी स्कूलों में दाखिला दिलाते हैं, जिससे उनका बजट काफी बिगड़ जाता है। अधिकांश माता-पिता अपनी आवश्यकताओं के साथ समझौता करते हैं और उन पैसों को अपने बच्चे की शिक्षा पर खर्च करते हैं। जब बच्चा कॉलेज से पास होता है, तो वे अपने बच्चे को एक पेशेवर डिग्री कोर्स में दाखिला लेने के लिए अपने पूरे जीवन की बचत लगा देते हैं। वे डोनेशन और वार्षिक स्कूल फीस के रूप में लाखों रुपये का भुगतान कर देते हैं।

अधिकांश माता-पिता शिक्षा ऋण का चुनाव करते हैं, जिनके लिए उन्हें भारी ब्याज चुकाने पड़ते हैं। जब बच्चे कोर्स पूरा कर लेते हैं, तो ऐसा नहीं है कि बहुत सारी कंपनियां उन्हें नौकरी देने के लिए उनका इंतजार करती रहती है। कुछ भाग्यशालियों को छोड़ दें तो अधिकांश कंपनी पर "No Vacancy" का बोर्ड देख कर उन्हें अपने भाग्य को कोसना ही पड़ता है। या तो उन्हें अपनी उम्मीद, अपेक्षा और काबिलियत से बहुत ही कम में संतोष करना पड़ता है, या फिर अपनी मनपसंद नौकरी पाने के लिए दर-बदर भटकना पड़ता है। आर्थिक तंगी की परिस्थितियों में वे खुद को नाराज, ठगा और निराश महसूस करते हैं।

राजनीतिक अस्थिरता: बेरोजगारी देश में राजनीतिक अस्थिरता को जन्म देती है। असामाजिक तत्त्व बेरोजगारों को आसानी से अपने जाल में फँसा लेते हैं। उन्हें यही विश्वास दिलाया जाता है कि इस देश में लोकतांत्रिक मूल्यों के साथ जीने वाला दाने-दाने को मोहताज रहता है, दर-दर की ठोकर खाता है।

शांति, भाईचारे की बात कमजोर लोग करते हैं। और ये दिगभ्रमित युवा

आसानी से उनकी बातों पर यकीन कर बैठते हैं, क्योंकि उन्हें वो नहीं मिल पाता, जिसके लिए वो जीते हैं। और फिर वे उसी के लिए जीने लगते हैं, जो उनके लिए वर्जित होता है। उनका सिस्टम और सरकार पर से विश्वास उठ जाता है। वे सोचने लगते हैं कि सरकार बेकार है जो उन्हें काम देने में विफल रही है।

आए दिन मॉब-लिंचिंग और पथराव की घटनाएँ होती रहती हैं। आप भी समाचार-पत्रों, टीवी, न्यूज की वेबसाइट आदि पर ऐसी घटनाओं के बारे में देखते-पढ़ते होंगे। कुछ असामाजिक तत्त्व हमारे युवाओं को जाति-धर्म के नाम पर उकसाते हैं, उनका ब्रेनवॉश करते हैं, और फिर उन्हें सड़कों पर आरक्षण, या ऐसे ही किसी धर्म-आधारित मुद्दे पर सड़क पर लाते हैं। उनसे आगजनी, तोड़-फोड़ और इन तरह की तमाम गतिविधियाँ करवाते हैं, जो समाज को अस्थिर कर देते हैं, राष्ट्र को कमजोर कर देते हैं।

तृतीयक क्षेत्र की अत्यंत धीमी रफ्तारः तृतीयक क्षेत्र जिसमें वाणिज्य, व्यापार परिवहन आदि शामिल हैं, के विकास की रफ्तार बहुत धीमी है। और इसका मूल कारण यह है कि यह मौजूदा श्रम शक्ति को रोजगार नहीं दे सकता है। इसलिए नए प्रवेशकों को कोई महत्त्वपूर्ण स्थान हासिल नहीं होता है। इंजीनियरों, डॉक्टरों, तकनीकी रूप से प्रशिक्षित व्यक्तियों और अन्य टेक्नोक्रैट्स के बीच बड़े पैमाने पर बेरोजगारी है। सामाजिक समस्याएँः कई सामाजिक बुराइयाँ जैसे बेईमानी, जुआ और अनैतिकता आदि बेरोजगारी के कारण हैं। यह देश की कानून व्यवस्था को खतरे में डालता है। अधिकांश अपराध उन लोगों द्वारा किए जाते हैं जो बेरोजगार हैं और गरीबी में जीवन बिता रहे हैं। जब बेरोजगारी दर बढ़ती है, तो अपराध दर में भी वृद्धि होती है।

जर्नल ऑफ क्वांटिटेटिव क्रिमिनोलॉजी में अध्ययन के अनुसार, ऐसे व्यक्ति जो सामाजिक रूप से अस्वीकार्य कारणों से बेरोजगार हैं और नौकरी के अवसरों की तलाश नहीं करना चाहते हैं, उनके चोरी, डकैती या आतंकवाद में शामिल होने की संभावना अधिक होती है। बेरोजगारी के तनाव से छुटकारा पाने के लिए वे शराब या ड्रग्स अपना लेते हैं। आज आत्महत्या के मामलों की संख्या में बेतहाशा वृद्धि देखी जाती है। बेरोजगार युवा आत्महत्या को अपने जीवन के अंतिम विकल्प के रूप में स्वीकार करने लगे हैं।

आर्थिक समस्याएँ: चूंकि बेरोजगारी के दौरान, कोई आय नहीं होती है, फलस्वरूप बेरोजगार गरीबी दर को बढ़ाते हैं। कर्ज का बोझ बढ़ने से, आर्थिक समस्या बढ़ती है। इससे युवाओं का शोषण होता है क्योंकि उन्हें आमतौर पर कम वेतन पर काम करने के विकल्प के साथ छोड़ दिया जाता है। इसके अलावा, कार्यबल का एक बड़ा हिस्सा अभी भी बेरोजगार है, जो फिर से जनशक्ति की बर्बादी है।

अंतत:, यह एक आर्थिक असंतुलन पैदा करता है। बेरोजगारी के कारण लोगों का जीवन स्तर निम्न बना हुआ है। गरीबी दर में बेतहाशा वृद्धि और निम्न सार्वजनिक जीवन स्तर बेरोजगारी की समस्या के दुष्परिणाम हैं।

स्वास्थ्य-संबंधी समस्याएँ: जब आपके पास पैसा नहीं होता है, तो आप अधिक तनावपूर्ण जीवन जीते हैं। और तनाव, स्वास्थ्य-संबंधी समस्याओं का एक बहुत बड़ा कारण है।

यदि आप एम्स जैसे किसी मल्टी-स्पेशियलिटी अस्पताल में जाते हैं, तो आपको कई दुर्भाग्यपूर्ण व्यक्ति पार्कों और सड़कों पर सोते हुए मिलेंगे। ऐसा इसलिए है क्योंकि उनके पास वार्ड का खर्च उठाने के लिए पैसे नहीं होते हैं। वे बीमार हैं और बेरोजगारी उनके दुख में शामिल हो गई है। मैंने कई ऐसे दुर्भाग्यपूर्ण लोगों को देखा है जो बीमार हैं, फिर भी, वे आकाश के नीचे सोने और मौसम की विभीषिका को सहन करने के लिए मजबूर हैं। और जब बारिश होती है, तो वे शेड की तरफ भागते दिखते हैं और पूरी रात दो पैरों पर काँपते हुए बिताते हैं। अगले दिन, वे फिर से मीलों लंबी कतार का हिस्सा बन जाते हैं, घंटों इंतजार करते दिखते हैं।

खोखले-गाल वाले चेहरे लिए वे एक कतार से दूसरी कतार में खड़े दिखते हैं। पसीना पोंछते-पोंछते ही उनके जीवन का पटाक्षेप हो जाता है। उनके जीवन में अंतहीन कतारों के अलावा कुछ भी नहीं होता। तो क्या ऐसे ही चलने दिया जाए?

इसका कोई समाधान नहीं है?

समाधान

मेरे पास इसका वांछित परिणाम वाला समाधान मौजूद है जो इनके जीवन में व्यापक परिवर्तन ला सकता है। **हमें युवाओं की ऊर्जा को एक सकारात्मक दिशा देनी होगी।** और इसकी (सकारात्मक दिशा) शुरुआत तभी से हो जानी चाहिए जब वे युवावस्था की दहलीज पर कदम रखें, यानी की 18 वर्ष की आयु से ही। उन्हें नौकरी-आधारित शिक्षा के बजाय कौशल-आधारित प्रशिक्षण दिया जाना चाहिए। इससे युवाओं की रूखी ऊर्जा को एक सकारात्मक दिशा मिल सकती है।

यह उन्हें ऊर्जा के बहुतायत उपयोग के लिए एक मजबूत मंच दे सकता है जो युवा और देश दोनों के लिए काफी फायदेमंद साबित हो सकता है।

> *"हमें युवाओं की ऊर्जा को एक सकारात्मक दिशा देनी होगी।"*

हमेशा याद रखें, **"कुशल युवा राष्ट्र के लिए एक संपत्ति है जबकि अकुशल या कुशल लेकिन बेरोजगार युवा किसी भी राष्ट्र के लिए बहुत बड़ा भार है, बोझ है।"**

और कोई भी राष्ट्र बेरोजगारी के इतने बड़े बोझ को नहीं ढो सकता।

आज के युवा बाइक, स्मार्टफोन, शानदार कारों, विदेशी छुट्टियों आदि जैसे सभी आधुनिक सुख-सुविधाओं से प्यार करते हैं। वे ब्रांडेड कपड़े पहनते हैं, शिक्षित दिखते भी हैं, उनमें से कइयों के पास प्रमाण-पत्र भी होते हैं, लेकिन क्या वे वास्तव में बुनियादी कौशल के मामले में शिक्षित हैं? कुछ तो कैलकुलेटर की मदद के बिना सरल गणना तक नहीं कर सकते हैं। वे अपने पैतृक व्यवसायों जैसे कि बढ़ईगीरी, खेती, घर-घर जूता बनाने आदि कामों से जुड़ने में अपनी तौहीन समझते हैं। इन युवाओं के पास अपने तरकश में कोई कौशल नहीं होता है। फिर भी, वे करियर या रोजगार को चुनने के समय नखरे दिखाने से बाज नहीं आते।

हमारे राष्ट्र ने अपनी शिक्षा शैली के कारण लाखों युवाओं को इस अपंग मानसिकता के साथ पैदा किया है। वे बिना कौशल के युवा हैं, बिना उद्देश्य के युवा हैं। और **"बिना उद्देश्य के युवा एक राष्ट्र के लिए गंभीर संकट**

पैदा कर सकते हैं।" और "बिना उद्देश्य के युवा राष्ट्र के सामने सबसे बड़ी चुनौती है।"

मेरा मानना है कि 18 साल के युवा युवतियों के कौशल स्तर की जाँच होनी चाहिए। कुशल युवा एक राष्ट्र के लिए एसेट होता है जबकि अकुशल या कुशल लेकिन बेरोजगार युवा राष्ट्र के लिए बोझ होता है।

> *"कुशल युवा राष्ट्र के लिए एक संपत्ति है जबकि अकुशल या कुशल लेकिन बेरोजगार युवा किसी भी राष्ट्र के लिए बहुत बड़ा भार है, बोझ है।"*

हम में से प्रत्येक अद्वितीय प्रतिभाओं के साथ पैदा हुआ है, जिसे स्वयं का सर्वश्रेष्ठ संस्करण भी कहा जा सकता है। लेकिन हम में से अधिकांश उस सर्वश्रेष्ठ संस्करण को दरकिनार कर देते हैं और वह बनने की कोशिश करते हैं जो दूसरे हमसे चाहते हैं; समझौता संस्करण। हालाँकि, अगर हम अपने जुनून को जान पाने में सक्षम हो जाएँ, तो हम न केवल अपने सर्वश्रेष्ठ संस्करण को अनलॉक कर सकते हैं, बल्कि इसे एक अच्छा पैसा बनाने में भी बदल सकते हैं।

इसलिए, मैं दृढ़ता से युवाओं को अपने जुनून के बल पर जीवन के उद्देश्य को पूरा करने की सलाह दूंगा। और 18 साल की उम्र अपने जुनून की पहचान करने और उसके बाद उसके इर्द-गिर्द अपना रोजगार चुनने या इससे संभावित करियर का चुनाव करने का सबसे अच्छा समय है। मेरा मानना है कि जुनून युवाओं की प्रचुर ऊर्जा को एक सकारात्मक दिशा प्रदान करता है।

यह वह है जो सकारात्मक दिशा में ऊर्जा की प्रचुरता को सकारात्मक दिशा दे सकता है। अनिवार्य कौशल-आधारित प्रशिक्षण होना चाहिए, जो शारीरिक क्षमता और जुनून पर आधारित हो। जैसा कि मैंने पहले उल्लेख किया है, यदि आप अपने जुनून-आधारित रोजगार शुरू करते हैं, तो पैसा सिर्फ एक उप-उत्पाद होगा। आप न केवल अपने सपनों को साकार कर सकेंगे, बल्कि अपने देश की अर्थव्यवस्था के विकास में भी योगदान कर सकेंगे। इसलिए भारत में कौशल प्रशिक्षण को अनिवार्य किया जाना चाहिए। इस राष्ट्र को प्रशिक्षित करना अब समय की आवश्यकता है।

क्योंकि, **"या तो हम अपने राष्ट्र को कौशल से सुसज्जित करें, या फिर उसे मरता (कमजोर होता) हुआ देखने के लिए तैयार रहें।"**

हालाँकि भारत की वर्तमान परिस्थिति को देखते हुए, उसे कौशल-आधारित करना निश्चय ही एक दु:साध्य कार्य है, लेकिन फिर भी, हमें इस चुनौती को स्वीकार करना चाहिए। ऐसा इसलिए भी जरूरी है क्योंकि हमारे पास कोई दूसरा विकल्प नहीं है। हमें अपने देश के युवाओं को कुशल युवाओं में बदलना चाहिए। और हमारा भविष्य केवल और केवल तभी सुनहरा हो सकता है जब हम इस युवा शक्ति को उनके जुनून के क्षेत्र में कौशल से सुसज्जित करेंगे। हमारा देश महान है। इसका इतिहास उल्लेखनीय है।

यह एक महत्वाकांक्षी देश है, जिसमें विश्व के सबसे ताकतवर देशों की कतार में शामिल होने की भरपूर सम्भावनाएँ मौजूद हैं। हमारी युवा आबादी कुल आबादी का 65% से अधिक है। और यही (विशाल) युवा आबादी इसे विश्व का अग्रणी देश बनाने का स्वर्णिम अवसर प्रदान कर सकती है। और हम इतने बड़े अवसर को नजरअंदाज नहीं कर सकते, आँखें मूंद कर बैठ नहीं सकते, जाने नहीं दे सकते। याद रहे, यदि हम अपनी युवा शक्ति को सही दिशा देने में सफल रहे, तो फिर हमें दुनिया की प्रमुख शक्ति बनने से कोई नहीं रोक सकता। लेकिन इसे पूरा कैसे किया जाए?

यहीं पे हमारे देश की सरकार की जरूरत है। हमारी सरकार को पहल करनी चाहिए।

उसे आगे आना चाहिए और सुनिश्चित करना चाहिए की हमारे देश के एक-एक युवा उद्देश्य से पूर्ण हैं, उन्हें अपनी उपयोगिता की जानकारी है, और साथ ही उन्हें यह भी मालूम है कि उनकी उपयोगिता कैसे सिद्ध होगी।

"बिना उद्देश्य के युवा एक राष्ट्र के लिए गंभीर संकट पैदा कर सकते हैं।" और *"बिना उद्देश्य के युवा राष्ट्र के सामने सबसे बड़ी चुनौती है।"*

हमारे देश की सरकार को इस मुद्दे पर बहुत अधिक संवेदनशील होने की आवश्यकता है। बिना कौशल और लक्ष्य के युवा देश के लिए खतरनाक हैं। इसके लिए बड़े पैमाने पर कार्रवाई की आवश्यकता है जो केवल सरकारी

स्तर पर ही संभव है। सरकार ही नीतियों का पालन और कार्यान्वयन करती है। पिछले कुछ वर्षों के दौरान, कुछ क्रांतिकारी नीतियों को लागू किया गया है। कुछ पुराने लोगों को निकाल दिया गया है और नए लोगों को अवसर प्रदान किया गया है।

कोई भी सरकार या कोई भी सत्ताधारी पार्टी हो सकती है; मेरा मानना है कि शासन को हमेशा लोगों की भलाई के साथ जोड़ा जाना चाहिए, न कि खुद के लिए। हमने पिछले कुछ वर्षों में कुछ ऐतिहासिक संशोधन देखे हैं।

मुझे पूरा विश्वास है कि वह दिन दूर नहीं जब शिक्षा प्रणाली को भी फिर से व्यवस्थित किया जाएगा और कौशल आधारित शिक्षा पर अधिक ध्यान केंद्रित किया जाएगा। मैं सरकार को अनिवार्य रूप से सुझाव देना चाहूँगा कि:

यह समय IIT से IIS की ओर बढ़ने का है

समय आ गया है कि हमारी सरकार कौशल-आधारित शिक्षा व्यवस्था के महत्त्व को समझे और उसे बढ़ावा दे। इसलिए, एक राष्ट्र के रूप में, हमें पूरी शक्ति के साथ काम करने की आवश्यकता है। भारत पहले से ही टेक्नोलॉजी में बहुत अच्छा काम कर रहा है। एक समय था जब भारत ने कई शहरों में IIT (भारतीय प्रौद्योगिकी संस्थान) खोला और तकनीकी आवश्यकता और उन्नति के प्रति अपनी प्रतिबद्धता दिखाई। उसी तरह, आज सरकार को इस देश में IIS (इंडियन इंस्टीट्यूट ऑफ स्किल्स) की शुरुआत करने की जरूरत है और इतिहास को खुद को दोहराने का अवसर देना चाहिए।

हमारे पास दो ही विकल्प हैं... या तो अपने देश को कौशल का मास्टर बना दें, या फिर इसे मरते (शक्तिहीन होते) देखें।

हम सभी सरकार, मीडिया, निजी और सार्वजनिक संगठनों को एकजुट होने और काम करने की आवश्यकता है। और मैं आपको एक बात बताता हूँ, '**यह प्राप्त करने योग्य है।**' हम एक बार फिर से अपना गौरव प्राप्त कर सकते हैं। लेकिन इस बार, प्रमुख उत्प्रेरक हमारे प्राकृतिक संसाधन नहीं होंगे; बल्कि यह हमारे **युवाओं की शक्ति** होगी।

एक राष्ट्र के रूप में भारत के लिए (स्वर्णिम) अवसर

भारत पहले से ही दुनिया का सबसे युवा राष्ट्र है। अब यह दुनिया का सबसे कुशल युवा राष्ट्र हो सकता है। यहाँ मैं एक उदाहरण आप लोगों के सम्मुख रखना चाहूँगा।

बहुत दिन पहले की बात है। एक चट्टानी पहाड़ से एक औरत गिर गई। उसे काफी चोट आई। उसके पति को जब यह मालूम हुआ तो उसके पैरों तले जमीन खिसक गई। वो अपनी पत्नी को किसी अस्पताल में इलाज के लिए भर्ती कराना चाहता था। परंतु, वहाँ पहुँचने के लिए उसे उस पहाड़ से रास्ता निकालना परता, जो कि मुमकिन न था। सबसे नजदीक का शहर वहाँ से 55 किलोमीटर की दूरी पर अवस्थित था। और फिर वही हुआ जिसका अंदेशा था। उसकी पत्नी चल बसी।

उसी दिन उसने प्रण किया, "मैं इस पहाड़ का घमंड चूर करूँगा। मैं इससे रास्ता बनाऊँगा। उसने अपने हाथों में छेनी और हथौड़ा ली, और फिर उस पहाड़ से रास्ता बनाने में जुट गया ताकि आगे से कोई बिना इलाज के न मरे। ''आगे काफी विशाल पर्वत था लेकिन उससे भी विशाल था उस युवा की इच्छाशक्ति, उसका संकल्प, उसके अंदर का जुनून, कुछ (बड़ा)

> *"या तो हम अपने राष्ट्र को कौशल से सुसज्जित करें, या फिर उसे मरता (कमजोर होता) हुआ देखने के लिए तैयार रहें।"*

कर गुजरने की उसकी चाहत।" आखिरकार, 22 साल की कमर-तोड़ मेहनत के बाद यह व्यक्ति पहाड़ों का सीना चीरकर 360 फुट की सड़क बना डाला। इस नए निर्माण ने केवल उस गाँव के लोगों का मीलों लंबा सफर का समय बचाया, बल्कि उनकी यात्रा को सुगम और सुखकर भी किया क्योंकि धीरे-धीरे वहाँ पर ऑटोमोबाइल यातायात की शुरुआत भी हो गई। **जी हाँ, मैं बात कर रहा हूँ माउंटेन मैन दशरथ मांझी की।**

आज की युवा के पास विद्युतीय ऊर्जा है। इस ऊर्जा का उपयोग कर वह कठिनतम चुनौतियों में भी अपना रास्ता निकाल सकता है और आनंदमय क्षितिज का निर्माण कर सकता है। जरा सोचिए, जब इस तरह के युवा दुनिया भर में सबसे बड़ी संख्या में उपलब्ध हैं, तो अगर उन्हें सही मंच दिया जाए तो इसका

क्या नतीजा होगा? वे ब्लॉकबस्टर राजमार्गों का निर्माण कर सकते हैं जो विकास और समृद्धि को एक नई दिशा दे सकती है।

उनके पास वह करने की क्षमता है जो अकल्पनीय है । वे दुर्लभ चीजों को प्राप्त कर सकते हैं और अजेय हो सकते हैं। भारत के पास पूरे विश्व में कुशल युवाओं की आपूर्ति करने की क्षमता है। भारत कुशल युवाओं का सबसे बड़ा आपूर्तिकर्ता बन सकता है। और यह तभी संभव हो सकता है जब हम IIS कॉन्सेप्ट पर फोकस करेंगे। एम.बी.ए. या इंजीनियर के बजाय, हमारे पास विविध कौशल से पूर्ण पेशेवर हो सकते हैं जो दुनिया की माँगों को पूरा कर सकने में सक्षम होंगे।

आज देश के विभिन्न शहरों में आई.टी. हब विकसित हो रहे हैं। यह देश भर में और हर क्षेत्र में उत्कर्ष केंद्रों में बदल सकता है। कल्पना कीजिए, प्रतिभा और अवसरों के मामले में देश कितना समृद्ध होगा। इसके अलावा, यह केवल प्रतिभा हब की एक शृंखला तक ही सीमित न होगा। "इस राष्ट्र की सरकार को इस मुद्दे के प्रति बहुत संवेदनशील होने की आवश्यकता है।" सबसे बड़ी संख्या में कुशल युवा बल के साथ, भारत मैन्युफैक्चरिंग हब भी बन सकता है। भारत अन्य देशों से कच्चा माल आयात करने के बजाय, स्थानीय स्तर पर उसी का निर्माण शुरू कर सकता है।

उदाहरण के लिए, अधिकांश कंप्यूटर और मोबाइल स्पेयर पार्ट्स की आपूर्ति चीन द्वारा शेष दुनिया में की जाती है। ऐसा नहीं है कि ये हिस्से चीन में उगते हैं। यह सिर्फ इतना है कि उन्होंने कई विनिर्माण इकाइयाँ विकसित की हैं जो अन्य देशों को आपूर्ति कर रही हैं। उदाहरण के लिए, यदि आप एक डेल लैपटॉप खरीदते हैं, तो आप पाएंगे कि अधिकांश कंप्यूटर हार्डवेयर पार्ट्स चीन में निर्मित होते हैं और अमेरिका में असेम्बल होते हैं। ऐसे कई देश चीन से पूर्जों का आयात करते हैं और उन्हें अपने गोदामों में इकट्ठा करते हैं।

इसी तरह, युवाओं की सबसे बड़ी संख्या के साथ, हम किसी भी अन्य राष्ट्र से आगे निकल सकते हैं और पूरे विश्व के आपूर्तिकर्ता बन सकते हैं। फलस्वरूप, नौकरियों की तलाश में दूसरे देशों में पलायन करने वाले युवाओं के बजाय दूसरे देशों के लोग बेहतर अवसरों की तलाश में भारत में पलायन करना शुरू कर देंगे। इस तरह न्यू इंडिया कल के लिए सबसे बड़ी संभावना बन सकता है।

वह दिन बहुत दूर नहीं होगा जब यह दुनिया भारत से आने वाली सबसे बड़ी कंपनियों का गवाह बनेगी। भारत को लोग बड़ी कंपनी के देश के रूप में जानेंगे। दुनिया के महानतम सी.ई.ओ. भारत के ही होंगे। इससे हमारे देश को 'गोल्डन बर्ड' की उपाधि फिर से हासिल करने में मदद मिल सकती है। मुझे पता है कि मेरे द्वारा दिए गए सुझाव कुछ के लिए "कहने में आसान और करने में कठिन" लग सकता है। कुछ लोग ऐसा सोच सकते हैं कि "बात तो सही है, किंतु बिल्ली के गले में घंटी कौन बांधेगा?"

मेरा मानना है कि यह मैं और तुम का ही खेल है। कुछ लोग ऐसा सोच सकते हैं कि जब वो कर सकता है तो फिर मैं क्यों नहीं? वहीं, कुछ लोग ऐसा भी सोच सकते हैं कि, "मैं ही क्यों इसकी शुरुआत करूँ? कोई और क्यों नहीं?

याद रखें, एक पंक्ति बनाने में कम-से-कम दो लोगों की आवश्यकता होती है। भारत दुनिया का सबसे बड़ा लोकतंत्र है। अगर आप और हम इस शब्द को उन लोगों से मिलाने के लिए हाथ मिला सकते हैं जिन्हें हम जानते हैं, तो यह एक क्रांति की नींव रख सकता है। अंतत:, वह दिन दूर नहीं होगा जब हम वास्तव में भारत के समक्ष मौजूद स्वर्णिम अवसरों को वास्तविकता में बदल सकेंगे।

इसलिए, देश के युवाओं और आने वाली पीढ़ियों को एक घुटन भरा भविष्य नहीं देना चाहिए। बल्कि, उन्हें इस पूरी दुनिया के लिए एक उदाहरण बनने दें। उन्हें अपनी क्षमता और काबिलियत साबित करने का भरपूर मौका दें। उन्हें उस विरासत का उत्तराधिकारी बनने दें, जिसके वे वास्तव में हकदार हैं; स्वतंत्रता और प्रचुरता का जीवन। तो, हमारे युवाओं को सशक्त बनने दें! आइए, इस देश को फिर से महान बनाएँ! आइए, **"भारत को विश्व कौशल की राजधानी"** बनाने का संकल्प लें!